Rund um den Ammersee

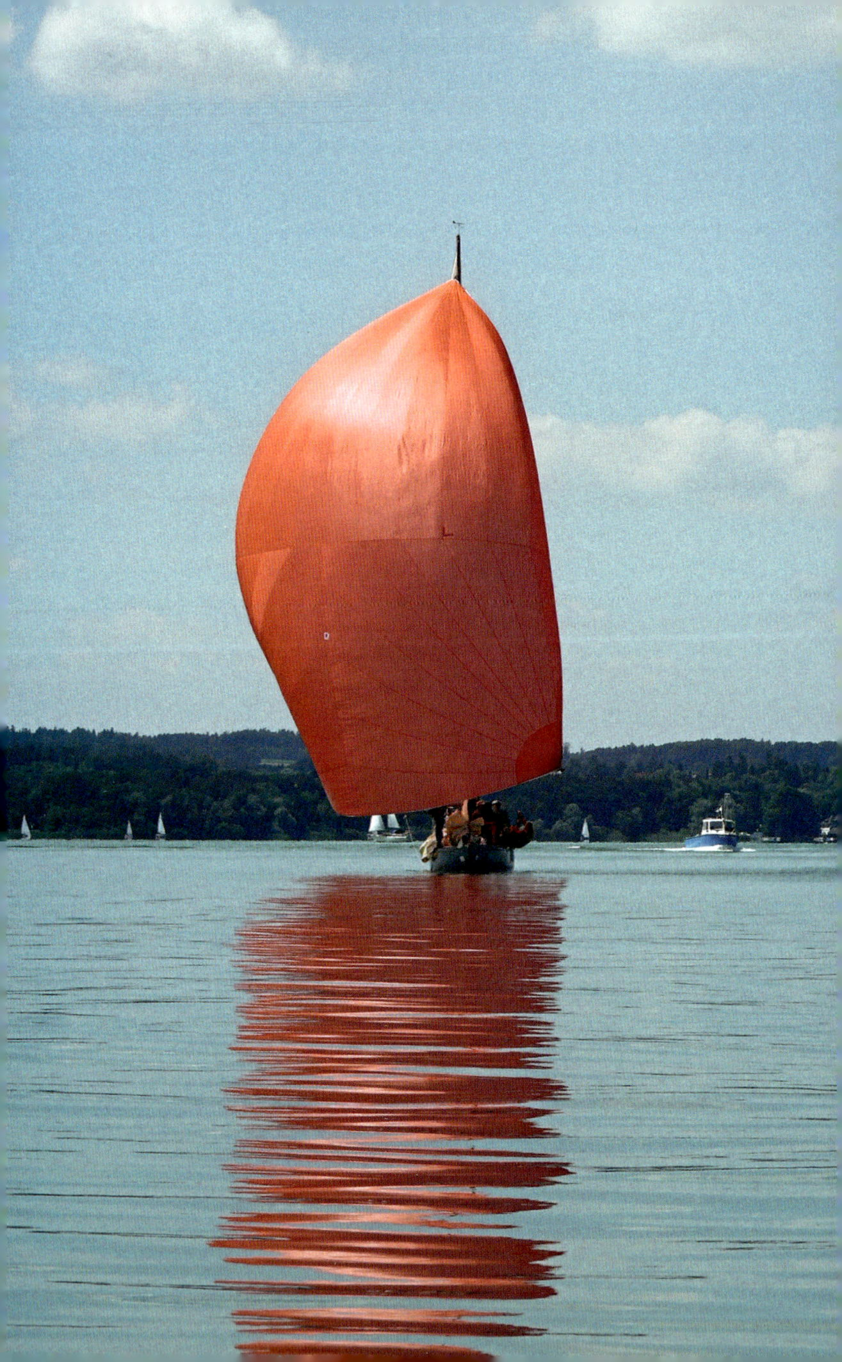

Manfred Hummel

Rund um den Ammersee

Eine nicht alltägliche Entdeckungsreise

BERG & TAL

Inhalt

Vorwort

Dieses Buch über den Ammersee hat großen Spaß gemacht. Für einen Ostufer-Anwohner des Starnberger Sees stellt die Fahrt nach Dießen schon eine kleine Weltreise in die »unbekannte« Grenz-Region zwischen Oberbayern und Schwaben dar. Es war deshalb reizvoll, auf unzähligen Touren den Nachbarsee zu erkunden und herauszufinden, wer da so lebt. Bereitwillig haben uns die meisten prominenten Seebewohner die Tür geöffnet. Ihr Werdegang und Beruf beschreiben auch ein wenig das Lebensgefühl am See: etwa der Herrschinger Fischer und Bootsverleiher Peter Neuner, Naturschützer Christian Niederbichler, der das Vogelschutzgebiet am Südende des Sees betreut, Allround-Genie Christian Müller aus Breitbrunn oder der Uttinger Architekt Wolf-Eckart Lüps mit seiner individuellen Handschrift. Wir nehmen uns auch berühmter Persönlichkeiten an, die es in früherer Zeit an den Ammersee zog. Th.Th. Heine zum Beispiel, den die Nationalsozialisten aus der Idylle vertrieben haben. Thomas Mann, der sehnlichst auf eine Liebesbotschaft wartete. Und der Maler Wilhelm Leibl, der den Ruf des Westufers als Künstlerkolonie begründete. In der Villa Gasteiger in Holzhausen unternehmen wir eine Zeitreise zurück in die Bohème der Münchner Jugendstilmaler. Thema sind auch die revolutionären Traditionen der Familie Kaetzler und der irische Freiheitskämpfer Sir Roger Casement, dessen tragisches Schicksal die Gemüter bis heute bewegt.

Gemeinhin wird der »Bauernsee« gern mit seinem großen Bruder, dem Starnberger See oder »Herrensee«, verglichen. Aber das hat er gar nicht nötig. Für sich allein stellt der Ammersee ein einzigartiges landschaftliches Kleinod voller

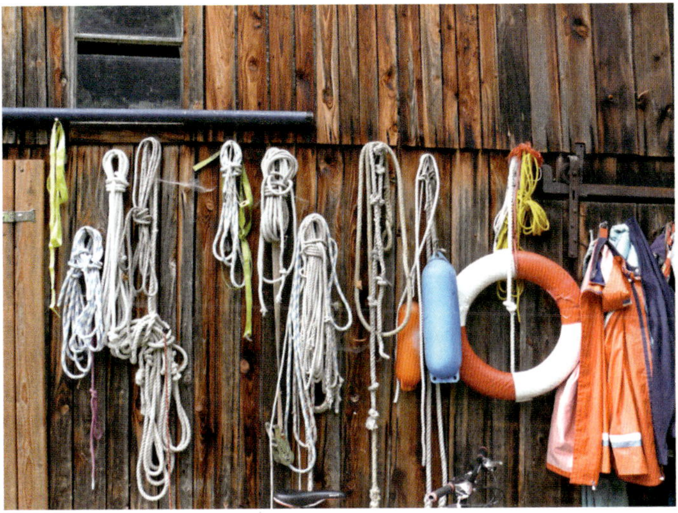

Fein säuberlich sortierte Taue und anderes Wassersportzubehör zeigen, dass der Hausherr auf Ordnung achtet. Wir haben das Stillleben bei Fischer Neuner in Herrsching entdeckt.

kultureller Vielfalt dar. Es ist spannend, seine Reize auf einer gemütlichen Radltour oder Wanderung zu entdecken. Der Radler lernt die Beschaulichkeit und Ländlichkeit kennen, die sich dieser See und seine Gestade vor der Kulisse der Zugspitze immer noch bewahrt haben. Das mondäne und bisweilen etwas aufgesetzte Starnberger Leben weicht hier einem legeren Savoir-vivre, so wie es das Malervölkchen bei fröhlichen Sommerfesten in der Gasteiger-Villa zelebriert haben dürfte.

Der Ammersee ist 16 Kilometer lang, bis zu fünf Kilometer breit und zwischen Herrsching und Riederau etwa 82 Meter tief. Mit einer Fläche von 47 Quadratkilometern ist er der drittgrößte bayerische See. Alle zweieinhalb Jahre erneuert sich das Wasser des Sees. Dazu tragen auch die hohen Niederschlagsmengen bei. Nachdem vor etwa 18 000 Jahren die Gletscher der Würmeiszeit abgeschmolzen waren, soll er seine heutige Form bereits weitgehend erhalten haben. Lediglich der Pilsensee dürfte ein Seitenarm gewesen sein, den das Geschiebe des Kienbachs abgetrennt hat. Die Verlandungsflächen im Süden wie auch das Ampermoos im Norden dürften nach neuen Erkenntnissen der Eiszeitforscher einzelne Schmelzwasserbecken gewesen sein. So auch der Wörthsee, der um mehr als zwanzig Meter höher liegt als der Ammersee. Der Ammersee schrumpft, nicht zuletzt wegen der Schotterfracht der Ammer. Die Schutzgebiete im Süden und Norden bilden ein wichtiges Rückzugsgebiet für Vögel und Pflanzen.

»Eine große Einsamkeit ist bis in die letzten Jahre dem Ammersee verblieben. Sein Gebiet ist eines der herrlichsten im bayerischen Vorland; glänzend spiegelt sich die lange Bergkette in seiner Flut; Hochwald umkränzt die Ufer; aber eine seltsame Fügung hat es gewollt, dass er vergessen blieb von den Tausenden, die allsommerlich hier herausziehen und sich jeden Winkel schöner Erde erobern.« Das schrieb der bayerische Literat Karl Stieler bereits 1881 über den Ammersee. Auto, S-Bahn und die Ammersee-Bahn haben zwar auch dem Bauern- und Klostersee mehr Trubel beschert, doch es lassen sich hier immer noch geruhsame Stunden verbringen. Einen Tag sollte auf jeden Fall veranschlagen, wer die knapp 44 Kilometer rund den See wagen und dabei noch etwas sehen will. Wer es bequem mag, der benutzt ein E-Bike. Dank der guten Verkehrsanbindung lässt sich die Strecke aber auch in einzelne Etappen aufteilen. Zusätzlich bieten sich Ammersee-Höhenweg, Rasso-Tour und die Drei-Seen-Tour an. Wanderer finden in diesem Buch bestimmt ebenfalls zahlreiche Touren-Varianten.

Diese aktualisierte und erweiterte Neuauflage enthält am Ende auch einen Service-Teil, der Sehenswertes, Aktivitäten, Einkehr-Tipps und Wanderungen an den jeweiligen Orten am See kompakt präsentiert.

Viel Spaß!

Manfred Hummel
Wimpasing, im Sommer 2022

Folgende Doppelseite: Entspannen, ein wenig in die Sonne blinzeln und bei einem Cappuccino das Panorama genießen: Die Biergärten in Stegen laden dazu ein.

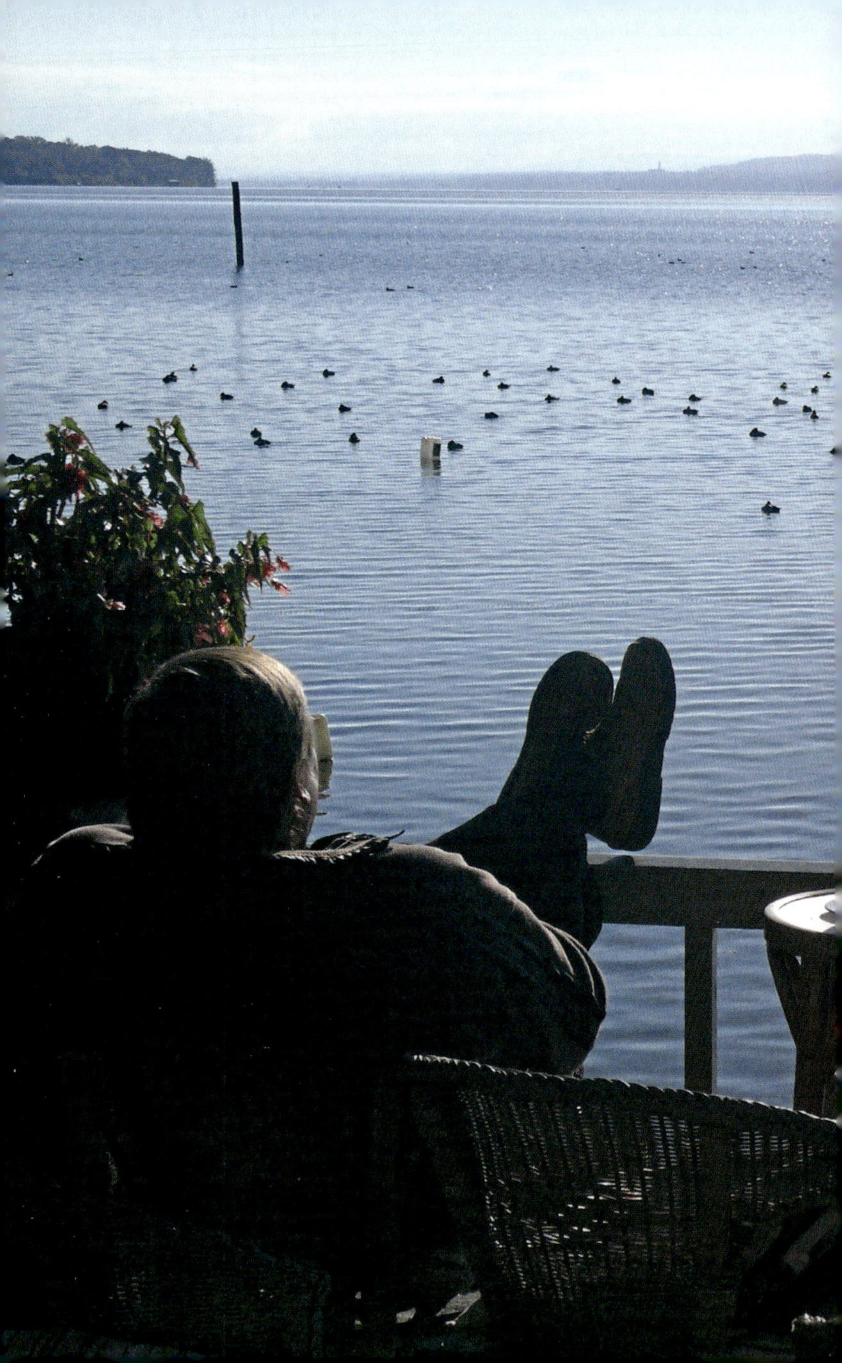

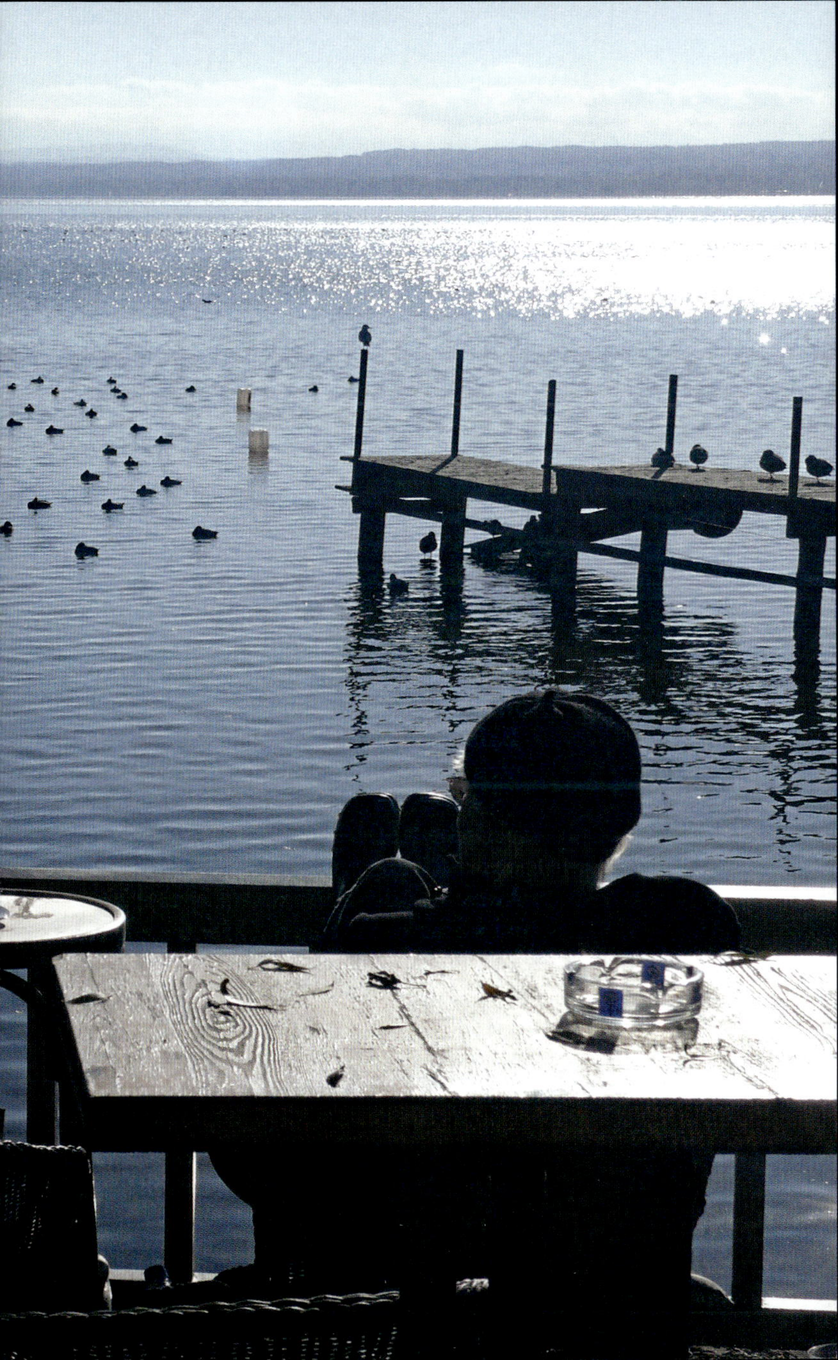

Routenverlauf in Kurzform

Wir umrunden den Ammersee gegen den Uhrzeigersinn. So fahren wir immer in der Sonne. Start und Ziel ist der S-Bahnhof Herrsching.

Streckenlänge um den See: 44 Kilometer auf Teerstraßen und Schotterwegen ohne große Steigungen. Reine Fahrzeit etwa 2 1/2 Stunden. Vorsicht bei Straßenüberquerungen wie am Ortsausgang von Herrsching, in Breitbrunn sowie am Ortsende von Dießen Richtung Raisting. Nicht auf der verkehrsreichen Birkenallee nach Fischen, sondern auf dem beschilderten Radweg kurz vor Raisting nach links durch das Naturschutzgebiet »Vogelfreistätte Ammersee-Südufer« fahren. Von Fischen führt ein Schotterweg am See entlang, bzw. ein leicht abschüssiger Radweg an der Straße über Wartaweil und Mühlfeld nach Herrsching.
Schwierigkeit: Leichte Tour für Familien mit Kindern ab 8 Jahren, Kondition erforderlich.
Anreise mit der Bahn: Von München mit der S 8 nach Herrsching (Stationen in Weßling, Steinebach und Seefeld-Hechendorf); bzw. S 4 Richtung Geltendorf nach Grafrath. Von Augsburg Bayerische Regio Bahn (BRB) nach Dießen (Stationen in Schondorf, Utting und Raisting).
Anreise mit dem Auto: Auf der A 96 (nach Lindau) bis zur Ausfahrt Inning und weiter nach Stegen. Oder bis zur Ausfahrt Greifenberg und weiter nach Schondorf.

Etappe 1 • Herrsching – Stegen

Streckenlänge: 12 km. Am Ortsende von Herrsching auf Feldwegen einen Moränenhügel hinauf zum Weiler Rausch. Schöner Blick auf den Ammersee, Kloster Andechs und die Zugspitze. Über Ellwang, Breitbrunn und Buch nach Stegen.

Etappe 2 • Stegen – Schondorf

Streckenlänge: 5 km. Über die Amperbrücke nach links den schmalen Weg ein Stück an Amper entlang durch ein reizvolles Landschaftsschutzgebiet mit versteckten Badeplätzen, schöner Blick über den See nach Süden. Im Erholungsgebiet Weingarten Bademöglichkeit. Vorbei an alten Villen nach Schondorf.

Etappe 3 • Schondorf – Utting

Streckenlänge: 4 km. Unter alten Bäumen vorbei an Landhäusern zur großen Liegewiese des Gemeindebades. Im Uttinger Strandbad Sprungturm und Panoramablick. Die Fischer verkaufen frische und geräucherte Renken. Bitte durch die Seeanlagen das Rad schieben.

Etappe 4 • Utting – Riederau

Streckenlänge: Knapp 5 km. Vorbei an der Verwaltungsschule durch das Naturschutzgebiet Seeholz – ein typischer Auwald mit naturbelassenem Bestand und Verlandungszonen. Über mehrere Brücken nach Riederau. Schönes Freibad beim Riederauer Dampfersteg.

Etappe 5 • Riederau – Dießen

Streckenlänge: Knapp 5 km. An den Bahngleisen nach Süden, vorbei an Bierdorf, prächtige Bauernhäuser. Seebad St. Alban mit Biergarten. Blick auf See und Alpen. Auf Birken bestandenem Weg zum Dießener Volksfestplatz und zur Seepromenade. Bahnstation.

Etappe 6 • Dießen – Raisting – Vorderfischen

Streckenlänge: 9 km. Schöne Strecke durch das Schwemmgebiet der Ammer nach Raisting, bedeutendes Vogel- und Naturschutzgebiet. Panoramablick auf die Herrschinger Bucht und Kloster Andechs. Auf ausgeschilderten, geteerten Wegen durch das Schutzgebiet zur Ammer. Beeindruckender Rundblick. Über die Ammerbrücke nach Vorderfischen.

Etappe 7 • Vorderfischen – Herrsching

Streckenlänge: 9 km. Größtenteils Radweg parallel zur Hauptstraße. In Herrsching Gaststätten und Cafés an der Seepromenade, Minigolf, S-Bahn-Station (S 8).

Auf dem Rücken des Ammersees-West • Schondorf – Bierdorf

Streckenlänge: 15 km, Fahrzeit eine knappe Stunde. In Schondorf zur St. Anna-Kirche und über Achselschwang, Hübschenried nach Bierdorf. Bis auf den Anstieg zur Kirche keine größeren Steigungen. Weiter, schöner Blick über Ammersee und Berge, im Wald angenehm kühl, wenig Leute.

Auf dem Rücken des Ammersees-West • Pähl – Herrsching

Streckenlänge: 18 km, Fahrzeit etwa 1:10 Stunden. Von Vorderfischen auf dem Radweg nach Pähl und weiter den Berg hinauf zum Golfplatz Hohenpähl. Dem Forstweg Richtung Andechs und Harth-Kapelle folgen. In Andechs nach links in die Von-der-Tann-Straße und über den Hörndlweg in die Kientalschlucht nach Herrsching. Lohnender Blick auf den Ammersee und Kloster Andechs.

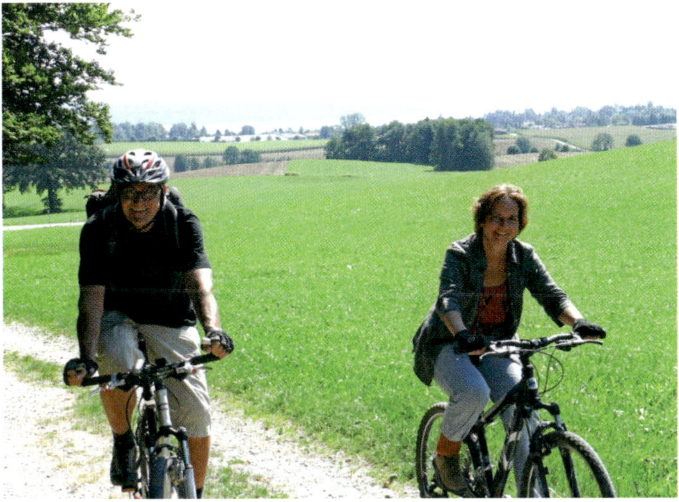

Der Ammersee-Höhenweg von Schondorf nach Bierdorf führt durch abwechslungsreiche Natur und ist weniger befahren als die Seestraße. Dazu bietet sich ein guter Ausblick auf See und Berge.

3-Seen-Tour • Herrsching – Hechendorf – Steinebach – Weßling – Hochstadt – Oberalting – Seefeld – Widdersberg – Herrsching

Streckenlänge: 40 km. Richtung Norden entlang der S-Bahn und dem Pilsensee nach Hechendorf, weiter nach Schlagenhofen, um den Wörthsee bis Steinebach (Strandbad Fleischmann), nach Nordosten über den Golfplatz Schluifeld nach Weßling, Richtung Ettenhofen, den Berg hinauf bis kurz vor Hochstadt, nach Süden durch ein Waldgebiet (privater Wildpark) nach Oberalting (Gasthaus Ruf), weiter zum Schloss Seefeld (Bräustüberl), einen steilen Berg hinauf nach Widdersberg und zurück nach Herrsching.

Rasso-Tour • Stegen – Eching – Kottgeisering – Grafrath – Unteralting – Billerberg – Inning – Stegen

Streckenlänge: 19 km. Von Stegen unter der A 96 nach Eching (Gasthof Roming), nördlich am Moos entlang nach Kottgeisering, Grafrath (Gaststätte Dampfschiff), Wallfahrtskirche St. Rasso, durch den Mauerner Wald nach Inning, A 96 unterqueren und zurück nach Stegen.

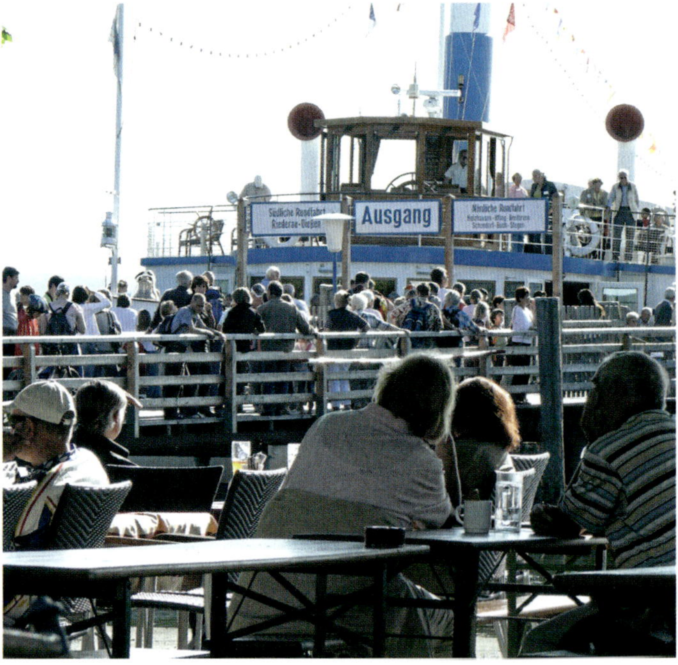

Wenn ein Dampfer anlegt, herrscht großes Gewusel auf dem Steg in Herrsching, und für die Gäste im Biergarten gibt's etwas zu schauen. Das war vor hundert Jahren nicht anders.

Tourist-Infos und Verkehrsämter

Verkehrsbüro Herrsching:
Bahnhofplatz 3, 82211 Herrsching, Tel.: 08151/906040; www.starnbergammersee.de, Öffnungszeiten: Mai bis einschließlich Oktober, Montag bis Freitag, 9 bis 13 Uhr, 14 bis 18 Uhr. Mitte Mai bis zum letzten Oktoberfestwochenende: Samstag 9 bis 13 Uhr. November bis einschließlich April: Montag bis Freitag, 10 bis 15.30 Uhr. Außerhalb der Geschäftszeiten gibt ein Info-Terminal Auskunft über aktuell »Freie Zimmer«, Veranstaltungen und vieles mehr.

Fremdenverkehrsbüro Schondorf:
Bahnhofstraße 44, 86938 Schondorf, Tel.: 08192/8899, www.schondorf-tourismus.de,
Öffnungszeiten: Mitte Mai bis Mitte September, Montag, Dienstag, Donnerstag, Freitag, 10 bis 12 Uhr, Mittwoch geschlossen. Mitte September bis Mitte Mai, Dienstag und Donnerstag, 10 bis 12 Uhr.

Verkehrsamt Utting:
Eduard-Thöny-Straße 1, Tel.: 08806/920213. www.utting.de, Öffnungszeiten: Montag bis Freitag, 8 bis 12 Uhr, Dienstag, 14 bis 16 Uhr, Donnerstag, 14 bis 18 Uhr. (Bei Bedarf am Nachmittag klingeln.)

Tourist-Info-Dießen:
Bahnhofstraße 12, 86911 Dießen, Tel.: 08807/1048, www.tourist-info-diessen.de,
Öffnungszeiten: März, April und Oktober,
Montag bis Freitag, 9 bis 12 Uhr,
Mai bis September, Montag bis Freitag, 9 bis 12 Uhr,
15.30 Uhr bis 18 Uhr, Samstag, 9 bis 12 Uhr,

Fremdenverkehrsamt Andechs:
Rathaus Andechs, Andechser Straße 16,
Tel.: 08152/93250, Fax: 08152/932523,
www.gemeinde-andechs.de, Öffnungszeiten: Montag,
8 bis 12 Uhr, 15 bis 18 Uhr, Dienstag, Donnerstag, Freitag,
8 bis 12 Uhr, Mittwoch keine Sprechzeiten.

Tourismusverband Ammersee-Lech:
Hauptplatz 152, 86899 Landsberg a. Lech,
Tel.: 08191/128-274, www.ammersee-lech.de

Tipps für die unbeschwerte Radltour

• **E-Bike:** Ladestand des Akkus prüfen, reicht er für die geplante Tour? Eventuell aufladen.
• **Bremsen:** Müssen gut funktionieren; abgefahrene Gummis auswechseln, eventuell Zug nachstellen; bei Scheibenbremsen Backen und Luft prüfen.
• **Reifen:** Sollen gemäß den Druckangaben auf den Reifenflanken aufgepumpt sein (geringerer Rollwiderstand ermöglicht leichteres Fahren); auf jeden Fall eine Luftpumpe, Ersatzventile, evtl. Ersatzschlauch, Flickzeug und Werkzeug (Inbus-Schlüssel-Set). Haben die Reifen noch Profil?
• **Sattel:** Für ungeübte Radler sollte er eher weich sein. Das dämpft Stöße und entlastet den Körper. Dynamische Fahrer schätzen einen schmalen, harten Sattel. Wichtig ist die richtig eingestellte Sitzposition. Die Knie sollten leicht gebeugt sein, wenn man mit der Ferse im untersten Punkt auf dem Pedal steht. Die Kraft wird in dieser Position am besten und ohne Verluste umgesetzt.
• **Lenker:** Laut Sportprofessor Ansgar Schwirtz von der TU München sollte man nicht »zu tief« sitzen. Das ist dann

der Fall, wenn das Gesamtgewicht des Körpers auf dem Gesäß liegt, also der Lenker zu hoch eingestellt ist. Man bietet einen höheren Luftwiderstand, es wird anstrengender und man tritt mehr nach vorn als nach hinten. Die Kraftübertragung ist dann nicht optimal.

- **Schaltung:** Öfter schalten, also den jeweils passenden Gang wählen, statt mit dem Oberkörper zu pendeln. Am besten schalten, wenn die Pedalen entlastet sind, um die Schaltung zu schonen.
- **Licht:** Unerwartet kann sich die Tour bis in die Dunkelheit hinziehen. Eine ordnungsgemäße und funktionierende Beleuchtungsanlage (Vorder- und Rücklicht) kann Leben retten. Auf alle Fälle spätestens dann mit Licht fahren,

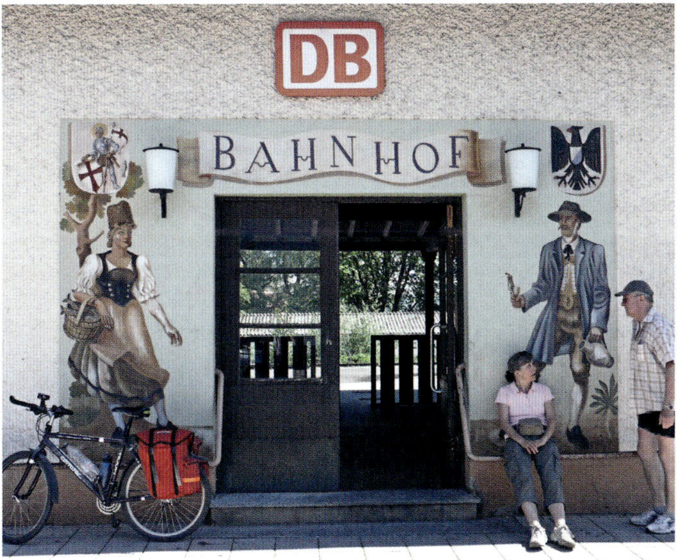

Mit Hilfe der Bahn, hier der Bahnhof in Dießen, lässt sich eine Radltour um den Ammersee individuell gestalten.

wenn die Straßenbeleuchtung brennt, bzw. die Mehrzahl der Autos mit Licht fährt. Kräftesparend sind batteriegespeiste Vorder- und Rückleuchten.

- **Fahrradschloss:** Gibt ein sicheres Gefühl, wenn die Räder bei einer Rast nicht im Blickfeld stehen.
- **Radfahren mit Kindern:** Verkehrsreiche Straßen ohne Radwege meiden; Kinder nicht durch lange Strecken überfordern; bei der Mitnahme kleinerer Kinder auf einen geeigneten Kindersitz achten; fabrikationsbedingte Gewichtsgrenze und Höchstalter von sieben Jahren berücksichtigen; nur Kindersitze mit Befestigung am Rahmen und in Fahrtrichtung auswählen. Fahren zwei Erwachsene mit Kindern, sollten die Erwachsenen Anfang und Ende der Gruppe bilden. Radelt ein Erwachsener mit einem Kind, sollte er hinter dem Kind fahren.
- **Gepäck:** Rucksack. Taschen und Gepäck nie am Lenker transportieren, sondern am besten in einem Fahrradkorb, der auf dem Gepäckträger festgeklemmt oder fest installiert werden kann. Keine Jacken oder Schals heraushängen lassen.
- **Kleidung:** Fahrradhelm! Bei Zweiradlern ist der Kopf die Knautschzone! Helme sind nicht teuer, sehen flott aus und schützen auch vor der Sonne. Kurze oder lange Radlerhose, kurzes oder langes Trikot, Regenjacke, Handschuhe, Sonnenbrille. Gute Schuhe, evtl. mit Klick.
- **Notfall-Set:** Pflaster, Mullbinde, Hautdesinfektionsspray, Splitterpinzette, Salbe für wunde Stellen.
- **Verpflegung:** Rund um die Seen gibt es genug Einkehrmöglichkeiten, Kioske und Läden, so dass man sich mit Proviant nicht übermäßig belasten sollte, Fitnessriegel ausgenommen. Wichtig ist aber, den Flüssigkeitsverlust auszugleichen, am besten mit Wasser. Isotonisches Getränkepulver bringt neue Energie, Vitamine und Mineralstoffe.
- **Karte für das Gebiet:** Umgebungskarte Ammersee-

Starnberger See (UK 50–41), 1:50000, Landesamt für Digitalisierung, Breitband und Vermessung Bayern (LDBV). Die detaillierte topographische Karte bietet Wanderwege, Mountainbike- und Radwege mit UTM-Gitter für GPS-Nutzer und Geländedarstellung. Ferner ausgewählte Sehenswürdigkeiten und Freizeitinfos.
Das Landratsamt Starnberg stellt unter der Rubrik Bürgerservice eine Karte der Radwanderwege im Landkreis Starnberg (GeoLIS-Map.Radkarten) zum Download sowie die kostenlose Mobil-App »ArcGIS GeoLIS-Map«-Radkarte zur Verfügung. Empfohlen werden spezielle Touren wie »Auf den Spuren von König Ludwig«, »Zu Besuch im Kloster Andechs«, »Vorbei an drei Seen« sowie »Unterwegs mit den Römern«. Mit Hilfe der Karte und der App können Sie navigieren und sich viele interessante Punkte anzeigen lassen, etwa Sehenswürdigkeiten, Radverleih, Rad-Service- und E-Bike-Ladestationen. Dazu gibt es für alle Touren zum Abruf und Download eine Beschreibung mit Vorschaukarte und Höhenprofil sowie die passende Navigationsdatei im GPS Exchange Format (GPX) zur kostenfreien Verwendung.

• **Fotoapparat:** mit ausreichend Speicherplatz und natürlich mit geladenem Akku.

Fahrräder in öffentlichen Verkehrsmitteln

• **S-Bahn** Jeder Fahrgast darf in der S-Bahn nur ein Fahrrad mitnehmen. Kinder bis zum vollendeten 12. Lebensjahr dürfen ihr Fahrrad nur mit einer Begleitperson (mindestens 15 Jahre alt) mitnehmen; dabei ist für jedes Kind unter zwölf Jahren mit Fahrrad eine eigene Begleitperson erforderlich. Bei Fahrtbeginn und -ende innerhalb des MVV-Gesamtnetzes ist für jedes mitgeführte Fahrrad eine Fahrrad-

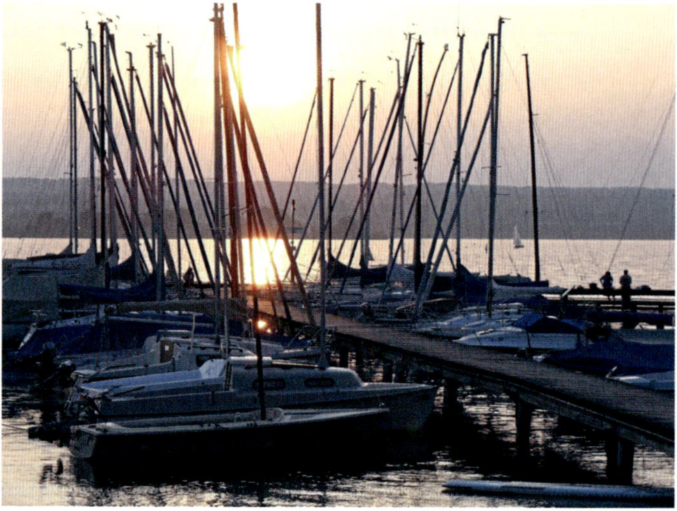

Ein malerischer Sonnenuntergang bietet sich vom Steg in Aidenried am Ostufer. Man kann ihn in Ruhe genießen, denn Herrsching ist anschließend schnell erreicht.

tageskarte des MVV-Tarifs zu lösen und zu entwerten. Sie kostet für das gesamte Netz 3,10 Euro. Bayernweit kostet die Fahrradtageskarte 6 Euro. Fahrräder bis zu 20 Zoll Reifengröße und Fahrräder im zusammengeklappten Zustand werden unentgeltlich befördert. Fahrräder mit mehr als 20 Zoll Reifengröße können in den S- und U-Bahnen sowie in den freigegebenen Regionalzügen mitgenommen werden. Eine Mitnahme von Fahrrädern in Trambahnen und Bussen ist nicht möglich.
Nicht gestattet ist die Fahrradmitnahme Montag bis Freitag von 6 bis 9 Uhr sowie von 16 bis 18 Uhr. In den Schulferien entfällt die Sperrzeit am Nachmittag.

- **U-Bahn** Außer in den Stoßzeiten (Siehe S-Bahn) darf man in der U-Bahn Fahrräder mitnehmen. Es ist eine Fahrradtageskarte zu lösen und zu entwerten, die 3,10 Euro kostet.

• **Regio-Bahn** Für die Fahrradmitnahme in den Zügen der Bayerischen Regiobahn ist das Tagesticket für 6 Euro (Verkaufsstelle 7,50 Euro) zu empfehlen. Es gilt einen Tag lang (bis 3 Uhr des Folgetages) für sämtliche Regionalzüge in Bayern, nicht nur bei der DB, und in der Münchner U- und S-Bahn. Mit mehr als 20 Zoll Reifengröße sind Fahrräder kostenpflichtig. Besitzen Eltern und/oder Großeltern eine gültige Fahrrad-Tageskarte Bayern, können beliebig viele eigene Kinder oder Enkelkinder unter 15 Jahren kostenfrei ihr Fahrrad mitnehmen.

• **Schiff:** Fahrräder können aus Platz- und Sicherheitsgründen nur in begrenzter Anzahl mitgenommen werden. Die Entscheidung trifft die Besatzung. Empfehlenswert ist, eine der mit einem Fahrradsymbol gekennzeichneten Linien zu nutzen, da hier in der Regel größere Schiffe verkehren. Das Fahrradticket ist einmalig zu lösen und den ganzen Tag gültig. Es kostet (auch für Kinder- und Klappräder) 2,50 Euro pro Fahrt. Das MVV-Fahrradticket wird nicht akzeptiert.

Fahrradverleih und E-Bikes

• **Herrsching Fahrrad Nandlinger,** Mühlfelder Straße 5, 82211 Herrsching, Tel.: 0 81 52/12 66, Öffnungszeiten: Montag bis Freitag 9 bis 18 Uhr, Samstag 9 bis 14 Uhr (März bis September);

• **Herrsching Bike Life Kaya,** Gewerbestraße 46, 82211 Herrsching, Tel.: 0 81 52/9 82 17 40, www.bikelifekaya.de, werktags 9 bis 13, 14 bis 18 Uhr, Mittwoch geschlossen, Samstag 9 bis 13 Uhr.

• **Erling Rudolf Bichler,** Am Bach 3a, 82346 Andechs, Tel.: 08152/2367, www.radlrudl-andechs.de

• **Dießen Sportec,** Bahnhofstraße 6, 86911 Dießen, Tel.: 08807/940402, Mobil: 0173/3124783, www.sportecbernhard@web.de,
• **Dießen Sport Schmiede,** Lachener Straße 38, 86911 Dießen, Tel.: 08807/6866, www.sportschmiede.de, Montag geschlossen, Dienstag, Donnerstag, Freitag, 9 bis 12.30, 14.30 bis 18.30 Uhr, Mittwoch 9 bis 12.30 Uhr, Samstag 9 bis 13 Uhr.
• **Dießen use wheel,** Bahnhofstraße 23, 86911 Dießen, Tel.: 08807/9009440. Rad- und E-Bike-Verleih mit verschiedenen Rückgabestationen: www.use-wheel.de,
• **Utting Auto Schweiger,** Schondorfer Straße 12, 86919 Utting, Tel.: 08806/333920, www. ford-schweiger-utting-am-ammersee.de, Montag bis Freitag 7 bis 21 Uhr, Samstag 8 bis 21 Uhr, Sonntag 9 bis 21 Uhr.
• **Utting Rad-Häusl E. Bartsch,** Industriestraße 11a, 86919 Utting, Tel.: 08806/9589060, www.elektroraeder.com, Sonntag und Montag geschlossen, Dienstag, Mittwoch, Donnerstag, Freitag 10 bis 12 und 15 bis 18 Uhr, Samstag 10 bis 14 Uhr.
• **Steinebach Autoservice-Wörthsee,** Seestraße 51 bis 53, 82237 Wörthsee-Steinebach, Tel.: 08153/98000, www.autofit-woerthsee.de, Montag, Dienstag, Mittwoch, Donnerstag, 7.30 bis 12 Uhr, 13 bis 17 Uhr, Freitag, 7.30 bis 12 Uhr, 13 bis 15 Uhr, Samstag und Sonntag geschlossen.

Ladestationen für E-Bikes

• Herrsching Verkehrsbüro Herrsching, Bahnhofplatz 3.
• Inning Münchner Straße 6.
• Schondorf Mühlausstraße 3.
• Utting Pavillon am See, Freizeitgelände 4, Versicherungsbüro Armin Klößel, Bahnhofstraße 9a.
• Raisting Heimatmuseum »Alter Pfarrhof«, Herrenstraße 13.

Ein Hauch von Karibik

Wenn im Sommer die Sonne scheint, verzaubern Goro, Miene und Mato die Herrschinger Seepromenade

»Der Goro ist ein Sammelpunkt«, sagt die Flaneurin im legeren Sommerkleid und deutet auf den hochgewachsenen Mann mit der athletischen Figur und dem braungebrannten Gesicht. »Zu ihm kommen alle, die was brauchen, die lustig sind, oder mühselig und beladen.« Damit hat die »Ammersee-Dichterin«, wie sich Karin Schreiber aus Herrsching nennt, Goros geschäftiges Treiben recht treffend beschrieben. Der 66-Jährige heißt eigentlich Peter Neuner und arbeitet als Bootsverleiher an der Herrschinger

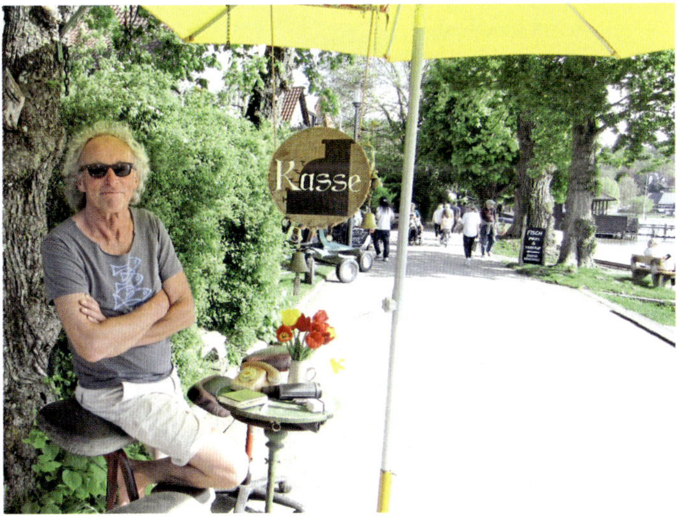

Auf Goros »Kommandostand« an der Seepromenade darf ein Blumenstrauß nicht fehlen. Von hier steuert er den Bootsverleih.

Seepromenade. Aber alle duzen ihn und nennen ihn nur Goro. Den Spitznamen hat er seit Kindertagen. Ein abgewetzter Bürostuhl ist sein Kommandostand. Auf einem runden Tischchen liegen die Utensilien, die er zum Arbeiten braucht: diverse Armbanduhren, ein Fernrohr, ein altes Siemens-Telefon, ein zerblättertes Notizbuch, ein Päckchen Visitenkarten – und ein Bierkrug voller Tulpen. Etliche Sitzgelegenheiten laden zum Verweilen und Schauen.

Alle Altersgruppen bummeln über Herrschings Flaniermeile. »Wir sind keine Rentner-Gegend, es ist total gemischt.« Ein Raddampfer legt an, im Gegenlicht der Nachmittagssonne lässt sich das Westufer erahnen. Den Kiosk nebenan hat Schwager Miene gepachtet. Auf einer Tafel

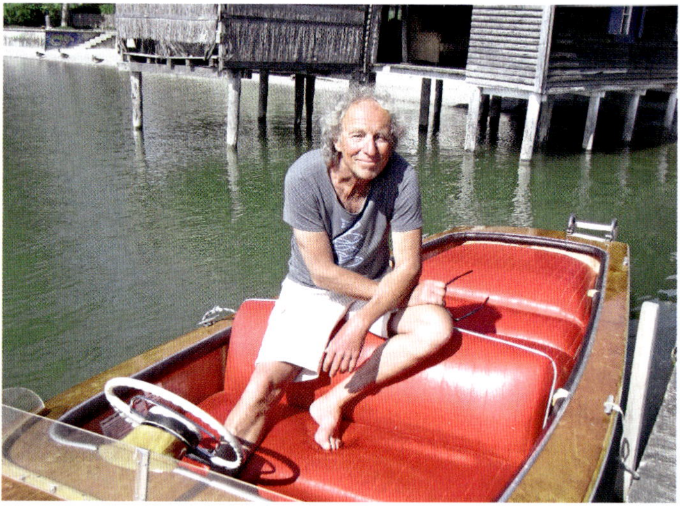

Immer ein Spässchen auf den Lippen hat der Fischer und Bootsverleiher Peter Neuner. Sein Job wäre ein Hobby, wenn er nicht von Sonnenaufgang bis Sonnenuntergang dauern würde.

steht mit Kreide das Angebot des Tages, etwa »Luigi«, ein gegrilltes Brot mit Olivenöl und Kräutern. Miene habe ein Händchen für die Gastronomie, erzählt Goro, jeden Abend sei vor der Hütte Halligalli. Dritter im Bund der Lebenskünstler ist Mato, der einen Fischladen mit Bistro betreibt. Für seine Fischsemmeln bilden sich lange Schlangen. Miene und Mato haben die »Meile« vor dem Fischerhaus der Stumbaums bekannt gemacht. Die Zeitungen hätten sie als »Geheimtipp« angepriesen. Seitdem geht es rund. Eine Brise Karibik liegt in der Luft, vom Tretboot Kalino grüßt ein Konterfei Bob Marleys.

Goros Arbeitgeber, Uli Stumbaum, hat sich weitgehend aus der Fischerei zurückgezogen und verbringt viel Zeit mit seiner Familie. Auch Goro, ebenfalls Fischwirtschaftsmeister, betreibt die Fischerei nur noch als Hobby. Im Oktober und November geht er auf Zander. Es trage sich gerade so. Im See stimme die Chemie nicht mehr, es sei zu viel Nitrat im Wasser. Das lässt die Burgunderalgen nur so wachsen. Die Fische überlebten es, seien aber weniger geworden. Die Fischer fangen nicht mehr so viel.

Dafür hat der Andrang beim Bootsverleih stark zugenommen. Im vergangenen Jahr hatten sie einen Rekordumsatz, zehn Mal mehr als früher. Hauptursache dürfte die Corona-Pandemie sein. Die Leute bleiben im Lande. Hinzu kämen große Münchner Neubaugebiete wie Freiham. Dort sollen in absehbarer Zeit bis zu 30 000 Menschen leben, 2000 sind schon da. »Die kommen dann alle raus zu uns.« Auch Herrsching werde immer attraktiver, gerade entsteht ein neues Gymnasium. Jedenfalls ist Goro froh, wenn abends die Sonne untergeht und er seine Ruhe hat. Fängt er im Frühjahr gerne wieder an, sperrt er im Herbst genauso gern wieder zu.

Früher hat die Familie im Sommer noch vor dem Haus zu Abend gegessen. Das geht jetzt nicht mehr. Der Trubel ist zu groß. Einerseits sei das großartig, weil die Kasse stimmt, andererseits spürt er es langsam in den Knochen. Gleichwohl bezeichnet er sich immer noch als ausgeglichenen, glücklichen Menschen. Man nimmt ihm das sofort ab. Entspannt sitzt er im zweiten Stock des Fischerhauses der alteingesessenen Familie Stumbaum auf dem Holzboden. Ein Klavier steht im Raum, darauf Tomi Ungerers Großes Liederbuch und ein Songbook der Beatles. In der Ecke lehnen eine Gitarre und eine große afrikanische Trommel. Ein betagtes Sofa rundet die spartanische Einrichtung ab. Dafür bietet sich aus dem Fenster ein fulminanter Blick über den See hinüber nach Dießen, wo Sonnenstrahlen dem Münster gerade einen Heiligenschein aufsetzen.

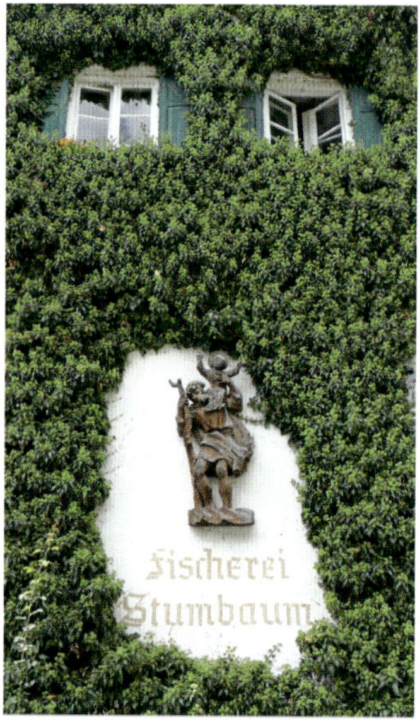

St. Christophorus ist auch der Schutzpatron der Fährleute und Bootsverleiher.

Anders als die hektischen Sommermonate sind die Winter noch lange und ruhig. 2021 war das erste Jahr, in dem Goro mit seiner Frau Christiane nicht fortgefahren ist. Sonst haben sie in den vergangenen Jahren mit dem Segelschiff die Welt umrundet, waren in der Karibik. »Wenn du dann plötzlich wieder zu Hause bist, das musst du dann schon verkraften.« Goros Frau, die er nach

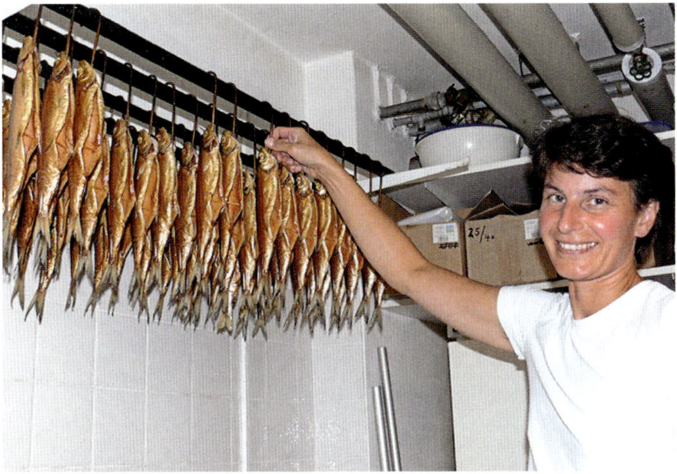

Die Renke ist der »Brotfisch« des Ammersees. Frisch geräuchert, ist sie bei den Fischern am See wie hier bei Sonia Schwarz in Schondorf erhältlich und bietet eine willkommene Bereicherung der Brotzeit.

25 Jahren Zusammensein geheiratet hat, ist Buchhändlerin und arbeitet in der örtlichen Buchhandlung. Für die Bürgergemeinschaft sitzt sie im Gemeinderat. Das Paar hat drei Kinder: Leo, mit 30 Jahren der älteste, ist Baumkletterer. Paul ist Vater zweier kleiner Kinder, er betreut sie und kocht. Tochter Luzie besucht die Bode Schule für Gymnastik und Tanz in München und wohnt noch zu Hause. Ihr Kommentar, als sie gerade vorbei geht: »Ich bin einfach nur im Paradies und das seit 20 Jahren.«

Zu einem Besuch am Ammersee gehört auch eine Bootspartie. »Una ora 25 Euro«, sagt Goro zu einem jungen italienischen Pärchen, das ein Elektroboot mieten will. Jeder möchte E-Boot fahren. Goro baut eines nach dem anderen. Mittlerweile besitzt er eine ganze Flotte schneidiger, blank

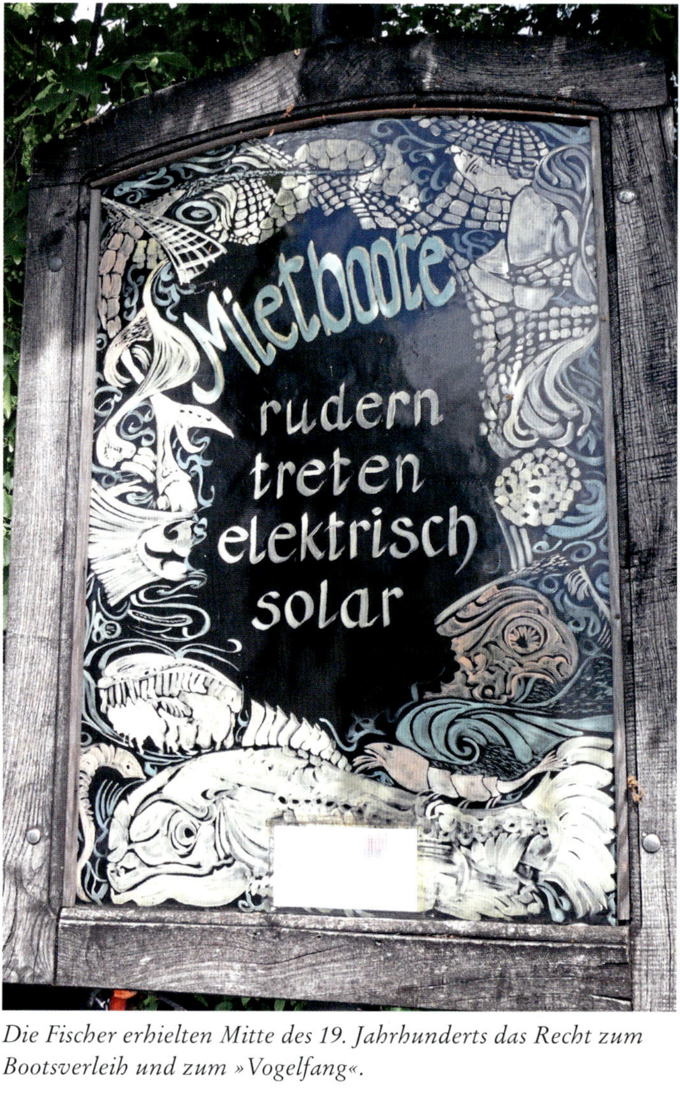

Die Fischer erhielten Mitte des 19. Jahrhunderts das Recht zum Bootsverleih und zum »Vogelfang«.

polierter E-Boote. Die Schale kauft er in Österreich und baut sie dann aus, ohne dass er Bootsbauer wäre. Selbst ist der Mann. Bis zu 10 Personen passen hinein. Große arabische Familien, türkisch-kurdische und syrische, wagen sich, die Damen tiefverschleiert, hinaus auf den See. Für einen schnellen Trip kommen die Bootsfahrer von Andechs herunter oder mit der S-Bahn aus München. Reichlich Sonnenschein, ein Picknick-Korb samt gekühltem Prosecco, und der Nachmittag ist geritzt. Und das alles umweltfreundlich. Goro war 1991 der erste in Bayern, der solarbetriebene E-Boote anbot. Sämtliche E-Boote lädt er mit Sonnenkraft auf.

Zeit für ein Bier. Miene bringt ein paar Flaschen Huppendorfer, eine Brauerei in der Nähe von Bamberg. Es ist ein versteckter Hinweis auf Goros Herkunft. Er stammt aus dem oberfränkischen Hof, wo es bisweilen schon im August Nachtfrost geben soll. Ein gleichaltriger Freund, ebenfalls aus »Bayerisch-Sibirien«, lockte ihn vor vielen Jahren an den Ammersee. Für 20000 Mark hatte dessen Familie 1950 ein Grundstück an der Seepromenade gekauft. Heute ist es mehrere Millionen Euro wert. Aber solch materielle Dinge scheinen den Philosophen im lässigen Outfit nicht zu tangieren. Goro kümmert sich lieber um seine kleine Flotte – und um die Rat- und Hilfesuchenden.

»Verleihen Sie jetzt noch ein Tretboot?« fragen zwei Damen mit kleinen Rucksäcken gegen 17 Uhr. »Was habt ihr vor, was wollt ihr machen?«, fragt Goro zurück. »Ihr müsst euch nur die Abfahrtszeit merken. Fahrt nicht so weit hinaus, weil ein ablandiger Wind weht. Da seid ihr plötzlich mitten im See.« Als die Damen Zweifel beschleichen, meint Goro nur: »Das schafft ihr schon, ihr schaut doch sportlich aus.«

Von Herrsching nach Breitbrunn

Bester Ausgangspunkt für die Radltour um den Ammersee ist der Parkplatz am S-Bahnhof in Herrsching. Dort findet sich meist eine Parkmöglichkeit und man kann in Ruhe die Räder ausladen. Wir fahren die Ladestraße nach Norden und folgen nach links der Riederstraße. Der Weg am See entlang lädt zwar zum Weiterradeln ein, er endet aber abrupt nach einigen hundert Metern. Wir könnten nun die Riederstraße nach Breitbrunn nehmen, doch die ist stark befahren. Deshalb biegen wir nach 950 Metern auf der Riederstraße schräg nach rechts in den Oberen Stocketweg in Richtung Rausch ab. In der Nähe liegt die Beamtenfachhochschule, kenntlich durch einen trutzigen Turm von eindeutiger Architektur. Das monumentale Gebäude stammt aus der Nazizeit. Bis 1943 war es eine Finanzschule, dann wurde sie zum Wehrmachtslazarett umgewandelt. Auch nach Kriegsende blieb der Bau zunächst Lazarett, wurde 1947 Tbc-Krankenhaus und erst 1955 wieder seiner ursprünglichen Nutzung als Zoll- und Finanzschule zugeführt. Am Ortsrand von Herrsching Richtung Breitbrunn wäre noch das Schloss Rezensried zu erwähnen. Bis zur Säkularisation 1803 erholten sich hier die Zisterzienser-Mönche des Klosters Fürstenfeld an der Amper in Fürstenfeldbruck. Sie machten nicht nur Ferien, sondern unterzogen sich auch einer damals üblichen Kur, dem Aderlass.

Es folgt ein steiler Anstieg, der einzige auf der gesamten Strecke. Dafür bietet sich oben ein weiter Rundblick auf

Das Kurparkschlössl an der Herrschinger Seepromenade entspricht dem Stil italienischer Adelspaläste. Der Kunstmaler Ludwig Scheuermann ließ die Villa um 1888 errichten.

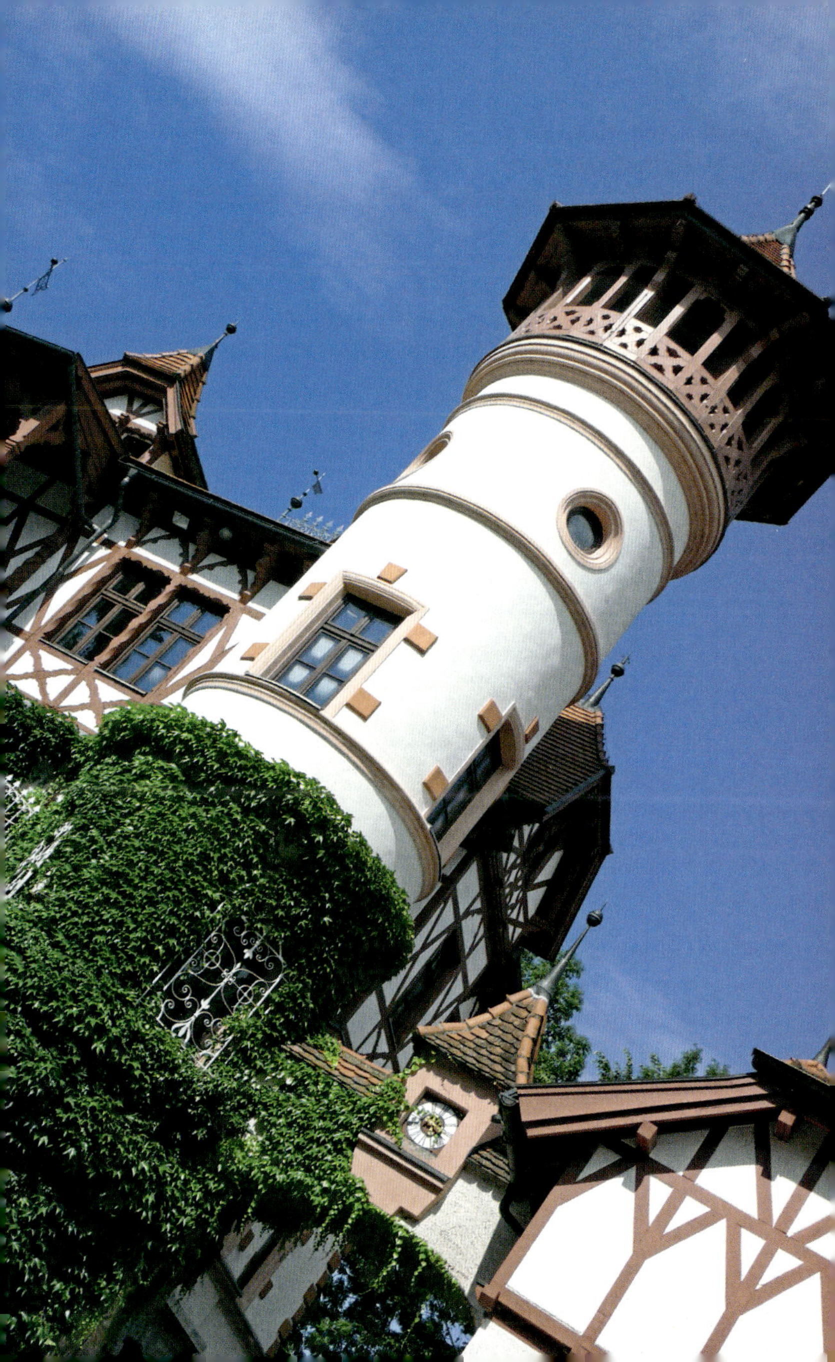

den See, das Kloster Andechs und die Berge. Der Weiler Rausch, der nur aus zwei Höfen besteht, wird erstmals urkundlich im Jahr 1065 erwähnt. Das kleine Gotteshaus am Straßenrand haben zwei Bauern des Ortes 1833 an Stelle einer Kapelle aus Eichenholz errichtet, aus der noch die Glocke und das Altarbild stammen. Bemerkenswert ist ein »Heiland an der Geiselsäule«, der dem Gnadenbild in der Wieskirche ähnelt. Die beiden hier lebenden Familien Ruhdorfer und Jäger wechseln sich bei der Betreuung der Kapelle ab. Wechsel ist jeweils am Mittag des Neujahrstags. Zu den Aufgaben gehört es, dreimal am Tag die Glocke zu läuten: um sechs Uhr, zwölf Uhr und 20 Uhr, im Winter um 18 Uhr. Außerdem Waschen der Altarwäsche, Ausputzen, Fenster putzen und Blumenschmuck, zählt Rosi Ruhdorfer auf. Ab und an wird eine Messe gelesen. Wenn einer stirbt, wird ein Rosenkranz gebetet. Für die 40 Bewohner des Weilers ist die Kapelle fast schon zu klein. Die Bäuerin bittet uns, auf die landwirtschaftlichen Fahrzeuge Rücksicht zu nehmen. Für die Radler sei das Ausweichen oft einfacher. Das gilt eigentlich für alle landwirtschaftlichen Wege rund um den Ammersee nach dem Motto: Leben und leben lassen. Am Ortsende halten wir uns nach rechts und gelangen auf einen geteerten Weg, der über Felder und Wiesen nach Ellwang führt. Hinter den beiden Höfen zweigt der Weg nach links ab zu einem Waldsaum.

Nach längerer Fahrt öffnet sich am anderen Ende des Waldes ein herrlicher Panoramablick über Breitbrunn und das gegenüberliegende Westufer. Ganz Sportliche erklimmen den Hang, auf dessen höchstem Punkt, dem Jaudesberg (617 m), sich ein noch besserer Ausblick bietet. Nach rascher Talfahrt, vorbei an einer Bio-Obstplantage der Firma Perger, mündet der Weg in die Wörthseestraße. Wir biegen nach rechts ab, um nach 60 Metern nach links in die Schulstraße abzubiegen. Unmittelbar nach dem Gotteshaus zur Rechten zweigt der Friedhofweg nach Norden ab und führt uns am Ortsende zur Münchener Straße Richtung Inning.

Das Paradies von Breitbrunn

Multitalent Hanns Christian Müller nimmt nur noch Aufträge an, die er zu Hause erledigen kann – weil's hier »so schee is«

»La dolce far niente«, das süße Nichtstun, kommt einem unweigerlich in den Sinn, wenn man Hanns Christian Müller in seinem Domizil in Breitbrunn besucht. Das Multitalent lebt in einem wahren Paradies. In das großzügige Hanggrundstück, das zum See abfällt, ducken sich zwei kleine Häuschen, die Jahrzehnte auf dem Buckel haben und viel besser zum Ammersee passen als die protzigen Villen der Nachbarschaft. »Es gibt hier so viele reiche Menschen, die glauben, mit Geld Geschmacksprobleme lösen zu können«, kommentiert der Hausherr bissig, »die meinen, weil die Grundstückspreise so hoch sind, müssen sie was Gescheites hinstellen.« Müller hat darüber mit Gerhard Polt am Residenztheater in München ein Stück gemacht, die »Exoten«. Exotisch ist es auch bei unserem Gastgeber, aber ganz anders: Ein Haus mit Veranda und altmodischen kleinen Sprossenfenstern bildet sozusagen die Kommandobrücke des wildromantischen Gartens.

Nahe einer Feuerstelle grinsen hölzerne Koboldgesichter den Besucher an, unten am Ufer steht ein Bootshaus voll diverser Wasserfahrzeuge. Das Ambiente strahlt Sommer, Sonne, Sorglosigkeit und Lebensfreude aus.

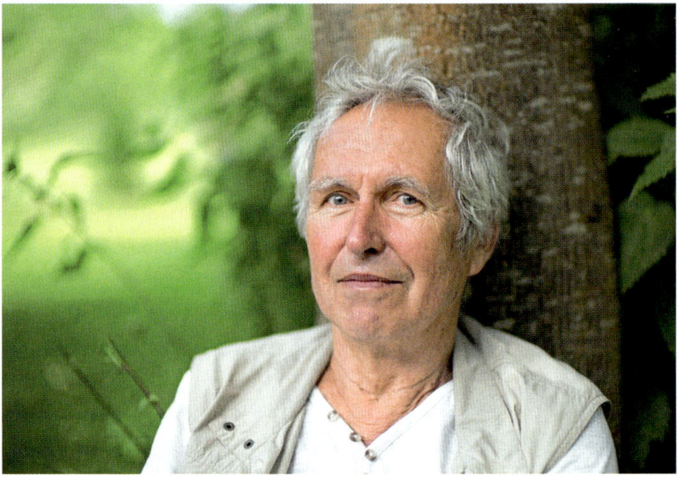

»Sonne für alle«, lautet der Titel des Buches von Hanns Christian Müller (Foto) über die höchst unterschiedlichen Stationen seines Lebens.

Dabei wird hier auch intensiv gearbeitet. Müller nimmt fast nur noch Aufträge an, die er zu Hause erledigen kann, weil »es hier so schee ist«. Er betreibt einen »Gemischtwarenladen«, schreibt Drehbücher, Sketche für den hessischen Rundfunk, produziert DVDs und Videoclips für Bands. Im Sommer lebt er seinen Schaffensdrang im Freien aus. Über seinen Schiffen hat sich Müller ein komplettes Tonstudio und ein professionelles Videostudio eingerichtet – mit Blick über den Ammersee, versteht sich. Unlängst hat hcm, so sein Markenzeichen, ein Buch herausgebracht: »Sonne für alle«. Es geht um die vielen »Milieuinseln«, auf denen er in seinem Leben schon herum gesaust ist. »Das ist ziemlich gut geworden«, freut sich der Hausherr. Inzwischen hat er eine Fortsetzung geschrieben, die im Herbst erscheinen soll. Oder darf es im digitalen Tonstudio nebenan eine

Reihe Videoclips der bayerisch-österreichischen Mundart-Band »Highlig« sein? Müller hat nahezu alles selbst eingespielt. In Arbeit sind DVDs mit Georg Spindler und der »DaDing Band«, der »Ron Evans Group« und den »Rock Dinos«.

Mit Gerhard Polt und Gisela Schneeberger, seiner ersten Frau, hat Hanns Christian Müller etliche gemeinsame Projekte gemacht. Darunter von 1979 bis 1989 die TV-Serie »Wie im richtigen Leben«, sowie Filme wie »Kehraus« und »Man spricht deutsh«. Bei den »Toten Hosen« und der »Biermösl Blosn« mischte er mit, hatte als Dramaturg Engagements am Schillertheater in Berlin, war Regisseur am Münchner Residenz-Theater, den Kammerspielen, und er war Intendant des Münchner Volkstheaters. Zahlreiche Preise und Auszeichnungen belegen sein komödiantisches Talent. Hanns Christian Müller, Jahrgang 1949, sprüht immer noch vor Ideen, seine Power steckt an. Auf seiner Homepage bezeichnet er sich als Autor, Regisseur, Komponist, Produzent, Musiker und gelegentlich Darsteller, unter anderem im »Tatort«. Was kann der Tausendsassa eigentlich nicht? »Kein einziges Blasinstrument spielen«, sagt er nach kurzem Nachdenken. Und: »Was ich gar nicht kann, ist verkaufen.« Gleichwohl habe er immer gut leben können von dem, was er macht. Er kann keine Auftragsarbeiten annehmen, die ihn nicht interessieren. Deshalb fiel eine Avokado-Werbung »grauenhaft schlecht« aus. Am Volkstheater hat er es auch nur ein Jahr lang ausgehalten.

»Das, was ich machen wollte, ging nicht, und das, was gegangen wäre, wollte ich nicht machen. Da sind viele Träume den Bach runter gegangen.« Dabei hatte er sich ein Jahr lang intensiv auf diese Aufgabe vorbereitet. Inzwischen macht er auch wieder Theater: 2013 an den Hamburger Kammerspielen »Die

Geiselnahme von Hans Scheibner« und 2015 »Blind date« von hcm mit Michaela May. Und für die Münchner Kabarett-Bühne »Lach- und Schießgesellschaft« macht er die komplette Bildregie für den Livestream.

Seit 2001 wohnt Hanns Christian Müller fest am Ammersee. 1902 hatte der Urgroßvater das Grundstück erworben. Wie aus den beiden einfachen Häuschen passable, winterfeste Wohnhäuser mit Nasszellen, Klo und Sauna wurden, die inzwischen auch von den Baubehörden legalisiert worden sind, ist wieder eine eigene, lange Geschichte. Da kommt der Schlagertexter Georg Buschor (»Zwei kleine Italiener«) ebenso vor wie Müllers Großvater. Der hat in den 1920-er Jahren einen Selbstmörder aus der Isar gezogen und ist dann selbst an einer Lungenentzündung gestorben. Überhaupt die Behörden. Nur sie scheinen es bisweilen zu schaffen, die Freude des Hausherrn an seinem Paradies zu trüben. »Alle Seeanlieger stöhnen.« Aber Hanns Christian Müller mag sich gar nicht ärgern, dafür ist sein Leben hier zu schön. Jeden Tag geht er in den See, auch im Winter. Wenn er kurz nach sechs Uhr aufsteht und die paar Schritte hinunter zum Wasser geht, schaltet der Bewegungsmelder einen Scheinwerfer ein. Dann wird Müllers Figur im Morgennebel zum Riesen, wie Nosferatu, das Phantom der Nacht von Roland Topor. Vielleicht eine Vorlage für das nächste Projekt

Der Ausblick vom Jaudesberg reicht von den Obstplantagen über Breitbrunn bis hinüber zum Westufer.

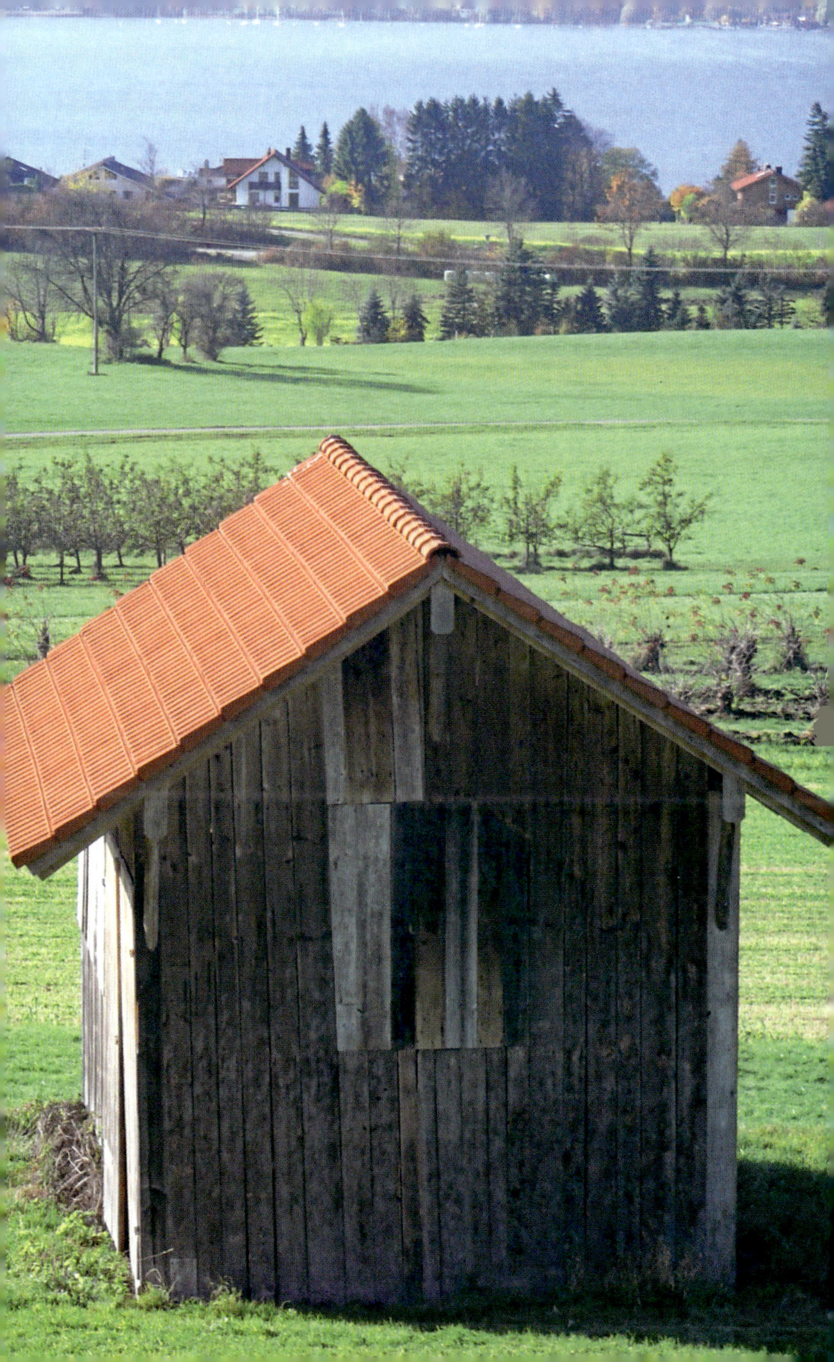

Von Breitbrunn nach Stegen

Nur ein kurzes Stück müssen wir auf der Hauptstraße radeln. Dann biegen wir links in den Bucher Weg ein. Dort erwartet uns eine schattige Wegstrecke durch einen alten Park, der zum Gut Seeleiten gehört. Die gepflegte Anlage ist für die Öffentlichkeit zugänglich, auch wenn am südlichen und am nördlichen Ende des Areals große Eisentore die Durchfahrt behindern. Links verbirgt sich hinter hohen Bäumen ein herrschaftlicher Bau, den sich 1926 die bayerischen Verkehrsbeamtinnen als Erholungsheim gönnten. Heute beherbergt er ein Management-Zentrum der Post. Die Schlagersängerin Helene Fischer und ihr Freund Thomas Seitel wohnen am Ammersee. Ebenso lebt hier seit 2006 der Maler Georg Baselitz. Wir radeln auf der Breitbrunner Straße bis zur Kapelle und biegen dann rechts in die Seestraße ab, die zur Hauptstraße wird.

Ihr folgen wir bis kurz vor die Inninger Straße, die wir gleich links wieder verlassen, um in »Am Vorholz« einzubiegen. Über die Wald- und die Schornstraße geht es weiter durch Wald und Wiesen, bis wir zu einer Weggabelung kommen. Nach links führt die Bergstraße hinunter zum See. Das Schild »Kein Seezugang« gilt nur für Autos. Vor allem Familien mit Kindern empfehlen wir diese Route, denn die Ortsdurchfahrt von Inning ist stark befahren. Wer aber einen Abstecher ins Ortszentrum machen möchte, der biegt nach rechts ab in die Schornstraße, auf der man am Inninger Sportplatz vorbei über die Herrschinger Straße ins Ortsinnere gelangt. In Breitbrunn und Buch raten wir vom

Die Boots- und Badehäuser am Seeufer sind oft kleine architektonische Raritäten. Gebaut wurden viele bereits im 19. Jahrhundert.

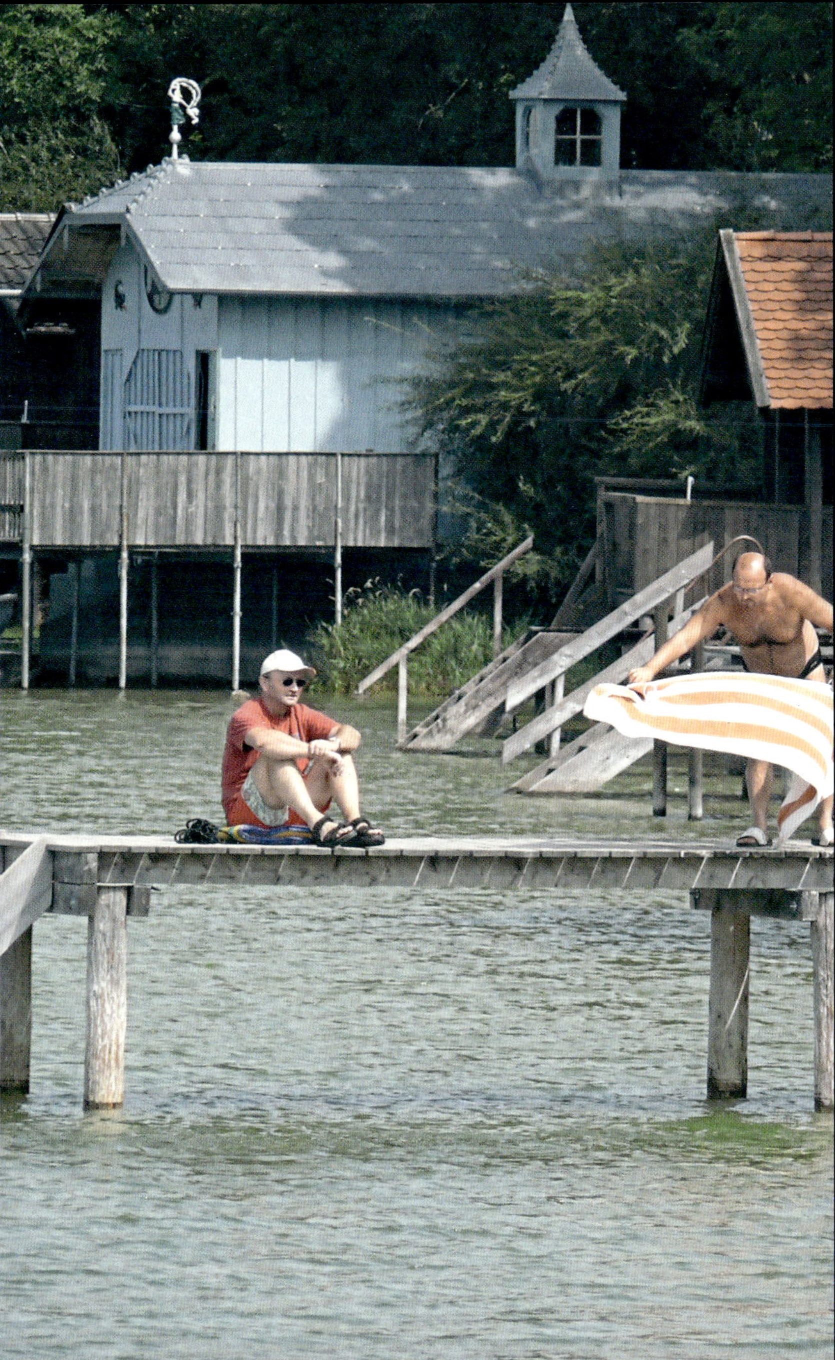

Fußweg am Ufer entlang dringend ab, denn er ist wirklich nur ein Trampelpfad über Stock und Stein.

Inning ging in die Geschichte ein, als sich im vorvorigen Jahrhundert König Ludwig I. von Bayern und seine Geliebte Lola Montez im Gasthof »Zur Post« trafen. Sie hatten ihre Liebeslaube angeblich im obersten Zimmer des Gasthofes. Fußballtrainer Klaus »Auge« Augenthaler wohnt hier und die Freunde des Motorradsports denken bei Inning natürlich sofort an den ehemaligen Motorradweltmeister Toni Mang, der hier aufwuchs, und seinen Techniker Sepp Schlögel. Der »Toni-Mang-Ring« erinnert an die große Zeit.

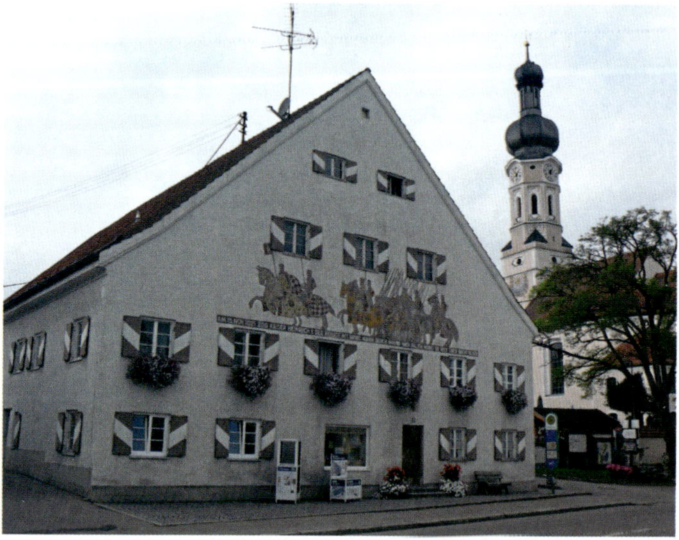

Weil Kaiser Heinrich II. im Jahr 1021 auf seinem Italienzug in diesem stattlichen Haus übernachtet haben soll, heißt es das »Kaiserhaus«. Daneben steht die Inninger Pfarrkirche St. Johannes.

Im Ort heischt ein stattliches Haus nach Aufmerksamkeit. »Am 15. November 1021«, heißt es am Giebel, »zog Kaiser Heinrich II. der Heilige mit 60 000 Mann durch Inning nach Italien, wobei er hier über Nacht blieb.« Zu Zeiten des Salzhandels verdienten die Inninger Geld mit einem Stapelplatz, denn die Salzstraße verlief von Pasing kommend am Ammersee vorbei Richtung Landsberg. An der Kirche gleich neben dem Wirtshaus biegen wir nach links in die Landsberger Straße ab. Nach einer erholsamen Fahrt bergab vorbei an der Alten Brauerei Stegen erreichen wir endlich wieder den See. Dort laden Biergärten zur Rast direkt am Ufer ein, man darf auch seine Brotzeit mitbringen. Der Blick schweift über den See auf Dießen und die Zugspitze im Hintergrund. Die Radler-Maß gibt's an einer Extra-Schänke. Wer mit Kindern um den Ammersee radelt, sollte bedenken, dass sie mehr Flüssigkeit brauchen als Erwachsene.

Das Gehirn der Rennmaschinen

Wie die beiden Inninger Sepp Schlögl und Toni Mang Motorrad-Weltmeister wurden, ihre Freundschaft zerbrach und wie sie wieder zusammenfanden

In seiner näheren Umgebung ist er nicht so bekannt wie in Ostdeutschland, Italien, Spanien oder Indonesien. Weil in dem südostasiatischen Inselstaat nach wie vor Mopeds und Motorräder das Hauptfortbewegungsmittel sind, hat dort auch der Motorradrennsport noch einen anderen Stellenwert als im Autoland Deutschland. Es ist also nicht weiter verwunderlich, dass die Firma Yamaha Indonesien, die im Monat 60 000 Mopeds produziert, vor etlichen Jahren im oberbayerischen Inning vorstellig wurde. Denn Franz Josef Schlögl zählt zu den weltweit besten Motorradtunern. Nur wenige besitzen so viel technisches Verständnis, so viel Intuition wie der gebürtige Inninger, Jahrgang 1947. »Wenn Sepp Schlögl einen Motor im Stand hochdreht, spürt er an den Vibrationen des Gasgriffs und an den Geräuschen, was mit dem Triebwerk los ist, da braucht er nicht zwingend das moderne Data Recording«, beschreibt das Fachmagazin Motorrad-Online seine Fähigkeiten. 40 Jahre lang nahmen alle namhaften Fahrer seine Dienste in Anspruch, darunter Dieter Braun, Reinhold Roth, Helmut Bradl und Ralf Waldmann, Deutschlands letzter Weltklassefahrer. »Ohne ihn wäre ich nichts gewesen«, hat Waldmann über Schlögl gesagt. 75 Grand Prix-Siege, sechs Weltmeistertitel und etliche Vize-WM's hat der Inninger mit den Fahrern geholt, er feierte mit ihnen die Triumphe und durchlitt ihre Tiefen. Bis hin zu schweren Stürzen, die wie bei Roth bisweilen für immer im Rollstuhl endeten. Das engste Verhältnis hatte Schlögl aber zum mehrfachen Weltmeister Toni Mang. Die beiden kennen sich seit ihrer Kindheit und teilen die Liebe zur Rennerei. Mang ist zwei Jahre jünger und auch ein Inninger. Schlögl wollte ebenfalls einmal Rennfahrer werden. Er war im Gelände besser, Mang auf der Straße. Schließlich beschlossen sie, gemeinsame Sache zu machen, damit wenigstens einer Erfolg hat. Das jähe Ende dieser Männerfreundschaft sollte für beide zur Zäsur werden.

Sepp Schlögl stammt aus einer Landwirtschaft. Der ältere Bruder Georg bringt den gelernten Mechaniker, damals hieß es Kfz-Handwerker, zum Rennsport. Mit einer NSU Max geht es 1966 nach Stuttgart zum Solitude-Motorradrennen. »Dort hat mich der Rennbazillus ergriffen«, erzählt Schlögl im bayerisch eingerichteten Wohnzimmer seines Inninger Hauses. Für den Broterwerb richtet er bei der

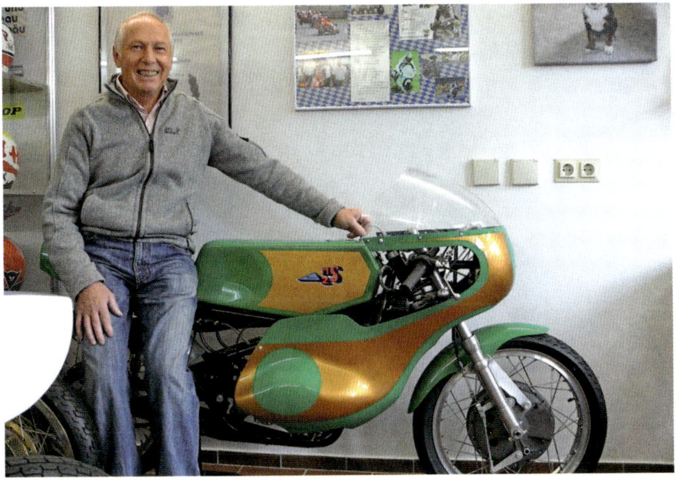

Sepp Schlögl kann's einfach nicht lassen. Der Techniker restauriert immer noch klassische Motorräder. Hier die legendäre SMZ-250, ein Eigenbau.

Firma Wagner in Breitbrunn alles, was anfällt, Motorräder und Autos. Dann ist er bei Dornier in Oberpfaffenhofen für die Wartung der Firmenwagen zuständig. Als er drei Monate unbezahlten Urlaub für ein Rennen haben will, geht das nicht. Da fasst Schlögl den Entschluss seines Lebens. Er macht sein Hobby zum Beruf. Er und Toni Mang, der Werkzeugmacher gelernt hat, fangen 1971 beim damals amtierenden 125ccm-Weltmeister Dieter Braun als Rennmechaniker an. Nebenbei bauen die Inninger mit Alfons Zender die »Schlögl-Mang-Zender«-Maschine, kurz SMZ-250. Auf diesem Eigenbau gewinnt Mang auf Anhieb das erste Flugplatzrennen in Augsburg. 1977 dann ein Tiefschlag. Ein Kurzschluss auf einem Motorenprüfstand setzt Schlögls Werkstatt in einem Holzstadel in Brand. Beim größten Feuer in Inning brennt alles ab. Schlögl ist am

Boden zerstört, doch sein Bekanntenkreis macht ihm Mut. Anfang der 1980er Jahre haben sie es wieder geschafft: Der Rennfahrer und sein Chef-Techniker beherrschen die Szene. Sie werden Doppelweltmeister in der 250ccm- und 350ccm-Klasse. Fortan zieht das Inninger Dream-Team von Grand Prix zu Grand Prix um die Welt. »Das war eine Traumzeit«, schwärmt Schlögl noch heute. Er bereist fast alle Kontinente, kommt aber zu der Erkenntnis: »Bei uns ist es am schönsten.« Oft ist er ein halbes Jahr weg von zu Hause. Ehefrau Marianne zieht derweil Tochter und Sohn allein auf. »Ich hätte den Rennsport nie gegen ihren Willen gemacht«, merkt Schlögl sofort an.

Gute Rennmaschinen gibt es nicht von der Stange. Schlögl holt durch eigene Kreationen noch eine Menge aus den Werksmaschinen heraus. Einen 250-er Motor von Dieter Braun stellt er von Luft- auf Wasserkühlung um, verschiedene Fahrwerkteile ändert er ab, gießt sogar Motorteile selbst und formt Tanks aus Kunstharz. Die Inninger Werkstatt macht`s möglich. Sie birgt ein Arsenal an Maschinen und Werkzeugen vom Feinsten, sie ist zugleich eine Visitenkarte für ihren Herrn und Meister: aufgeräumt und klinisch sauber wie ein Reinraum in der Computerindustrie. Von 1985 bis 2001 fiel in 240 aufeinanderfolgenden Grands Prix keine von ihm betreute Maschine wegen eines technischen Defekts aus. Lag früher das Hauptgewicht auf den Motoren, kommt es heute auf die Abstimmung des Fahrwerks mit den richtigen Reifen an.« Mit einem normalen Motorrad hat so ein Feuerstuhl nichts mehr zu tun. Das lehrt schon ein Blick in Schlögls Werkstatt. Doch allein die Beherrschung des Handwerks reicht noch nicht aus für einen guten Schrauber. Er braucht starke Nerven, die innere Ruhe, binnen Sekunden Entscheidungen zu treffen, die im Rennen über Sieg und Niederlage entscheiden. Das können nur ganz wenige und das hebt Schlögl über alle anderen hinaus. Die Art und Weise, wie er sein Leben aufblättert, unaufgeregt, bescheiden, in knappen Sätzen, lässt diese Fähigkeit erahnen. »Nie aufgeben«, lautet die Devise im Renngeschäft, auch wenn es »nur« ein Vizetitel war. Das ganze Team brennt darauf, die Maschine noch schneller zu machen. Das schweißt zusammen. Der Fahrer verlangt wiederum alles von seinem Team. Innerhalb des Reglements reizen sie Gewicht und Leistung bis zum Letzten aus. Jedes Land, jede Klimazone, hat wieder eigene, spezielle Bedingungen. »Am schwierigsten war es auf großer Höhe in Südafrika.« Mit dem Südafrikaner Jon Ekerold lieferte Mang sich erbitterte Rennen.

Umso dramatischer ist deshalb der Bruch zwischen den beiden Freunden. »Einen richtigen Grund gab es eigentlich gar nicht«, erzählt Schlögl. »Wir waren einfach zu lang beieinander«, sagt er dann, »auch die Frauen kamen dazwischen.« Basta. Die Rennszene gibt nach der Trennung nicht mehr viel auf Mang. Bei der Weltmeisterschaft 1986 reicht es nur noch für einen vierten Platz. Doch der Inninger Sturschädel gibt nicht auf. Er will es allen, besonders aber dem Freund, noch einmal zeigen. Schlögl dient unterdessen dem Konkurrenten Reinhold Roth. Doch Toni Mang schafft es tatsächlich. 1987 gewinnt er acht Grand-Prix-Rennen in Folge und wird mit 38 Jahren der seinerzeit älteste Weltmeister. Nach einem schweren Sturz in Jugoslawien beendet Mang ein Jahr später seine Karriere. Heute sind die beiden Inninger wieder Freunde. Schlögl ist froh darüber. Als Geschenk zum 70. Geburtstag seines Chefmechanikers steigt Toni Mang im September 2017 bei den Hockenheim Classics noch einmal auf seine alte 350ccm-Kawasaki. Mit ihr wurde er »ewiger Weltmeister«, denn es gibt die Klasse nicht mehr. »Das war ein Mordsspaß.

Super. 35 Jahre zurückversetzt«, schwärmt Mang im Telefonat mit der Starnberger SZ. Voller Hingabe hatte Schlögl das zweirädrige Museumsstück für das Rennen fit gemacht. Schlögls letzter deutscher Fahrer war Klaus Nöhles. Als der damals 24-Jährige seine schwachen Leistungen seinen Mechanikern in die Schuhe schob, trifft Schlögl das ins Herz. Schrittweise zieht er sich zurück.

Heute wollen die beiden Freunde wiederbeleben, was darnieder liegt und ihr Leben prägte: den deutschen Motorradrennsport. Ihm fehlen die Weltklassefahrer. Zusammen betreuten sie deshalb das junge Talent Marcel Schrötter aus Pflugdorf bei Landsberg. 2008 und 2009 führten die alten Hasen das junge Talent zur Deutschen Meisterschaft in der 125ccm-Klasse. Er wurde Europameister und vierter bei der WM. Daneben veranstaltet Mang Fahrer-Trainings, zeigt den Jungen die Ideallinie. Anders als in Italien, Spanien oder Malaysia wird hierzulande wenig für den Nachwuchs getan. Deshalb ruft Schlögl 2002 zusammen mit Adi Stadler von Honda den ADAC-Cup ins Leben. Relativ preiswert wollen sie junge Leute für den Rennsport rekrutieren. Der jüngste Fahrer ist damals elf, der älteste 18 Jahre alt. Doch zwei Jahre später schläft die Sache ein. Immerhin war der Cup ein Anreiz für Stefan Bradl, den Sohn des Rennfahrers Helmut Bradl, Rennen zu fahren. 2011 wird er Weltmeister in der Moto2-Klasse.

Mit großem Spaß restauriert Schlögl noch Oldtimer. Neben besagter Weltmeister-Maschine von Toni Mang besitzt er einige historische Modelle. Der Rennbazillus hat ihn ebenfalls noch nicht ganz losgelassen. So hat er in seiner Inninger Werkstatt mehr als zwei Jahre lang eine weitere 350ccm-Kawasaki analog zur WM-Maschine für das Museum Boxenstop in Tübingen zusammengebaut. Die fehlenden Teile hat er nach und nach komplettiert.

Früher ist Schlögl viel Motorrad gefahren. Heute geht er lieber mit seiner Frau und dem Schweizer Sennenhund Maxin spazieren, hinunter an den Ammersee oder nach Andechs – wenn er nicht gerade an seinen Rennmaschinen schraubt.

Der Heilige Rasso in Seenot

Von Flößen und Klosterschiffen zu eleganten Dampfern – Die Geschichte der Schifffahrt auf dem Ammersee

Einst haben lange Flöße das Bild der Schifffahrt auf dem Ammersee geprägt. Um 1850 bringen Schären- oder Triftflöße die Stämme, welche die Ammer herunter getrieben kamen, über den See nach Stegen. Die größten Flöße sind fast 200 Meter lang und vereinen bis zu 2000 Klafter Holz, etwa 600 Kubikmeter. Dießener Fischer bauen sie zusammen, pensionierte Kapitäne vom Starnberger See führen sie. Die Flöße haben sogar Segel und eine kleine Schutzhütte. Man nutzt nachts den Südwind von den Bergen und erreicht in acht bis zehn Stunden Stegen. Dort werden die Flöße zerlegt und die Stämme die Amper hinunter getriftet bis zum königlichen Holzplatz in Dachau. Die Entfernung Oberammergau-Dachau beträgt etwa 140 Kilometer. Das Holz dient zum Bau der Schlösser in der Residenzstadt. Als Ende des 19. Jahrhunderts die Ammersee-Bahn kommt, ist es mit der Flößerei vorbei. Bereits 1859 hatte der Staat die Trift wegen Unrentabilität eingestellt.

Im 17. und 18. Jahrhundert fahren die Einbäume und Bretterkähne der Fischer umher. Sie befördern auch Personen und Fracht, etwa Andechs-Pilger von Dießen nach Wartaweil, denn eine königliche Verordnung von 1841 gibt ihnen das Recht des »Vogelfangs und der Lohnschifffahrt«. Eine Besonderheit stellen die Klosterschiffe dar. Gilt der Starnberger See als Herrensee, an dem sich das Königshaus und der Hochadel niederließen, firmiert der Ammersee als Bauern- und Klostersee, dominiert von den Klöstern Andechs und Dießen. Selbst die beiden einzigen Schlösser Ried und Mühlfeld sind klösterlichen Ursprungs. Die Dießener Augustiner und die Benediktiner von Andechs unterhalten geräumige Schiffe. Reiche Verzierungen schmücken das Schiff der Dießener Chorherren. Damit pendeln sie zwischen Dießen und dem von Rasso gegründeten Kloster Grafrath. Nach dessen Niedergang wird ihnen die Pflege von Rassos Grab auferlegt. Während des Neubaus der Grafrather Kirche kommen die Gebeine des heiligen Rasso für kurze Zeit nach Dießen. Dabei gerät das Klosterschiff in einen Sturm und geht fast unter – samt den Gebeinen des Heiligen. Die Säkularisation beendet die klösterliche Schifffahrt. Heute hält der Dießener Verein D'Moosdapper die Tradition aufrecht. Einen Nachbau des Klosterschiffs, der 1976 im See versenkt wurde, haben die Moosdapper wieder gehoben und restauriert.

Der fahrplanmäßige Schiffsbetrieb beginnt im Sommer 1879 in privater Regie. Der erste Dampfer heißt »Omnibus« (lat. für alle). Ein Jahr später geht die Amper-Schifffahrt als Zubringer von der Eisenbahnstation Grafrath in Betrieb. 1906 übernimmt der Staat Schiffspark und Werftanlagen. Als einziger Veteran pflügt die 1908 in Dienst gestellte Dießen heute noch die Wogen. 1974 wird sie von Kohle auf zwei Dieselaggregate umgestellt. 2006 erfolgt eine Generalsanierung. Das Schwesterschiff, die 1907 erbaute Andechs, wird 1956 außer Dienst gestellt und dient der Bayerischen Segler-Vereinigung in Utting als Vereinsheim. Nach dem

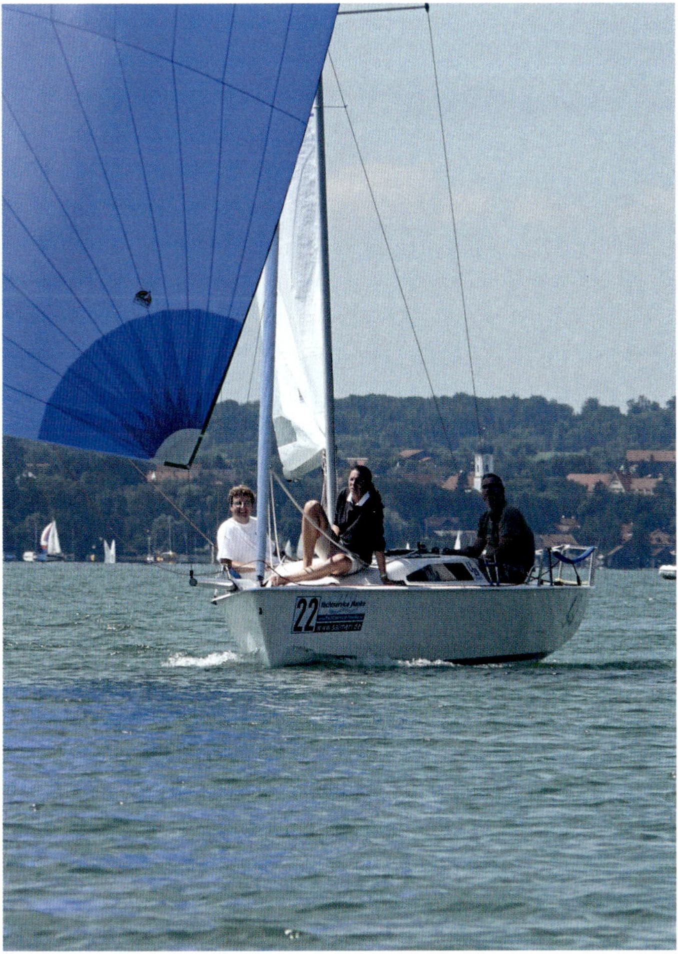

Heutzutage ist eine Segelpartie auf dem Ammersee – im Hintergrund Utting – ein Freizeitvergnügen. Um 1850 prägten lange Flöße das Bild. Sie brachten die Baumstämme, die auf der Ammer getriftet wurden, nach Stegen.

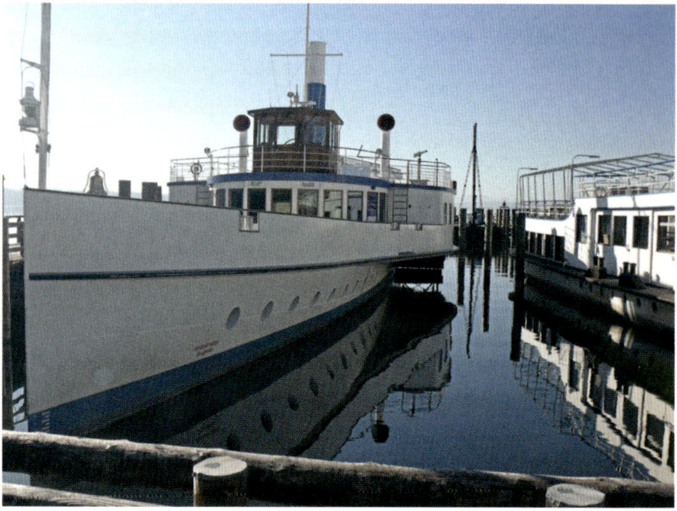

So schmuck wie am ersten Tag präsentiert sich der Schaufelraddampfer Dießen im Hafen der Seenschifffahrt in Stegen.

Vorbild der Dießen lässt die Bayerische Seenschifffahrt 2002 den Raddampfer Herrsching bauen. Der Sinn für Tradition zahlt sich aus. Meist überflügelt die Ammersee-Schifffahrt die Starnberger bei den Fahrgastzahlen. So wurde 2016 mit 300 000 Fahrgästen der eigene Rekord von 2007 eingestellt. Unter der bayerischen Flagge fahren außerdem die Augsburg, 2008 in Dienst gestellt. Die ehemalige Schondorf verkehrte von 2012 bis 2021 als Berg auf dem Starnberger See. Die Utting wurde nach 68 Dienstjahren auf dem Ammersee vor dem Verschrotten gerettet und im Februar 2017 in einer spektakulären Aktion nach München bugsiert. Dort dient sie auf einer still gelegten Eisenbahnbrücke über die Lagerhausstraße in Sendling als Lokal mit Kulturprogramm. Die neue Utting fasst 500 Passagiere und ist damit etwas größer als die »Dießen« (400).

Das Segeln hat ebenfalls eine lange Tradition. Dafür steht der 1903 gegründete Augsburger Segler-Club in Utting, der »Bayerische Yachtclub des Ammersees«. Stellvertretend für die Schiffstypen sei hier als Flaggschiff der »Albatros« erwähnt. Heute sind am Ammersee laut Landratsamt Landsberg 800 Elektroboote, 150 Motorboote und 2100 zulassungspflichtige Segelboote registriert. Über kleinere Segelboote, die nicht zulassungspflichtig sind, gibt es deshalb keine Daten. Die Zahl von 1500 dürfte eher zu klein sein.

Eine Kuh schwimmt auf der Amper

Mit Beginn der Linienschifffahrt auf dem Ammersee 1879 kommt es darauf an, genügend Passagiere aus Augsburg und München an den See zu bringen, soll das privatwirtschaftliche Unternehmen Erfolg haben. Es gibt noch keine direkte Zuganbindung wie heute die S-Bahn nach Herrsching oder die Ammersee-Bahn von Augsburg nach Weilheim. Lediglich die 1873 eingeweihte Strecke München-Lindau und ihre Station Grafrath bieten sich an. Eine Verbindung mit Pferdefuhrwerken, weiland Stellwägen, nach Stegen ist nicht leistungsfähig genug. So entsteht die Idee, es mit Schiffen auf der Amper zu versuchen. Die Münchner Lokomotivfabrik J.A. Maffei liefert einen Flussdampfer, der 1880 zu Wasser gelassen und auf den Namen »Marie Therese« getauft wird, die Gattin des Prinzen Ludwig, später letzte Königin von Bayern. Er fasst 150 Passagiere und schafft 17 Kilometer in der Stunde. Dauert der Fußweg vom Bahnhof Grafrath bis zur Lände eine Viertelstunde, so haben die Wallfahrer und Ausflügler in Stegen nur

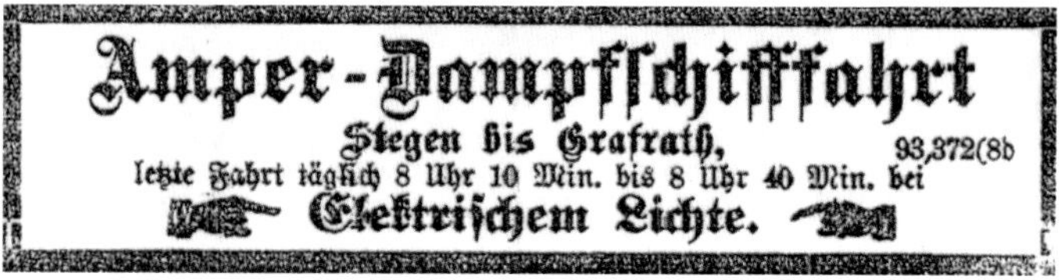

Dieses Inserat der »Amper-Dampfschifffahrt« fand sich in den Münchner Neuesten Nachrichten aus dem Jahr 1883.

50 Meter bis zum Ammersee. Weil das Signalhorn der Marie Therese viel tiefer tutet als die Pfeifen der Lokomotiven, erhält sie den Spitznamen »Mooskuh«. Denn der tiefe Ton ähnelt dem Ruf der Mooskuh, einem Vogel, der in Feuchtgebieten lebt. An einem schönen Wochenende reichen die Plätze bald nicht mehr aus. Deshalb kommt ein Schleppkahn für 150 Personen dazu, den die Mooskuh an einem 30 Meter langen Tau hinter sich herzieht. Für die Steuerleute ist es bisweilen eine große Herausforderung, das schwer beladene Anhängsel bei Strömung durch die engen Kurven des acht Kilometer langen Flusslaufs zu bugsieren. Später wird die Flotte durch weitere Schiffe verstärkt, darunter die Privatjacht Ludwigs II., der Tristan. Nach Ludwigs Tod kann niemand mehr etwas anfangen mit dem Dampfschiff, auf dem der Monarch einst mit seinem Staatsgast, der Zarin Marija Alexandrowna, über den Starnberger See gondelte. Von 1887 bis 1888 dampft der Tristan unter dem Namen Ludwig die Amper hinauf und hinunter. Danach dient das Schiff als Arbeitsboot, bis es 1945 mit Teilen eines U-Boots, das in der Schiffbau-Forschungsanstalt in Wildenroth neu entwickelt wurde, im Ammersee versenkt wird.

Die Eröffnung der Ammersee-Bahn 1898 und die Verbindung Pasing-Herrsching fünf Jahre später machen der Amperschifffahrt die Kunden abspenstig. Als Zubringer verliert sie stark an Bedeutung. Die Fahrt der Stegen am 1. September 1939 sollte die letzte sein. Nach dem Zweiten Weltkrieg wird die Amperschifffahrt nicht mehr aufgenommen. Die Stimme der guten alten Mooskuh ist zu diesem Zeitpunkt längst verklungen. Sie war bereits 1925 außer Dienst gestellt und durch die Stegen ersetzt worden. Der Riederauer Arzt und Segler Manfred Curry sollte die »Mooskuh« dann zur exklusiven Privatjacht, dem »Tiger«, aufmotzen.

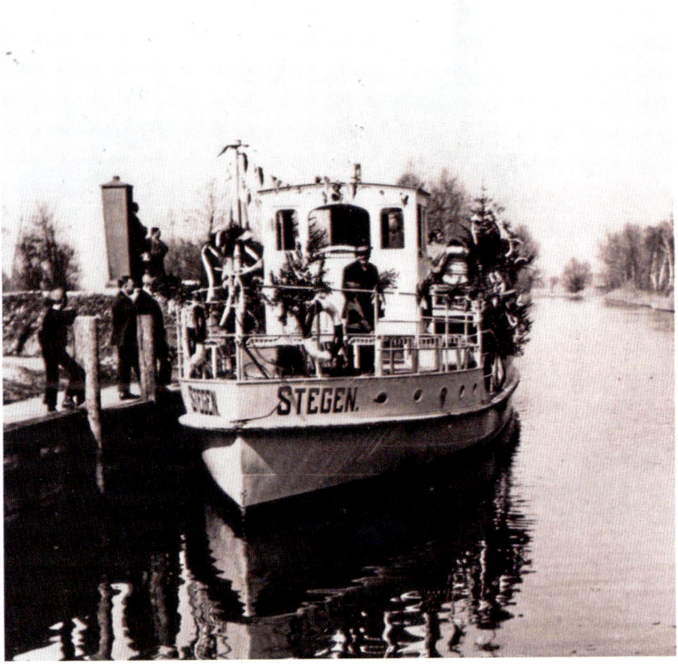

Als die Eisenbahn noch nicht an den Ammersee fuhr, kam der Amper-Schifffahrt große Bedeutung zu. Sie brachte die Sommerfrischler von der Bahnstation Grafrath nach Stegen, wo sie in die Seeschiffe umsteigen konnten.

Von Stegen nach Schondorf

Wir radeln durch Stegen hindurch und folgen dem Wegweiser »Eching«. Der Radweg führt über einen Parkplatz. An schönen Sommertagen droht man vor lauter Verkehr leicht unter die Räder zu geraten. Weiter geht es über die Amperbrücke. Gleich nach der Brücke biegen wir scharf nach links ab. Die Abfahrt ist steil, Ungeübte, E-Biker und Kinder sollten ihr Rad besser schieben. Dieser Bereich ist Landschaftsschutzgebiet. Hohes Schilf und Büsche säumen den Weg. Auf dem schmalen Weg ist bei Gegenverkehr Rücksicht angeraten.

Rechter Hand liegt erhöht am Hang das Schloss Greifenberg. Als Veste soll es im 12. Jahrhundert entstanden sein. Es hat noch einen richtigen Graben, über den früher eine Zugbrücke führte. Von 1507 bis heute ist es in der 21. Generation im Besitz der Familie von Perfall. Als im Oktober 1805 etwa 14 000 Franzosen in und um Greifenberg biwakierten, soll auch Kaiser Napoleon I. im Schloss übernachtet haben. Der inzwischen gestorbene Freiherr Hubert von Perfall dementierte das: »Wahrscheinlich war ihm das Gemäuer viel zu kalt.« Greifenberg war auch die Heimat eines der bekanntesten naiven Maler Deutschlands, des »Bauernmalers« Max Raffler. Hier wurde er 1902 als Sohn eines Landwirts geboren, hier starb er 1988. Rafflers bunte Bilder waren zunächst von bäuerlichen Motiven geprägt, später von religiösen Themen und der Volkskunst. Er malte nur Dinge, zu denen er einen direkten Bezug hatte. Einige seiner Bilder hängen im Buchheim-Museum in Bernried.

Die Alte Brauerei in Stegen produzierte einst das Bier für den Gasthof Schreyegg. Nach dem Ammerseer Brauhaus knüpft die Maisacher Brauerei an die Tradition des Hauses an.

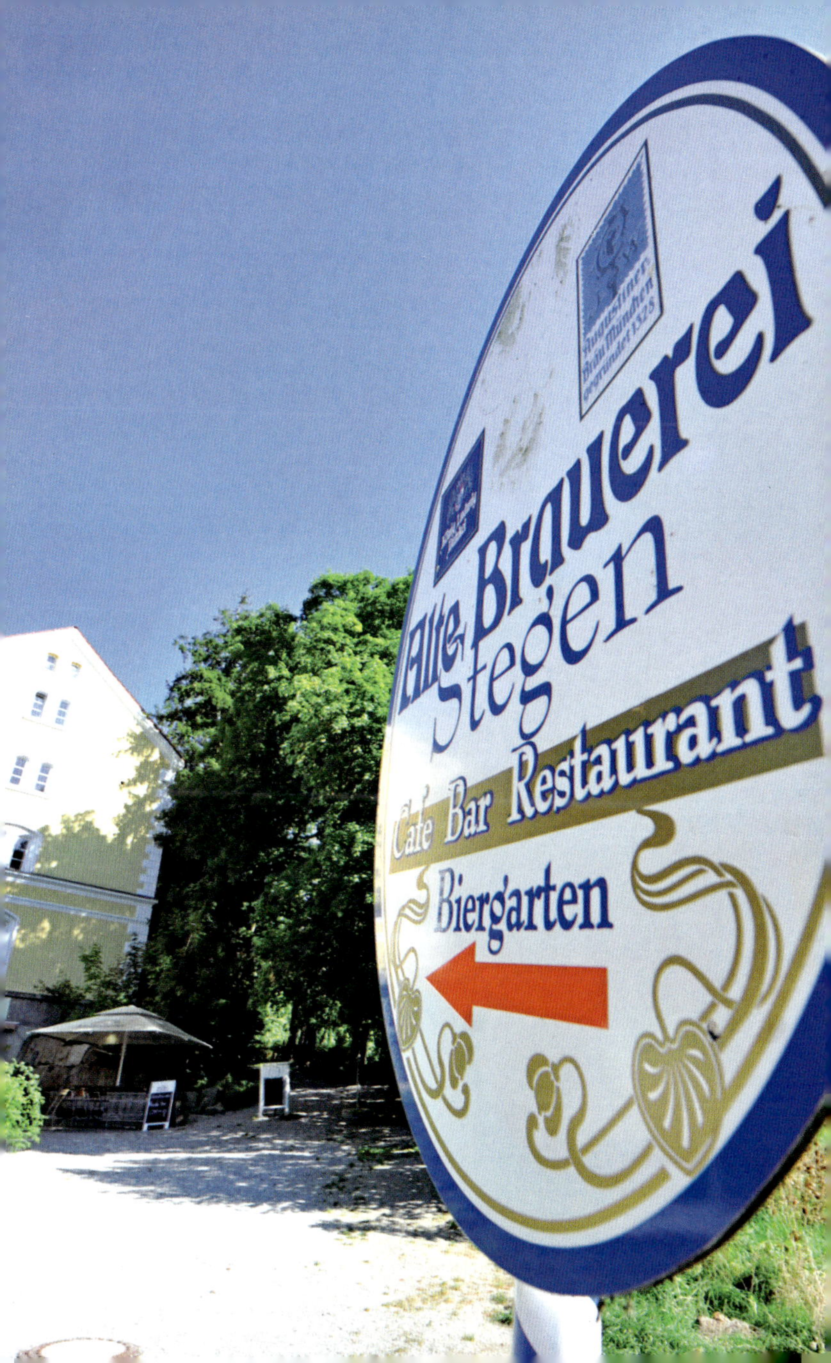
Augustiner-Bräu München gegründet 1328
Alte Brauerei
Stegen
Café Bar Restaurant
Biergarten

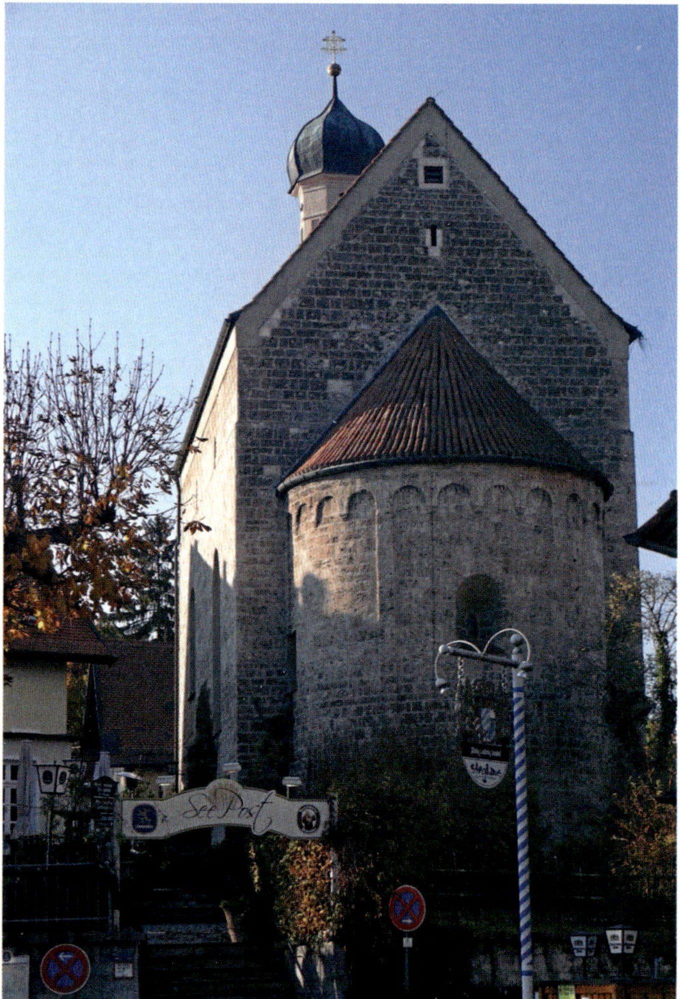

Eine eigenwillige Form hat St. Jakob in Schondorf. Heute ist die Kirche eine Station auf dem Münchner Jakobsweg.

Nach einer Viertelstunde öffnet sich der Weg und gibt den Blick auf den Ammersee frei. Im Erholungsgebiet Weingarten ist das Baden erlaubt. Der Name Weingarten stammt aus der Zeit, als hier tatsächlich Weinstöcke standen und Weintrauben geerntet wurden.

Entlang des Kaagangers reihen sich sehenswerte Gründerzeit-Villen einer ehemaligen Künstlerkolonie, darunter das Jugendstilhaus Kaaganger 112 aus dem Jahr 1910. Die aus Holz geschnitzten Kinder als Balustrade symbolisieren den Wunsch des Erbauers, eines Oberst Albrecht Schultz, nach möglichst viel Nachwuchs. Schondorf ist nun nicht mehr weit. In Unterschondorf geht es nach links in Richtung Ammersee. Unten an der Seepromenade lädt das Strandbad Café Forster, ein Familienbetrieb aus den 1920er Jahren, zur Pause ein. Oder die See Post, deren schöner Biergarten unter Kastanien mit Blick auf den See lockt. Hier unten wohnte einst der Maler Wilhelm Leibl. Eine eigentümlich hohe und karg wirkende Kirche fällt ins Auge. Sie ist dem Heiligen Jakob geweiht und wurde in der ersten Hälfte des 12. Jahrhunderts erbaut.

St. Jakob gilt als einer der bedeutendsten romanischen Tuffquader-Sakralbauten Südbayerns. In der Nordwand führt eine Treppe zur ehemaligen Empore und weiter zu einem Dachraum, der sich über dem Gewölbe der Kapelle befindet und durch vier Fensteröffnungen beleuchtet wird. Vermutlich war das im Mittelalter eine Pilgerherberge, die durch eine Öffnung in fünf Meter Höhe zu erreichen war. Heutzutage nächtigen die Pilger in den Gasthäusern der Umgebung, denn die Schondorfer St.-Jakobs-Kirche ist wieder eine Station auf dem Münchner Jakobsweg ins 2700 Kilometer entfernte Santiago de Compostela. Er führt über Dießen, Wessobrunn und Rottenbuch zur Wieskirche und weiter über Steingaden und Kempten nach Bregenz. Mit einem festlichen Gottesdienst am Fuß der Kapelle wurde der Weg im Mai 2003 eröffnet.

Auch die St.-Anna-Kirche, das eigentliche Wahrzeichen des Ortes, ist einen Abstecher wert. Sie gehört zu den wenigen Gotteshäusern, die nach Anna Selbdritt, der Patronin der Mütter und Bergleute, benannt ist. In seiner heutigen Form entstand der Bau von 1494 bis 1499. Benutzer des Ammersee-Höhenweges kommen an der Kirche vorbei, von der aus sich ein lohnenswerter Rundblick bietet. Wir bleiben aber unten am See. Entlang des Ufers begleiten uns die für Schondorf so typischen Bootshütten. Gleich nach dem Minigolfplatz liegt links die Pension Schwarz. Das Radlteam hat hier eine Woche verbracht und den Aufenthalt in familiärer Umgebung sehr genossen. Liegewiese und Badesteg abseits des Trubels garantieren Erholung. Segler finden eine

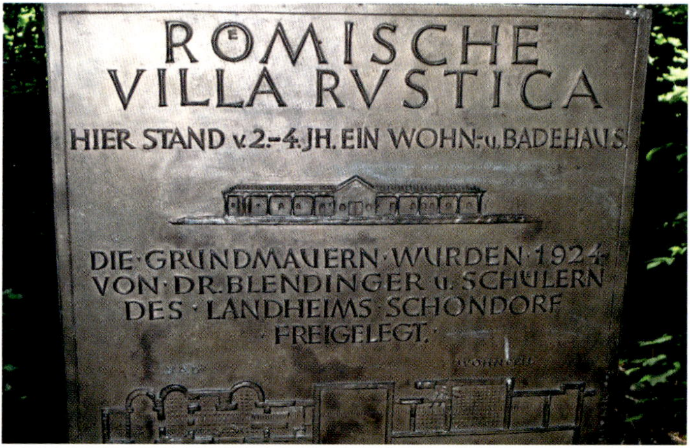

Eine römische Villa nebst Badehaus stand vom 2. bis 4. Jahrhundert direkt am See in Schondorf.

ganze Armada gepflegter Holzboote vor. An großen Villen vorbei führt der Weg weiter auf der Seestraße in Richtung Utting.

Ein Tag im Leben des Anton Giggenbach

Auf der Ammersee-Bahn verkehren zwar moderne Triebwagen, aber die Stellwerktechnik ist noch von vorgestern

Eisenbahnfreunde, etwas boshaft »Pufferküsser« genannt, kommen gern ans Ammersee-Westufer. Denn hier erleben sie noch ein Stück Eisenbahn-Nostalgie. Ob in Schondorf, Utting und Riederau, die Signale und Weichen werden schwungvoll per Hand über Hebel und Seilzüge gestellt. Die voll mechanische Technik stammt aus dem Jahr 1937 und funktioniert immer noch einwandfrei. »Für das Umlegen der Hebel braucht man Kraft«, sagt Anton Giggenbach, einst Fahrdienstleiter in Schondorf. »Es ist ein gutes Gefühl, wenn man alles selber machen kann.« Dafür musste er zum Ende seiner Dienstzeit die Schranken für den Bahnübergang im Norden nicht mehr herunter kurbeln, wenn ihm der Nachbarfahrdienstleiter einen Zug ankündigte. Seit 2012 funktioniert die Anlage vollautomatisch. Zwar hat es an der Schranke schon kritische Situationen gegeben, aber noch keine Unfälle.

Mehr als 26 Jahre arbeitete der gebürtige Uttinger, Jahrgang 1958, im Bahnhof Schondorf. Langweilig wurde es ihm nie, auch wenn er allein war. Früher gab es noch einen Bahnhofschef, einen Schalterbeamten und einen Gepäckabfertiger, dazu eine Güterhalle. Da war viel los. Aber es ist ruhiger

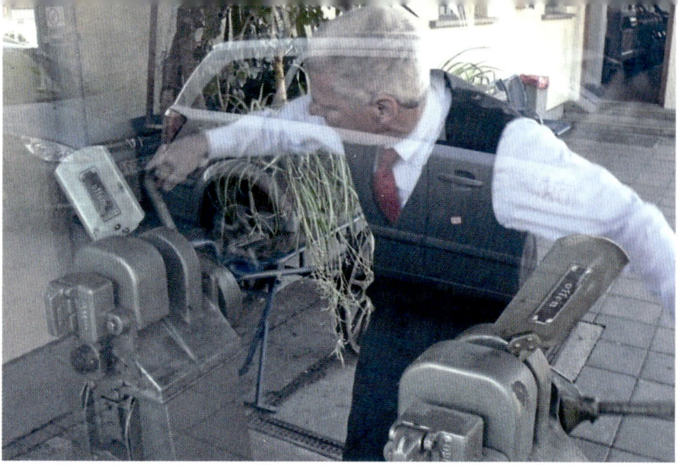

Kam ein Zug, musste Anton Giggenbach im Bahnhof Schondorf die Schranken herunterkurbeln. Heute geht das vollautomatisch.

geworden, auch wenn viele Schüler die Bahn nutzen. »Ich genieße das, denn Stress brauche ich nicht mehr«, sagt der Mann mit dem silbergrauen Haar in der dunkelblauen Bahnuniform. Wenn er zwischen den Zügen Zeit hatte, ging Giggenbach hinaus, kehrte die Halle durch und goss den üppigen Blumenschmuck auf den Fensterbänken der Station. Früher fütterte er noch Lissi, die Hauskatze. Sie gehörte zum Bahnhof wie die Uhr, verschwand aber eines Tages auf Nimmerwiedersehen. Giggenbach verkaufte auch Fahrkarten, doch der Schalter mit ovalem Guckloch zum Aufmachen wurde 2016 geschlossen. Dabei waren die Leute froh, dass sie noch einen Ansprechpartner hatten, der sie berät. Die meisten kannte er. Sie führten ihren Hund Gassi, schauten auf einen Ratsch vorbei oder machten Brotzeit. »Über den Dorfklatsch war ich informiert.« In der Sommersaison fing Giggenbach schon um fünf Uhr in der Früh an. Um 20.30 Uhr war Schluss. Ihm gefiel der Arbeitsplatz. »Andere Leute fahren hierher, um Urlaub zu machen.« Die älteren Feriengäste bleiben länger, viele kommen übers Wochenende, der Großteil aber nur einen Tag.

An einen Tag erinnert sich der Eisenbahner ganz besonders. 1999, bei den Überschwemmungen, da musste hinter Raisting das Gleis gesperrt werden. Das war eine große Sache. Vier Monate lang hingen die Schienen in der Luft. Die Rott hatte sie unterspült. Man konnte drunter durch gehen. Sowas hatte Anton Giggenbach noch nie erlebt. Riesige Steine hat es einfach weggespült, 500 Meter weit. Eine Attraktion waren früher die Dampflokfahrten. Oder der Schienenbus, den ein Eisenbahnfan für eine spanische Hochzeit gemietet hat. Das war ein Riesenfest mit hunderten Gästen. Der schnittige TEE ist schon durchgefahren, fast alle Dampflokreihen. Die früheren S-Bahn-Wagen wurden in Schondorf abgestellt und innen modernisiert. Giggenbach erinnert sich auch noch an Zirkuszüge, und ganz früher die Sonderzüge, in denen die Leute zum Baden an den Ammersee gefahren sind. Heute kommen die meisten Tagesausflügler lieber mit dem Auto. Um 10 Uhr ist der Fernschnellzug Mittenwald – Dortmund durchgebraust, und die Ameropa-Winterzüge. Im Güterverkehr fuhren Viehzüge nach Italien zur großen Viehstation an der Franzensfeste. Dann gab es den Rangierbetrieb. Der örtliche Dämmstoffplattenhersteller Prix hatte einen eigenen Gleisanschluss. Das ist alles vorbei. 2005 wurde das Lade- und Anschlussgleis abgebaut.

Durchgehend befahrbar war die Strecke erstmals am 24. Dezember 1898. Sie brachte den Tourismus ans Westufer und war stets eine der wirtschaftlichsten Lokalbahnen Bayerns. Prominentester Passagier der Badezüge war der Schriftsteller und Regisseur Bertolt Brecht, der sich in seiner Augsburger Zeit gerne aus der Großstadt an den beschaulichen Ammersee zurückzog und in Schondorf und Utting logierte. 1932 ließ er sich sogar in Utting nieder. Er konnte die Idylle jedoch nur sieben Wochen lang genießen, dann musste er vor den Nazis flüchten. In dem Gedicht

»Zeit meines Reichtums« beschreibt er das Haus. Trotz aller augenfälligen Beschaulichkeit geht die Zeit auch an der Ammerseebahn nicht spurlos vorüber. Sichtbares äußeres Zeichen sind die modernen Dieseltriebwagen der Bayerischen Regiobahn, einer Schwester der Bayerischen Oberlandbahn, die beide zum französischen Verkehrskonzern Transdev gehören. Seit dem Fahrplanwechsel im Dezember 2008 verkehren sie zwischen Augsburg und Weilheim. Auch die Stunden der mechanischen Stellwerke sind gezählt, nachdem die Schienen bereits saniert worden sind. Sie sollen der Elektronik weichen. In Dießen ist das schon geschehen. Dann wird es kein Personal mehr in den Bahnhöfen geben. Den Fahrkartenverkauf erledigen Automaten. »Mich hat das nicht überrascht. Das ist der Lauf der Zeit«, resümiert Giggenbach. Aber trotzdem findet er es schade, dass die alte Technik verschwindet. Anton Giggenbach hat noch ein Jahr, dann geht er selbst in den Ruhestand.

Wilhelm Leibls unglückliche Liebe

Als es im ausgehenden 19. Jahrhundert bei den Malern Mode wird, aus den Ateliers in die freie Natur zu ziehen, entdecken sie auch den Ammersee. Einer der ersten ist Wilhelm Leibl (1844 bis 1900). Viele andere sollten ihm folgen. Im Alter von 31 Jahren wandert Leibl im Frühjahr 1875 von der Bahnstation Türkenfeld nach Schondorf. Eine direkte Zugverbindung oder Dampfschiffe kommen erst später. Der Ort ist damals noch ein verschlafenes Fischerdorf mit kleinen, ärmlichen Katen, von Tourismus keine Spur. Im Dorf genießen die Maler kein großes Ansehen. Sie stehen erst auf, wenn die Bauern und Fischer längst ihr erstes Tagwerk verrichtet haben. Leibl gefällt es aber in Schondorf. Von

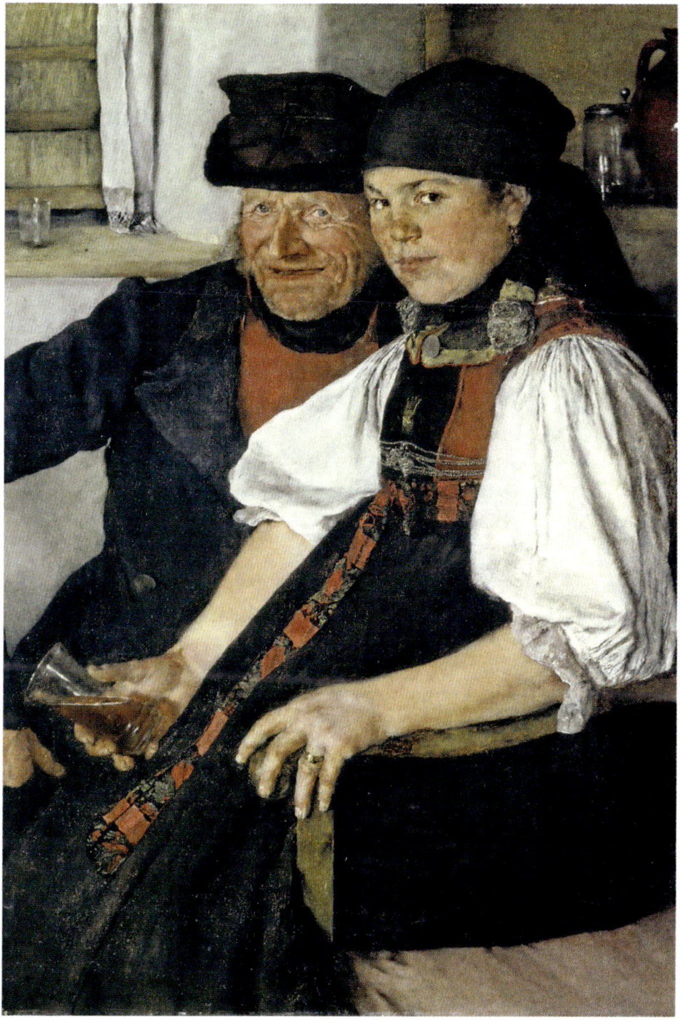

Dieses schmucke Dirndl hätte der Maler Wilhelm Leibl gern zu seiner Frau gemacht. Allein, ihr Vater war dagegen.

hühnenhafter Statur, verfügt er über ungeahnte Körperkräfte und lässt sich gern in Wirtshausraufereien ein. Beim Fingerhakeln zieht er jeden über den Tisch. Er kleidet sich in Lederhose, Wadenstutzen, Lodenjoppe und Filzhut. Am Abend in der Wirtschaft trinkt er gut und gern sechs Maß Bier.

Gleichwohl zählt Leibl zu den bedeutendsten Malern des Realismus in Deutschland. Seinen Bildern oberbayerischer Landbewohner haftet nichts romantisch Verklärtes mehr an, es sind wirklichkeitsnahe, ungeschminkte Darstellungen. Nach einer Ausbildung zum Schlosser hat der gebürtige Kölner an der Akademie der Bildenden Künste München unter anderem bei Carl Theodor von Piloty studiert. Zusammen mit anderen Malern teilt er sich ein Atelier in München. Leibl bleibt zwar nur zwei Jahre in Schondorf, bis Ende 1877, doch hier malt er einige seiner wichtigsten Bilder: »Der Jäger«, ein Porträt des Barons Anton von Perfall, mit dem der leidenschaftliche Jäger Leibl Freundschaft

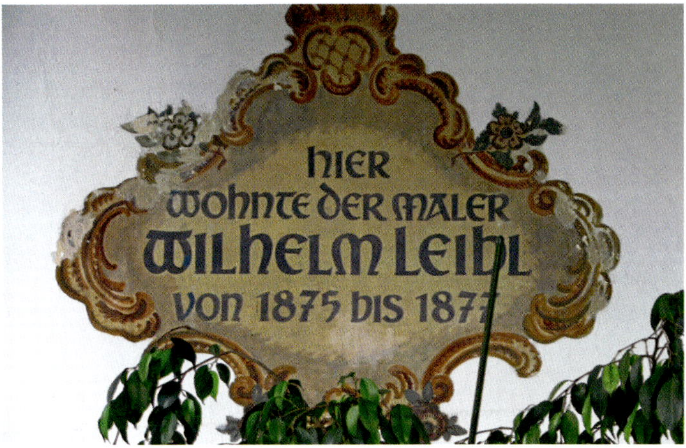

An den Aufenthalt Wilhelm Leibls in Schondorf erinnert diese Inschrift.

schloss, die Köpfe zweier Bauernbuben, »Der Spargroschen«, ein verschmitzt dreinblickendes Bauernmädchen mit weißem Kopftuch, die »Dorfpolitiker« und schließlich »Das ungleiche Paar«.

Mit diesem Gemälde hat es seine besondere Bewandtnis. Leibl verliebt sich unsterblich in die blutjunge Resl, Tochter des Seewirts, und will sie heiraten. Doch der Seewirt und die Stiefmutter halten nicht viel von dem Vagabunden und verbieten der Resl den Umgang mit ihm. Trotzdem entsprießt der Verbindung mit der Wirtstochter Therese Bauer 1876 ein Knabe, der nach Leibls Vater auf den Namen »Karl« getauft wird, berichtet der Heimatpfleger Gustl Empfenzeder. Aus der Heirat wird nichts, enttäuscht kehrt Leibl Schondorf den Rücken. Das Kind stirbt bereits im nächsten Frühjahr. Seiner großen Liebe setzt der Künstler auf der Leinwand ein Denkmal. Im »ungleichen Paar« sitzt ein blondes Mädchen neben einem unrasierten alten Fischer, vermutlich der Vater, und blickt schelmisch zur Staffelei des Malers. Der Fischer hat besitzergreifend seine Hand um die Schöne gelegt und verzieht seinen Mund zu einem breiten Grinsen. Das Bild hängt heute im Städelschen Kunstinstitut in Frankfurt. 1892 wird Leibl zum Professor ernannt. Schwer herzkrank, stirbt er im Jahr 1900 in einer Klinik in Würzburg. Nach Schondorf ist er nie mehr zurückgekehrt. Dafür zog aber die Geschichte des unglücklichen Künstlers die ersten Touristen an. Später würdigte auch die Gemeinde ihren berühmten Gast und benannte einen Platz nach ihm.

An einem Haus in der Seestraße weist eine Inschrift auf den Aufenthalt Leibls hin. Hier stand einst das Haus des Fischermeisters Bandl, der Leibl zwei karge Zimmer vermietete. Es ist jedoch längst verschwunden.

Von Schondorf nach Utting

Villen und Landhäuser der vorletzten Jahrhundertwende säumen die Seestraße, unterbrochen von Beispielen mehr oder weniger geglückter zeitgenössischer Architektur. Nach etwa einem Kilometer geht die Straße in einen Radler freundlichen Pfad über. Alte Bäume spenden im Hochsommer angenehmen Schatten. Wir erreichen den Badeplatz der Gemeinde. Rechter Hand weist eine Säule mit umlaufenden Bronzereliefs auf etwas Besonderes hin: Es ist der »Römerstein«. 1924 haben Schüler des Landerziehungsheimes Schondorf hier die Badeanlage einer römischen Villa freigelegt. Heute ist die ehemalige Grabungsstelle (20 mal 7,5 Meter) längst wieder zugewachsen. Die Fundstücke wie Dachziegel, Bodenplatten, Schwerter und Gefäße sind in einer Vitrine im Rathaus-Foyer ausgestellt. Dieses Zeugnis der Römerherrschaft gehörte wahrscheinlich zu einer abgelegenen »Villa rustica«, dem Gutshof eines römisch-keltischen Grundherrn aus der ersten Hälfte des zweiten Jahrhunderts nach Christus. Eine Stichstraße verband das Gehöft mit der Römerstraße (Via raetia) am Ammersee-Hochufer, deren Trasse teilweise (westlich von Holzhausen) die Staatsstraße nach Dießen folgt. Die Römerstraße verlief vermutlich über Raisting weiter zur Via Claudia, die von Augsburg über den Reschenpass an die Adria führte. Wo das Wohn- und Wirtschaftshaus stand, ist unbekannt. Vermutlich weiter hangaufwärts. Beim Bade dürfte der wohlhabende römische Grundherr Wert auf den Seeblick gelegt haben. Überhaupt braucht die antike Einrichtung den Vergleich mit heutigen Bäderlandschaften nicht zu scheuen:

Eine der Attraktionen Uttings ist dieser Zehn-Meter-Sprungturm im Strandbad. Bei einer Brotzeit lässt sich aus sicherer Entfernung beobachten, wer sich den Sprung in die Tiefe zutraut.

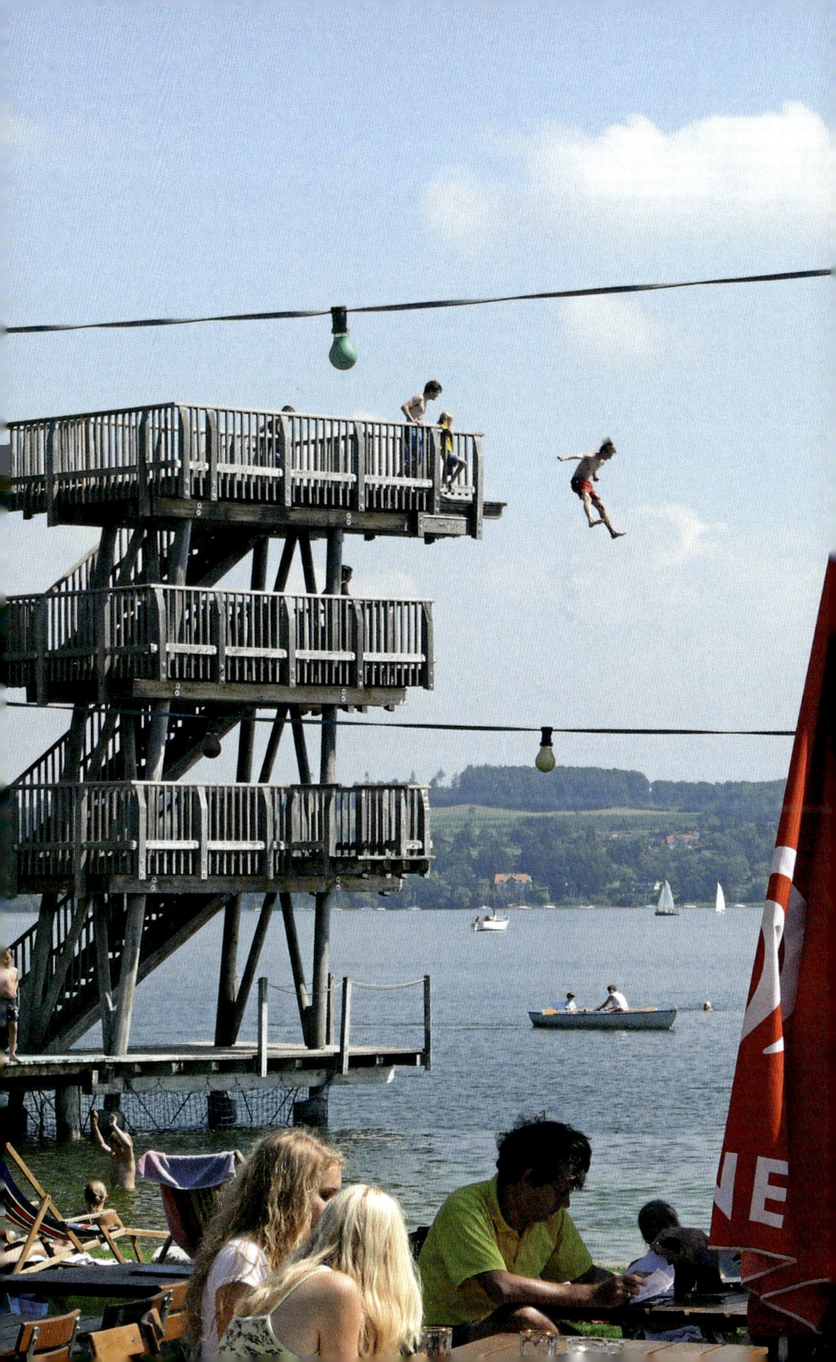

Das Bad hatte einen Umkleideraum (Apodyterium), ein Kaltbad (Frigidarium), ein Laubad (Tepidarium) und ein Warmbad (Caldarium). Eine Fußboden-Warmluft-Heizung garantierte warme Füße. Mitte des 4. Jahrhunderts fand die römische Herrschaft im Voralpenland ein Ende. Auch die Siedler zogen sich über die Alpen zurück. Die Tuffsteine des Römerhauses fanden offenbar in den Grundmauern vieler Unterschondorfer Häuser neue Verwendung. Denn beim Abbruch alter Häuser kommen bisweilen ordentlich behauene Tuffquader zum Vorschein. Auch in der St.-Jakobs-Kirche dürften wir so manchen Römerstein vor uns haben.

Der Übergang von Schondorf nach Utting ist fließend. Wen es nach Abwechslung zur Strampelei gelüstet, der kann rechter Hand durch ein Labyrinth-Hanffeld irren oder im anschließenden »Hochseilgarten Ammersee« einen hohen Drahtseilakt wagen. Nächste Station ist der Campingplatz mit Segelschulen, Bootsverleih und Tennisplätzen. Der Strandpavillon entstand nach Plänen des Uttinger Architekten Wolf-Eckart Lüps und erinnert an einen Dampfer. Im hinteren Teil befindet sich die Fischbrutanstalt der Fischereigenossenschaft Ammersee. Erneut wird es schattig – und feucht-fröhlich: Der wohl schönste Biergarten am Westufer

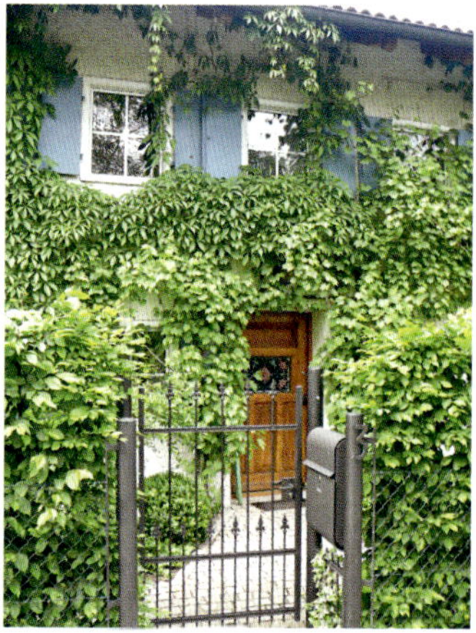

Bertolt Brecht ließ sich 1932 in diesem Haus »Im Gries 3« in Utting nieder.

lockt mit einer frisch gezapften Radler-Maß, gegrillten Schmankerln und Brotzeiten. Nur die Standhaften radeln weiter. Den ganzen Sommer über spielen Live-Bands an jedem Sonntag zum Jazz-Frühschoppen. Abends oder an kühlen Tagen lädt die Villa mit hellen Räumen und bayerisch-bodenständiger Küche zum Verweilen ein.

Beim Fischer Marx macht die Seestraße einen scharfen Knick. Wir steuern auf das Strandbad mit dem Zehn-Meter-Sprungturm zu und schauen, wer sich traut. Nebenan laden die Tische und weit ausladenden Sonnenschirme von »Lenas am See« mit Panoramablick zum Verschnaufen ein. In der Nachbarschaft fallen bisweilen Segeljachten auf, die wie gestrandete Wale an Land liegen. Das ist das Reich der Bootswerft Steinlechner. 1910 von Georg Steinlechner gegründet, wurden früher Holzboote gebaut. Heute führt die Werft überwiegend Wartungs- und Reparaturarbeiten aus.

Wir fahren nach rechts den Michl-Sirch-Weg hinauf und folgen dann der Eduard-Thöny-Straße. Nächster Fixpunkt ist das Selzam-Schlössl, ein privates Landgut im neugotischen Stil. Erbaut hat es 1890 Eduard Selzam (1859 bis 1951), ein namhafter Maler der Münchner Schule. Wer einmal Schlossherrin und Schlossherr spielen will, der kann sich in eines der drei »Gästehäuser am Seeschlössl« mit eigenem Seezugang einmieten. Gegenüber stehen alte Obstbäume, welche die Gemeinde in vorbildlicher Weise hegt und pflegt. Wir kommen am Augsburger Segler-Club vorbei. Gegründet 1903, gehört er zusammen mit dem zwei Jahre vorher entstandenen Akademischen Seglerverein München mit Sitz in Herrsching zu den ältesten Segelclubs am Ammersee. Nach herrschaftlichen Villen in gepflegten Parks wird es wieder ruhiger auf der Straße. Es folgt der Eingang zum Künstlerhaus Gasteiger, das einen Besuch wert ist. Dann passieren wir das Bildungszentrum der Bayerischen Verwaltungsschule. Hier lernen angehende Bürgermeisterinnen und Bürgermeister das Regieren. Das Zentrum bietet zwölf Seminarräume, 131 Gästezimmer und zum Entspannen einen 40 000 Quadratmeter großen Park am See. Sehenswert ist eine riesige Bronzeplastik des Dießener Bildhauers Janos Fischer im Innenhof des Neubaus.

Auf Höhe des Holzhauser Dampferstegs geht die Thöny-Straße in die Seeholzstraße über. An dieser Stelle lohnt ein Abstecher zur kleinen Weg- und Pestkapelle am Rand Holzhausens. Solche Kapellen wurden einst an Abzweigungen oder historischen Plätzen errichtet. Wir überqueren den Bahnübergang und radeln auf der Ammerseestraße in den Ort bis zur Abzweigung nach links in den Kapellenweg. Weiter geht es durch die Wiese zu einer Birkengruppe, unter die sich die Kapelle duckt. In ihrem Inneren birgt sie mehrere gut erhaltene Totenbretter aus dem 17. Jahrhundert. Der Brauch der Totenbretter stammt aus dem Bayerischen Wald, schreibt Heimatpfleger Gustl Empfenzeder in seiner Geschichte der Ammersee-Heimat. Früher legte man den Toten auf ein Brett, bis der Schreiner den Sarg brachte. Danach wurden die Bretter bemalt und zur Erinnerung und als Aufforderung zum Gebet aufgestellt.

»Ich bade, dichte und lobe Gott den Herrn«

Diesen Zustand kann er nicht ausstehen: So ein komisches Kribbeln, und dann diese Rastlosigkeit. Er braucht Klarheit, eine feste Struktur und nicht solch ein Wechselbad der Gefühle. Ausgelöst hat das Durcheinander in seinem Seelenleben eine junge Frau: Katja Pringsheim. In sie ist der

29-jährige Thomas Mann über beide Ohren verliebt, macht ihr gar einen Heiratsantrag. Doch die Herzensdame bittet sich Bedenkzeit aus, reist in aller Seelenruhe erst nach Bad Kissingen und an die Ostsee. Thomas sitzt derweil in München auf glühenden Kohlen. Um sich abzulenken, plant er eine längere Landpartie – nach Utting an den Ammersee, wo seine Mutter Julia (1857 bis 1923) mit dem jüngsten Bruder Viktor den Sommer verbringt. Sie sind unter den ersten Gästen, die Emmeran Sieblein und seine Frau Thekla in ihrer Pension in der Bahnhofstraße 10 begrüßen dürfen. »… hoffe dort arbeiten zu können, was mir jetzt noch ganz unmöglich ist. Wie glücklich, wie stark und unternehmungslustig könnte ich sein, wenn sie mir beim Abschied Sicherheit gegeben hätte«, schreibt Thomas Mann im Juli 1904 kurz vor seine Abreise nach Utting in einem Brief. Doch das Gefühl der Sicherheit mag sich auch in den kommenden sechs Wochen am Wasser nicht einstellen. Hinzu kommt, dass Katja ohne Zweifel aus einer der angesehensten Familien Münchens stammt. Sie ist die einzige Tochter des Mathematik-Professors und Kunstmäzens Alfred Pringsheim und dessen Frau Hedwig. Ein Umstand, der den jungen Schriftsteller einerseits reizt, anderseits auch verunsichert. Wenngleich ihm sein drei Jahre zuvor veröffentlichter Roman »Die Buddenbrooks« reichlich Ansehen eingetragen hat, für den gesellschaftlichen Durchbruch reicht das noch nicht.

Im Augenblick kann Thomas Mann ohnehin nichts tun, außer seiner Angebeteten fast täglich zu schreiben. Auch wenn die Liebesbriefe, wie der Historiker Dirk Heißerer befindet, »mäßig heftig« ausfallen, sind die Gefühle des Dichters schwer in Wallung. An einen Freund schreibt er: »Ich träume fast jede Nacht von ihr und erwache mit einem völlig wunden Herzen.« Kein Wunder also, dass in dieser

Zeit an Arbeit kaum zu denken ist. Auch wenn er in Utting an seinem Drama »Fiorenza« weiterschreibt. Doch es geht zäh voran. Dass ihm der Aufenthalt dennoch gut bekommen sein dürfte, zeigt ein Brief an den Komponisten Carl Ehrenberg, dem Thomas Mann im August mitteilt: »Ich bade, dichte und lobe Gott den Herrn.« Das klingt fast so, als könnte aus ihm noch ein Lebemann werden. Doch bevor dies geschieht, besinnt sich Katja und willigt ein. Am 3. Oktober findet die Verlobung statt, am 11. Februar 1905 wird in München geheiratet.

Ob Thomas Mann (1875 bis 1955) später noch an den Ammersee zurückdenkt? Einmal sicher, als er sich in Wien eine Inszenierung seiner »Fiorenza« ansieht und feststellt: »Am Schluss des zweiten Aktes, der sehr schön herauskam, dachte ich sehr lebhaft an Utting, vor meiner Verlobung, wo ich allein mit Mama die letzte Szene schrieb und das Ende so gut fand, dass ich es besonders dem Tagebuch mitteilte, lila Tinte – Abspannung und Zufriedenheit.« *Sabine Bader*

Eine Sache von Bauch und Auge

Ein Haus ist für den Architekten Wolf-Eckart Lüps viel mehr als vier Wände und ein Dach, es ist eine experimentelle Spielwiese/Von Sabine Bader

Wer Wolf-Eckart Lüps für sich planen lässt, der verabschiedet sich am besten gleich von der Vorstellung, vier Wände und ein Dach würden schon ein Haus ergeben. Das ist mitnichten so. Bauen ist für Lüps eine Sache von Bauch und Auge. »Die wichtigste Inspiration entsteht aus dem Ort – also, wo ich baue – und die zweitwichtigste aus dem Gegen-

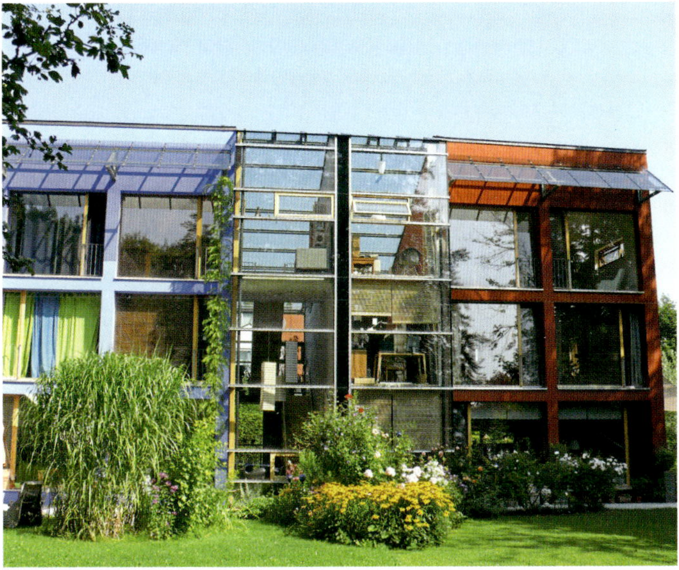

Wer möchte nicht sofort in eines dieser »Glashäuser« einziehen. Entworfen hat sie der renommierte Architekt Wolf-Eckart Lüps.

über – für wen ich plane.« Das muss zusammenpassen. Um dies herauszufinden, baut er eine Art Sollbruchstelle in seine Verträge ein: Sie enden alle mit dem Vorentwurf. Bis dahin sehen beide Seiten, ob sie »in einer Spur sind«, ob es sich lohnt, gemeinsam weiterzumachen.

Dabei können die Spuren, die Lüps hinterlässt, recht unterschiedlich sein. Da wäre beispielsweise das Heizkraftwerk in St. Ottilien, das nachts in bengalischen Farben leuchtet. Die evangelische Kirche in Utting, deren Innenraum Lüps konzipierte und mit einem Gemeindezentrum ergänzte, wurde leider im August 2021 von einem Brand vollständig zerstört. Der Wiederaufbau ist geplant.

Bauen ist für ihn ein Experiment. Und ähnlich einem neugierigen Kind mit seinem Baukasten hat er auch auf dem eigenen Grundstück am Uttinger Waldaweg experimentiert. Hier hat Lüps 1972 ein gut hundert Jahre altes Landhaus

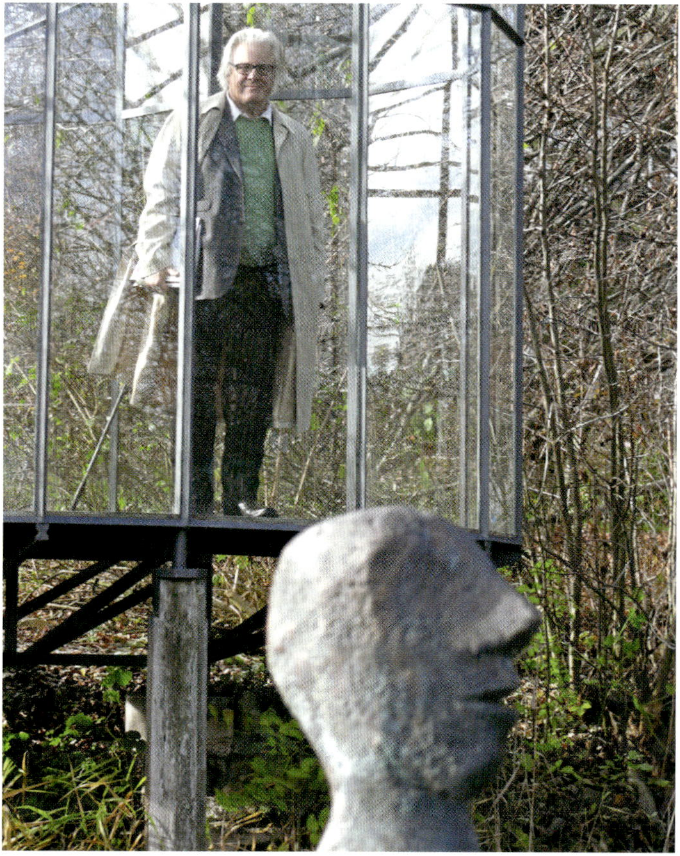

Bauen ist für Wolf-Eckart Lüps (Foto) ein Experiment. Dabei kann auch Eigenwilliges herauskommen wie dieser Glaspavillon.

mit Seeblick gekauft, das er mit seiner Familie bewohnt. Die Eheleute und die drei erwachsenen Söhne lieben das Haus mit dem verwilderten Garten, in dessen Mitte eine Blutbuche steht, die so groß ist, dass ihr Blätterdach im Sommer einem großen, kreisrunden Beduinenzelt gleicht. Lüps hingegen könnte sich für sich selbst auch etwas Moderneres vorstellen. Doch der Familienrat ist dagegen. »Das macht nichts«, sagt er leichthin. Denn schließlich hat er sich rundum längst architektonisch ausgedrückt: Da wäre neben seinem eigenen Haus jenes, in dem lange Zeit Monika Drasch lebte, die Teufelsgeigerin. Lüps hat es in den siebziger Jahren, als er noch traditionelle Gebäude zeichnete, als erstes in seinen Garten gebaut. Dann folgte in den Achtzigern eine zeitlose Ammersee-Villa in Pagodenform, die er für seine Mutter entwarf, und in der bis zum Umzug nach Schondorf sein Büro untergebracht war.

Auf der anderen Straßenseite, an den Gleisen der Ammerseebahn, stehen zwei bogenförmige Doppelhäuser in Splittlevel – mit kräftigen Farbverläufen auf den gerundeten Westseiten. Sie stammen aus den 90-er Jahren. Mit ihnen hat Lüps den Beweis angetreten, dass es sich auch neben der Bahn gut wohnen lässt. Anfang des neuen Jahrhunderts baute er dann im Garten noch ein Doppelhaus – hochmodern, quaderförmig, mit wohlproportionierten Glasfronten. Getrennt wird die rote von der blauen Haushälfte durch gläserne Treppenhäuser. Ein eigenes kleines Lüps-Dorf ist hier entstanden, ein Spiegel seiner architektonischen Entwicklung.

»Nach der Schule hatte ich keine Ahnung vom Leben und von der Architektur«, erzählt Lüps, der 1944 im nordrhein-westfälischen Rheinberg geboren wurde. Die kam erst durch das thematische Arbeiten und etliche Reisen mit immer neuen Eindrücken. »Wenn ich sie nicht gemacht hätte, wär ich halt ein Konservativling geworden. Wäre auch in Ordnung." Vor allem hätte er es leichter gehabt, glaubt er. Denn mit der Freiheit im Denken und Planen wächst auch der Widerspruchsgeist. Wie schnell man es sich mit den politischen Autoritäten verscherzen kann, weiß Lüps noch aus seiner Zeit als junger selbständiger Architekt. Da hatte man ihn wegen seines losen Mundwerks quasi mit einem Bann belegt; er bekam so gut wie keine öffentlichen Aufträge. Die Lage entspannte sich erst, als er alle Ehrenämter aufgab und sich mit öffentlicher Kritik zurückhielt. Heute ist seine Meinung gefragt, auch wenn »ich kein geschmeidiger Architekt bin«.

Dabei ist es dem von ihm mit gegründeten Wessobrunner Kreis, eine Gruppe engagierter Architekten, sogar gelungen, auch die Politik für die Auseinandersetzung mit der Architektur zu gewinnen. Trotzdem gehen schon mal zehn Jahre ins Land, bis sich Politiker einigen. So lange hat es gedauert, bis er den Stadtrat von Landsberg von seinem Entwurf für das Stadttheater überzeugte. »Da heißt es durchhalten. Und wenn dann noch eine Kommunalwahl dazwischenkommt und sich die Mehrheiten verschieben, darf man wieder von vorne anfangen mit seiner Überzeugungsarbeit.« Ähnlich ist es auch mit Handwerkern. »Viele straucheln schon, wenn ich sage, sie sollen eine Mauer frei verputzen, damit man die Spuren ihrer Arbeit sieht und das Spiel von Licht und Schatten.« So ist die Wahl der Handwerker wohl der einzige Punkt, bei dem er keine Experimente mehr macht.

Mehr als 200 Gebäude hat Lüps bisher entworfen. Vieles wurde geplant und nicht gebaut, darunter auch sein Entwurf für den neuen Plenarsaal des Bayerischen Landtags

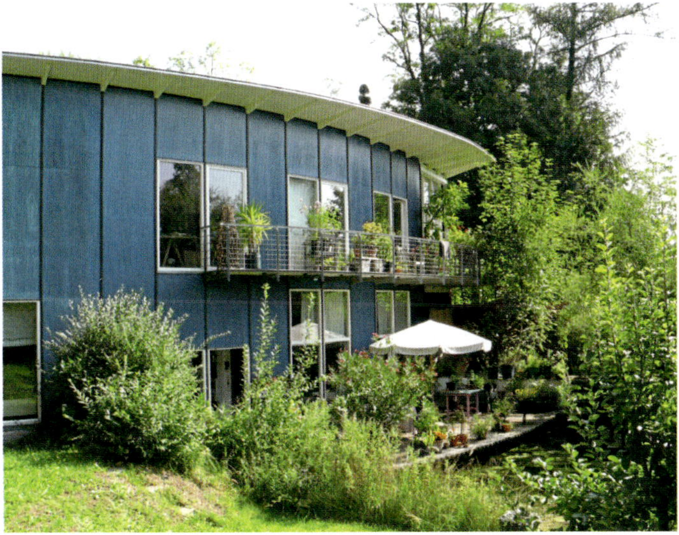

Diese halbrunden Doppelhäuser hat Architekt Lüps in den neunziger Jahren direkt neben der Bahn gebaut.

oder die silbrige Empfangskuppel für das Luft- und Raumfahrtzentrum in Oberpfaffenhofen, die eine gute Kulisse für einen James-Bond-Film abgegeben hätte. Dennoch entstanden viele öffentliche und private Bauten rund um den Ammersee: die Segelclubs in Utting und Dießen, ein Jugendfreizeitheim und ein Kinderhaus in Riederau, ein Strandpavillon in Utting, ein Gemeinschaftshaus in der neuen Mitte des SOS-Kinderdorfes Dießen und eine Reihe Wohnhäuser. »Ich habe wenig grüne Wiese verbaut«, sagt Lüps stolz. Meistens stand an der Stelle, an der er sich zu schaffen machte, bereits ein Haus. »Es ist viel spannender, sich Ecken vorzuknöpfen, an denen die Geschichte schon mal gegriffen hat.« Das alles macht Lüps nicht allein. Seit 2007 kooperiert er mit seinem Sohn Mauritz, der als Schüler von Peter Zumthor und Mario Botta in der Schweiz ausgebildet wurde. So eröffnen sich dem Atelier neue Blickwinkel und Impulse, um Architektur auf hohem Niveau gemeinsam weiterzuentwickeln. Das geschieht im Ateliergebäude an der Schondorfer Bergstraße 4 mit bis zu zehn Arbeitsplätzen. Lüps hofft, das Erfüllende der kreativen Arbeit noch lange zu spüren und scheut die Verantwortung, Neues zu konzipieren, in keiner Weise. Den letzten Schliff gibt Lüps den meisten Häusern selbst – unter anderem in Farbe. Er mag sie kräftig und arbeitet zunächst auf großen Papierbögen mit Pigmentkreiden, um die richtige herauszufinden. »Ähnlich wie dies Kinder tun…« Ideen für Häuser entwickeln sich für ihn in experimenteller Atmosphäre – spielerisch. Da entsteht eben viel mehr als vier Wände und ein Dach.

Himmel der Teufelsgeigerin

Die niederbayerische Sängerin und Musikerin Monika Drasch hat am Ammersee ihre zweite Heimat gefunden – Die Geige ist immer noch grün

Eigentlich zog Monika Drasch, die »Teufelsgeigerin« mit den roten Haaren und der grünen Geige, die wilde Protagonistin einer neuen Volksmusik, an den Ammersee, weil sie die Ruhe suchte. Nach 13 Jahren wurde München für die Niederbayerin zu groß und zu laut, erzählt sie und lacht über sich selbst. Dann war da noch die anstrengende Tournee mit Hubert von Goisern, 100 Konzerte von Wien bis Berlin. Der Ammersee bietet einen Gegenpol zu diesem turbulenten Leben. Die sanften Erhebungen des Westufers erinnern sie an ihre niederbayerische Heimat. Ein paar Hügel sollten schon sein, denn »wenn sich nichts bricht, wo sollen da die Gedanken hängen bleiben?« Sie schätzt diese Mischung aus Land und Kunst, das bunte Volk, das davon angelockt wurde, unter dem sie sich wohl fühlt, das sie inspiriert. »Utting« klinge nach dörflicher Geborgenheit und Künstlerleben. Doch als 2006 die Tochter Senta auf die Welt kommt, wird ihr auch bewusst, was ihr abgeht in dieser Idylle: »Mei Sprach.« Um der Dominanz des Hochdeutschen zu begegnen, redet sie mit ihrem Kind niederbayerisch – wie mit der Mutter. Sagt Haubn statt Mütze, Seckl statt Socken, Bleame statt Blumen. Sogar die Babysitter, des Bayerischen nicht mächtig, verabschiedeten sich mit einem »Pfüa di«. Das findet sie sehr charmant.

Monika Drasch stammt aus dem Ort Hub bei Hengersberg, wo sie 1965 auf einem Bauernhof geboren wird. Die Eltern haben eine wunderbare Offenheit. Sie erkennen, dass ihre kleine Landwirtschaft keine Zukunft mehr hat und schicken die vier Kinder »auf die Schule«. Sie sollen etwas Gescheites lernen und in die weite Welt hinausziehen. Die Benediktiner am Musikgymnasium Niederaltaich geben Monika Drasch etwas mit, was bis heute ihr Leben prägt: die Liebe zur Volksmusik und zur alten Musik. Beide passten gut zusammen. »Ein reiner Vokalklang ist etwas unglaublich Schönes. Und ein zartes Volkslied zu singen oder einen kräftigen Jodler rauszuplärren – das liebe ich schon sehr.« Wie sie es mit ihrem reinen Sopran bei den Konzerten tut. Die Heimat wird ihr bald zu eng. »Ich konnte mich daheim künstlerisch nicht ausdrücken, ich musste raus.« In München lernt sie Gleichgesinnte kennen. Zunächst studiert sie für das Lehramt an Grundschulen mit Schwerpunkt Musik, macht das erste Staatsexamen und »wechselt dann das Fach«.
1991 beginnt die Zeit beim »Bairisch Diatonischen Jodel-Wahnsinn« mit Otto Göttler und Josef Brustmann. Die drei

interpretieren Volksmusik neu: frech, hinterfotzig, schnoddrig und schräg. Damals ist das eine Provokation, fünf Jahre später füllen sie die Hallen. Sie singt, spielt Geige, Zither, Dudelsack, Klarinette und Balafon, eine Art Xylophon. Denn wer bestimmt, dass die »heilige bayerische Stubnmusi« für alle Ewigkeit aus Zither, Hackbrett und Gitarre bestehen muss? Volksmusik war früher Tanzmusik, erzählt sie, gespielt von Musikanten, die herumgezogen sind. Sie muss lebendig sein, laut, auch einmal »dreckert«. Äußeres Zeichen des Protests gegen verkrustete Strukturen der Volksmusik ist ihre grüne Geige. Die arme Klostergeige sollte zunächst rot werden, aber die Farbe hat nicht gedeckt. Das ist sie in Schwabing in einen Farbenladen marschiert und hat grüne Ölfarbe erstanden. Drei Stunden lang wurde das Instrument traktiert. Drei Tage lang hing es in der Dusche zum Trocknen, dann hat sie die Geige erstmals im »Fraunhofer« ausgepackt. »Die roten Haare haben gut dazu gepasst.« Heute brauche sie diese Provokation nicht mehr, aber diese Attribute gehören seitdem zu ihr. Das Instrument eines Geigenbauers ist aber nicht mehr so giftgrün wie ihre Vorgängerin. 2002 löst sich »der Wahnsinn« auf. Hubert von Goisern holt sie zu einer Konzerttour. Beim Jodeln ist sie ihm eine kongeniale Partnerin.

Schließlich erregt das Schicksal der Emerenz Meier Monika Draschs Interesse. Von bäuerlicher Herkunft wie sie selbst, wanderte die niederbayerische Schriftstellerin mit ihren Eltern und Geschwistern aus ärmlichen Verhältnissen nach Amerika aus. Doch die Hoffnung auf ein besseres Leben erfüllte sich nicht. In sehnsuchtsvollen Briefen an eine Freundin versuchte sie, die Verbindung zum Bayerischen Wald aufrecht zu halten. Im Alter von 53 Jahren stirbt Emerenz Meier 1928 in Chicago. In der Doppel-CD »Out of Heimat – Musikalische und literarische Lebensbilder

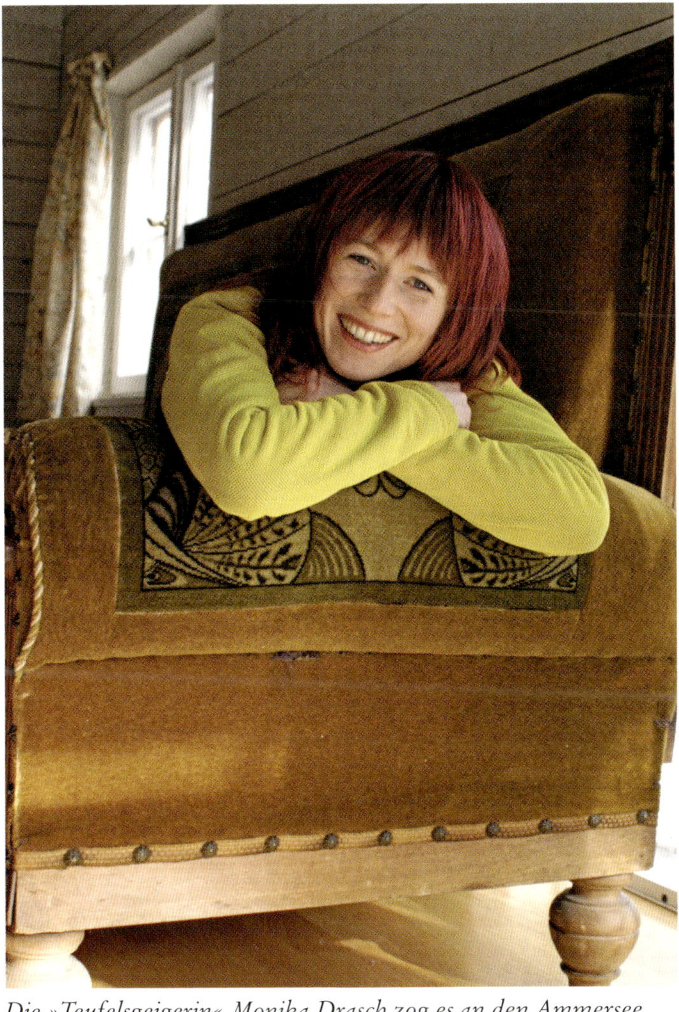

Die »Teufelsgeigerin« Monika Drasch zog es an den Ammersee, weil die Niederbayerin nach turbulenten Jahren in München und einer anstrengenden Tournee Ruhe suchte – und fand.

zwischen Bayern und Amerika« setzt Monika Drasch mit der Schauspielerin Eva Sixt und einigen Musikfreunden die Briefe der Emerenz musikalisch um. Was sie an dieser Frau fasziniert, ist deren sprachliches Naturtalent, die Kraft und der Mut, sich aufzulehnen, sich trotz Armut nicht vereinnahmen zu lassen. »Sie hat sich getraut, sich zu wehren.« Ob der Lebensweg der Emerenz mit ihrem vergleichbar ist? »Man muss nicht so kompromisslos sein wie sie und dann unglücklich werden«, sagt Monika Drasch.
2012 präsentiert sie mit ihrer eigenen Band das Programm »Auf der Böhmischen Grenz«. Dazu gibt es die gleichnamige CD. Wie immer schöpft sie dabei aus der traditionellen Volksmusik, aus dem bayerisch-böhmischen Grenzraum und der Kraft einfacher Melodien. Diesmal ist Monika Drasch in neuer Quartett-Besetzung unterwegs: Norbert Nagel spielt Klarinette und Saxophon, Christian Gruber Gitarre, Alex Haas spielt Kontrabass und singt.

Ein weiteres Projekt der so burschikos wie zerbrechlich wirkenden Künstlerin ist das Duo Drasch-Glasl mit »Heimat G'wandl. Eine musikalische Anrufung«. Es ist wieder das Thema Heimat, die Frage nach dem Woher und Wohin, die beide Künstler schon sehr lange beschäftigt. Monika Drasch bringt Stimme, Geige und Dudelsack ein, Georg Glasl zaubert an der Zither. Die beiden fügen zusammen, was scheinbar nicht zusammenpasst: Ein Lied übers Bauernhofsterben und neutönende Zitherklänge. Marienlied und Denkmalschutzpolka. Ländler von Schubert und Texte zur Sünde aus der Stubenberger Handschrift, einem niederbayerischen Geistlichen Gesänger Buch aus der Zeit der Aufklärung. Als Zuspielung ertönt die Stimme des Journalisten und Dokumentarfilmers Dieter Wieland. Wie kein anderer habe er uns in seinen Dokumentationen über Dörfer und Landschaften den Spiegel vorgehalten, wie wir un-

sere Lebensräume, kennzeichnende Orts- und Landschaftsbilder, schonungslos verschandeln.
Mittlerweile pflegen viele Gruppen die neuen Formen der Volksmusik, die der Jodelwahnsinn und, als prominentestes Beispiel, die Biermösl Blosn einst aufbrachten. Einschlägige Kurse bringen neue Musiker hervor, das Kulturreferat der Landeshauptstadt probiert immer wieder Neues aus und auch die Volksmusiktage im Fraunhofer tragen das ihre dazu bei, die alternative Musikszene lebendig zu halten.

Seit einigen Jahren singt Monika Drasch bei Konzerten Marien- und Liebeslieder aus dem Barock und aus der Volksmusik, auf ihre eigene, niederbayerische Art. Zu hören sind diese »Lieder zwischen Himmel und Erde« in einem eigenen Podcast, den das Medienhaus Michaelsbund betreibt: mk-online.de Jeden Monat stellt sie ein neues Lied vor, das sich um das Kirchenjahr dreht.
Selbstredend gehört zur Volksmusik auch die Sprache. Sie sagt die Titel auf niederbayerisch an, das sei noch viel ursprünglicher und ländlicher als oberbayerisch. »Das hat eine große Kraft. Diese Mischung war für den Jodelwahnsinn etwas Besonderes.« Im Kunstraum Bühne pflegt sie ihre Sprache. Es dauert lange, bis ihr bewusst wird, dass sie sich diesen Kunstraum schaffen muss, um ihre Sprache lebendig zu halten, – oder heimgehen muss nach Niederbayern. Doch lieb gewonnene Freunde halten sie fest am Ammersee, haben ihn zur zweiten Heimat werden lassen. Womit Monika Drasch überhaupt nicht mehr gerechnet hatte: Das Töchterlein hat inzwischen auch ihre bayerischen Sprachmomente. »Das ist letztlich schon ein Dazugehören wollen.« Der zwölfjährige Sohn spricht tatsächlich bayerisch, seit er die Sommerferien bei der Oma verbracht hatte. Und zurück kam mit: »Mama, die redn ja vej bessa bayrisch wia du!«

Das »kalte Krematorium«

Folgt man in Utting der Holzhauser Straße nach Süden und überquert die Dyckerhoffstraße, dann zweigt ein paar Meter weiter die Schönbachstraße, eine Stichstraße, nach links ab. Hier befand sich von 1944 bis 1945 ein Arbeitslager der Organisation Todt. Es gehörte zum KZ-Komplex Kaufering, einem Außenlager von Dachau. 464 jüdische KZ-Häftlinge insbesondere aus Litauen, Ungarn und Polen mussten im Uttinger Betonwerk, das die Firma Dyckerhoff betrieb, Fertigteile für gigantische unterirdische Flugzeugfabriken herstellen. 15 Schüler des Ammersee-Gymnasiums haben sich 2019 in einem Seminar mit der »vergessenen Geschichte Uttings« beschäftigt. Mit der Ammersee-Bahn wurden dic fertigen Teile nach Kaufering und Landsberg transportiert. Die Häftlinge mussten bis zu zwölf Stunden am Tag schuften. Am Abend bekamen sie eine Scheibe Brot und eine Suppe. Mangelhaft gekleidet und unterernährt, vegetierten sie in kalten und feuchten Erdhütten, in denen es von Ungeziefer wimmelte. Fleckfieber, Typhus und Lungentuberkulose grassierten. Die Insassen nannten das Lager deshalb »Kaltes Krematorium«. Bei den Nazis hieß das »Vernichtung durch Arbeit«. Wer nicht mehr arbei-

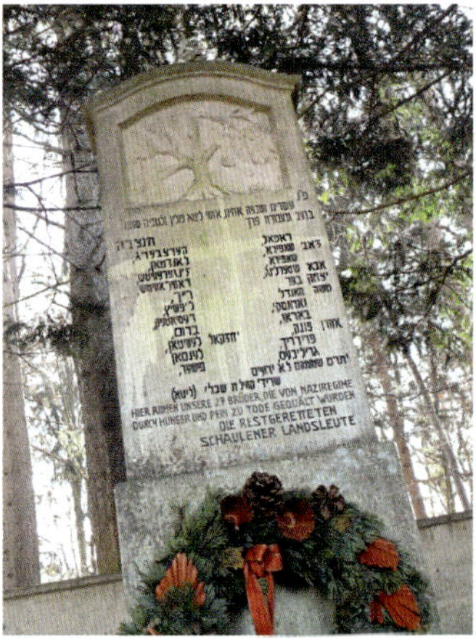

Ein Grabstein auf dem jüdischen Friedhof von Utting gemahnt an die Toten des KZ.

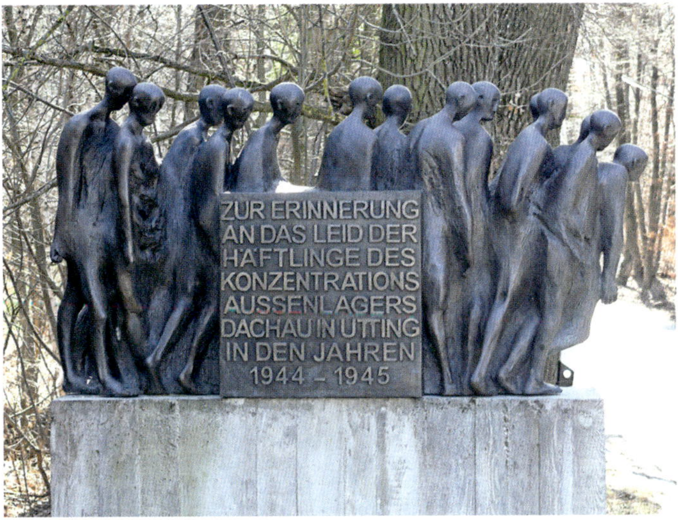

An das Leid der Häftlinge des Konzentrationsaußenlagers Dachau in Utting erinnert dieses Denkmal von Hubertus von Pilgrim.

ten konnte, wurde von der SS aussortiert und in Auschwitz ermordet. Wenige Wochen vor Kriegsende wurde das Lager geräumt. Die Häftlinge mussten bei Kälte und Schnee zunächst nach Dachau laufen und wurden dann auf dem »Todesmarsch« in Richtung Alpen getrieben. Die ehemalige Lagerküche ist heute die Wertstoffsammelstelle der Gemeinde. Auf dem Gelände des Betonwerks, das Dyckerhoff & Widmann noch bis 1997 betrieb, entstanden moderne Einfamilienhäuser. An das unheilvolle Kapitel der Ortsgeschichte erinnert nur noch ein jüdischer Friedhof am Schönbach sowie ein Mahnmal, das 2005 seiner Bestimmung übergeben wurde. Zu den Überlebenden des Lagers X gehörte Abba Naor. »Ich wusste damals gar nicht«, sagte Abba Naor bei einem Besuch im Jahr 2006, »wie schön es in Utting am See ist.«

Sommerresidenz des Jugendstils

Selten kann sich der Besucher so in die Welt der Künstler zu Beginn des 20. Jahrhunderts versetzen wie in der Villa Gasteiger in Holzhausen südlich von Utting. Das Hauptanliegen des damals modernen Jugendstils, das Leben durch die Kunst neu zu gestalten, haben Mathias und Anna Gasteiger mit dem Bau ihres Sommersitzes in idealer Weise entsprochen. Sie begründeten die »Künstlerkolonie Holzhausen«. Das Landhaus, kurz nach 1900 errichtet, steht in einem romantischen Landschaftspark mit Brücke, Weihern und Wildrosenhecken. Der Blick schweift in einer bewusst gewählten Achse über ein Brunnenbecken und eine mehrere hundert Jahre alte Eiche auf den Ammersee und hinüber zum Kloster Andechs. Allein ein ausgedehnter Spaziergang ist schon ein Genuss. Die Wiesen sind sehr artenreich, sie

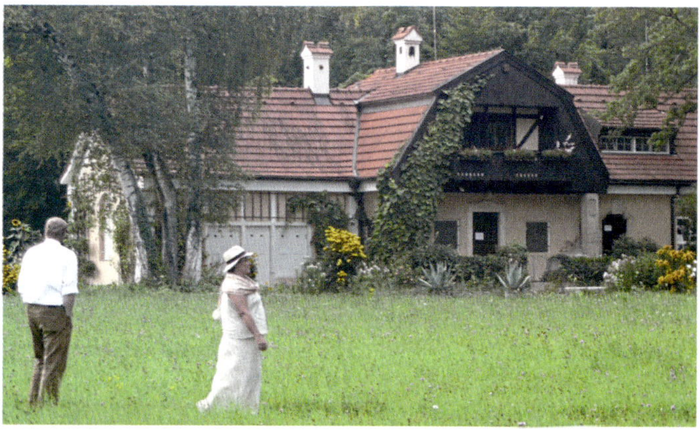

In einem romantischen Landschaftspark mit Brücken, Weihern und Wildrosenhecken steht das Landhaus von Mathias und Anna Gasteiger in Holzhausen. Hier gedieh der Münchner Jugendstil.

werden nur zweimal im Jahr gemäht und nicht gedüngt. Die parkartigen Gärten am Ammersee mit ihren Solitärbäumen gehen bis auf die mittelalterliche Landbewirtschaftung zurück. Das Vieh wurde in die Wälder getrieben und fraß Eicheln und Bucheckern. Das gab nicht nur ihrem Fleisch eine besondere Würze, durch den Verbiss wurde auch das Unterholz gelichtet. Übrig blieben die freistehenden Baumriesen.

Irene Faber-Gasteiger, der Tochter des Künstlerehepaares Gasteiger, ist es zu verdanken, dass das Kleinod 1984 an den Freistaat fiel. Zehn Jahre später öffnete er Haus und Park für die Allgemeinheit. In Holzhausen gedieh der Münchner Jugendstil. Wer kennt nicht das »Brunnenbuberl« am Münchner Karlstor, es stammt von Gasteiger. Seine Frau entwarf in jungen Jahren zunächst Stoffe, Tapeten und Fliesen im Jugendstil. Später widmete sie sich ganz der Blumen- und Landschaftsmalerei. In den weitgehend erhaltenen und sorgsam renovierten Räumen kann der Besucher eine Zeitreise zurück in einen großzügigen ländlichen Haushalt um die Jahrhundertwende unternehmen. Im Mittelpunkt steht ein ungezwungenes Künstlerleben. Die Gasteigers versammeln eine illustre Schar von Malern und Schriftstellern um sich, die zum Teil ebenfalls am Westufer wohnen. Mitarbeiter der Zeitschriften »Jugend« und »Simplicissimus« wie Eduard Thöny und Th.Th. Heine sind darunter, auch Maler der Künstlervereinigung »Die Scholle« wie Fritz Erler, Walter Georgi und Adolf Münzer. Sie alle sind zu Beginn des Jahrhunderts maßgeblich an der Erneuerung der Münchner Malerei beteiligt und sollten der Kunst des »Blauen Reiters« den Weg bereiten. Ihre Werke prägen Malerei, Wohnkultur, Dekoration und Raumausstattung in Deutschland. Gemeinsame monatelange Studien auf dem Lande bereiten den Boden für die eindringliche Naturdarstellung der jungen Künstler. Auf dem kleinen Dorffriedhof

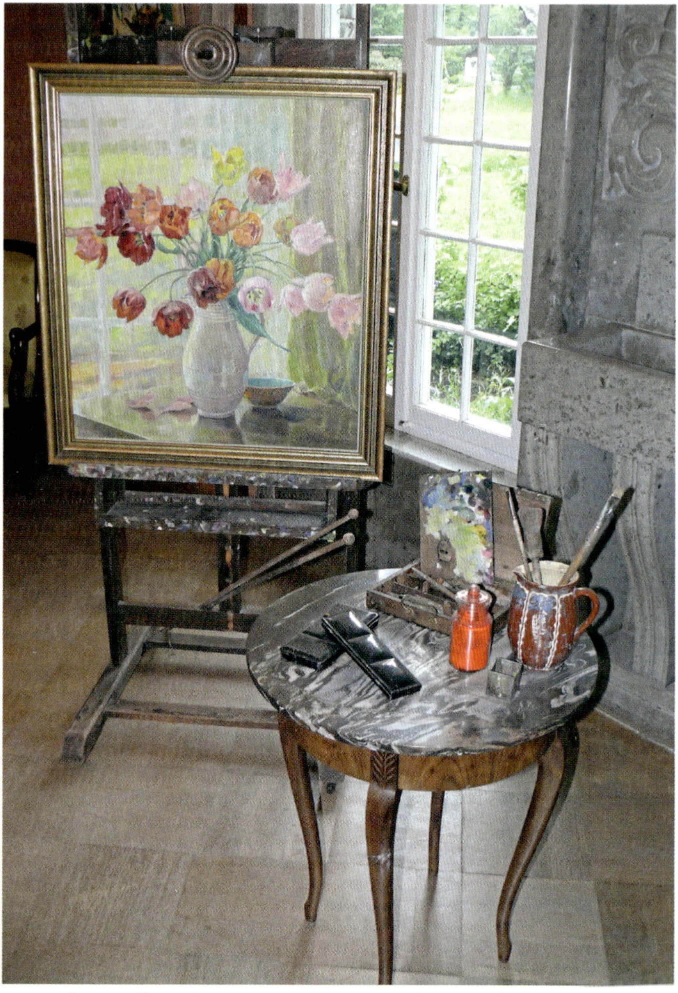

Es wirkt so, also ob Anna Gasteiger nur kurz in den Garten hinaus gegangen ist und gleich wieder hereinkommt, um ihr Blumenbild zu vollenden.

liegen sie alle miteinander begraben. In den Räumen der Villa sind historische Fotos und Werke der Gasteigers ausgestellt. An einigen Karikaturen ist die teilweise stramm nationale Einstellung der Künstler der Weltkriegszeit abzulesen. Einige malen später im Auftrag der Heeresleitung Schlachtengemälde.

Aber zu Zeiten der Bohème zwei Jahrzehnte vorher hat man noch ganz andere Sorgen: »Die Münchner haben damals geschimpft, weil das Brunnenbuberl nackert ist«, erzählt Helga Schraidt, die mit den Gasteigers verwandt ist und im Sommer durch das Haus führt. Der Prinzregent soll zumindest ein Feigenblatt verlangt haben, jedoch ohne Erfolg. Vermutlich habe Gasteiger deshalb – man schrieb das Jahr 1891 – keinen Professorentitel bekommen. Sein Geld macht der Hausherr mit der Gestaltung großer Brunnen. Davon kauft er ein Schloss bei Dachau, in dem er eine Mal- und Bildhauerschule einrichtet. Eines Tages kommt auch eine gewisse Anna Sofie Meier dorthin, um das Malen zu erlernen. Es funkt, Lehrer und Schülerin heiraten. Wen das inspirieren sollte, der kann im Jugendstil-Ambiente der Gasteiger-Villa den Bund fürs Leben schließen, nach Voranmeldung im Standesamt Utting.

Von Utting nach Riederau

Vom Bahnübergang in Holzhausen radeln wir weiter in Richtung Riederau. Rechts ausgedehnte Wiesen und Äcker, auf denen einzelne mächtige Eichen stehen. Den Zugang zum See verwehrt ein durchgehendes Band von Privatanwesen. Holzhäuser mit dunkel gebeizten oder weiß gestrichenen Fassaden schimmern durch das Grün der hohen Bäume und muten teilweise skandinavisch an. Zwei Löwen aus Stein wachen an den Portalen privilegierter Grundbesitzer, die hier den Blick auf den »Bauernsee« tagein tagaus genießen dürfen. Einer der Löwen hält das weißblaue Rautenwappen in seinen Pranken.

Der Blick geht zurück auf Holzhausen, dessen Silhouette vom hochgelegenen Kirchlein beherrscht wird, und nach vorn auf den Wald, in den wir nun eintauchen. Das Naturschutzgebiet »Seeholz« bei Rieden stellt einen einzigartigen Laubwald mit extrem seltenen »Urwald-Käfern« dar, die das Totholz bewohnen, darunter zwei Hirschkäferarten. Einschließlich der Verlandungszonen ist es etwa 70 Hektar groß. Vom Weg aus hat man genug Einblick in die naturbelassenen Bestände von teils imponierend großen Eichen, Hain- und Rotbuchen, Eschen und Erlen. Das Alter der Eichen schätzen Forstleute auf etwa 400 Jahre. Diese Generation wuchs also zur Zeit des Dreißigjährigen Krieges auf. Lange vor der Forstwirtschaft haben die Bauern in früheren Jahrhunderten ihr Vieh in diesen Wald getrieben und beispielsweise Schweine mit Eicheln und Bucheckern gemästet. Ihr Fleisch soll außergewöhnlich gut schmecken. So lautet ein alter Spruch: »Auf den Eichen wachsen die besten Schinken.« Die Kittenalm oberhalb von Holzhausen und

Ein exklusiver Platz zum Genießen ist der Steg des Restaurants Seehaus in Riederau.

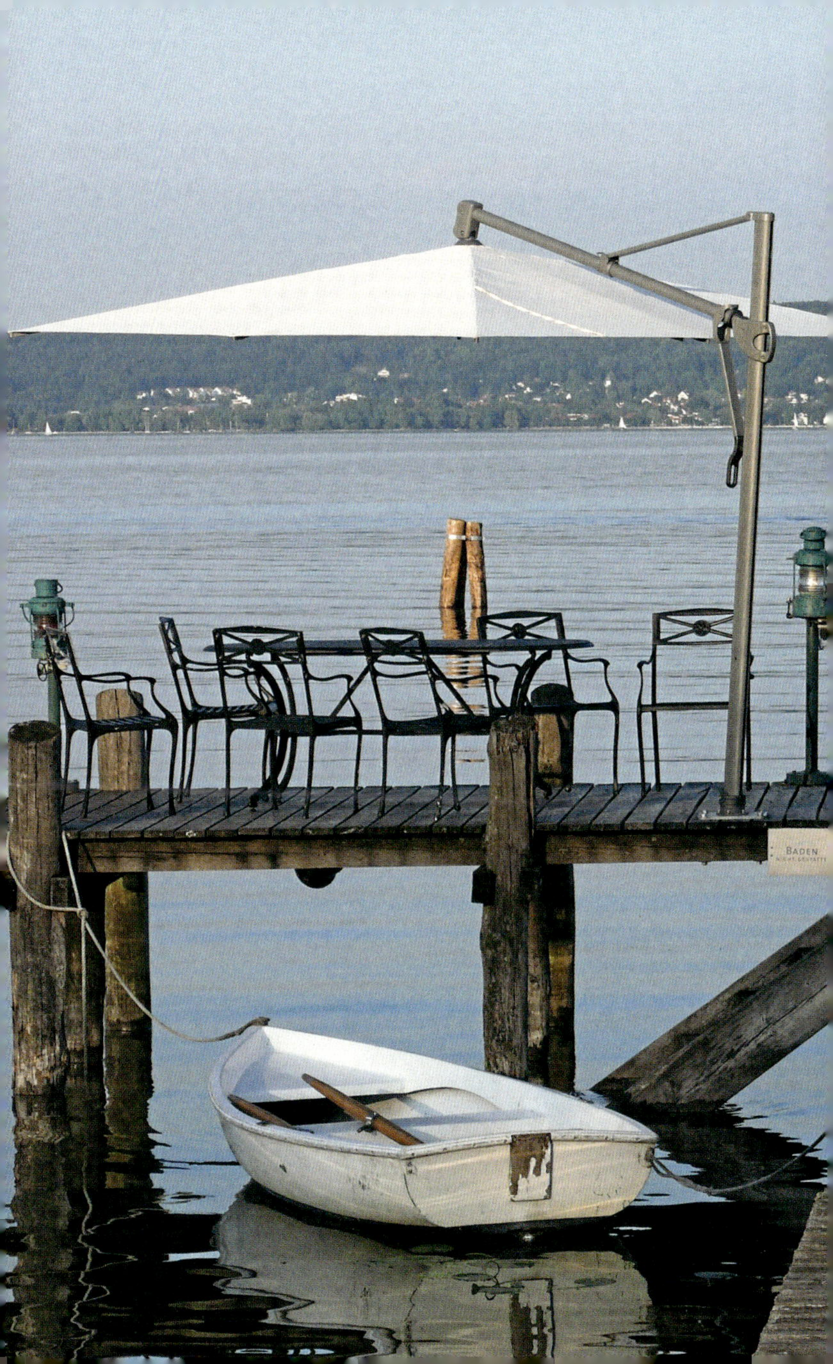
BADEN

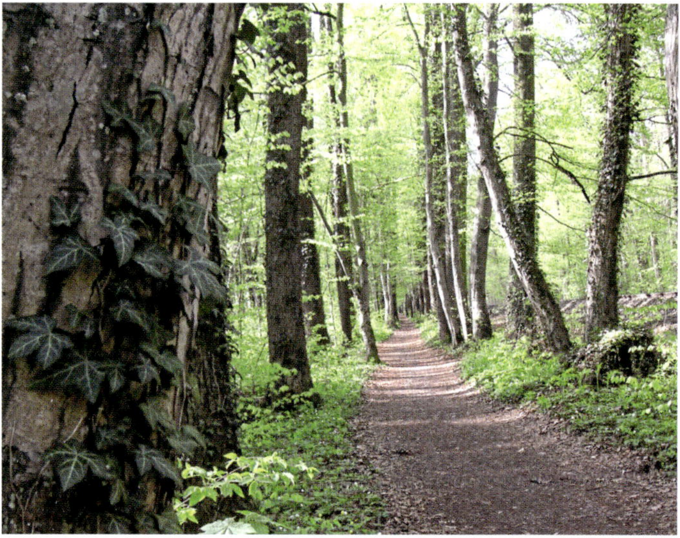

Zwischen Holzhausen und Riederau führt der Weg entlang der Bahnlinie durch das Waldnaturschutzgebiet »Seeholz«.

Rieden war noch bis zum Zweiten Weltkrieg bewirtschaftet, das Jungvieh wurde hier »gesömmert« (auf die Weide getrieben). Das Seeholz mit seinen hohlen Bäumen ist ein wichtiges Rückzugsgebiet für Pflanzen und Tiere. Sämtliche Spechtarten geben sich ein Stelldichein mit seltenen Hohltauben, Eichelhähern, Trauerschnäppern, Kleibern und allen Meisenarten. Der spezialisierte Mittelspecht hat hier ein isoliertes Vorkommen. Im Frühjahr bietet sich ein wahres Blütenwunder mit weißen und gelben Anemonen, Märzenbechern, gelbem Scharbockskraut, blau leuchtenden Leberblümchen, Lungenkraut und Pestwurz an Bachläufen. Wenn die Buchen ergrünen, flattert der orange Nagelfleck (Aglia tau) durchs Unterholz. Mit ein wenig Glück ist der Schmetterling auch vom Weg aus zu sehen. Im August blüht die Violette Stendelwurz, eine seltene Waldorchidee. Mehrere Brücken führen über kleine, zum See strebende Bäche, ehe der Wald endet und Riederau in Sicht kommt. Wir landen unmittelbar am verträumten kleinen Bahnhof mit seinem Holzschindel-Zwiebelturm. Am Heiligen Abend 1899 fuhr der erste Zug auf der Strecke Ausburg-Weilheim, Riederau wurde Bahnstation. Die Maler der Holzhauser Künstlerkolonie hatten sich erfolgreich gegen eine eigene Bahnstation gewehrt. Wer rasten will, setze sich auf eine der Bänke im dahinter liegenden kleinen Park, in dessen Mitte ein plattenartig abgestufter Springbrunnen plätschert. Der ehemalige Landsberger Landrat Bernhard Müller-Hahl hatte ihn einst für den Bürgermeister entworfen, was ihm eine Rüge der ansässigen Bildhauer eintrug, er nehme ihnen die Arbeit weg. Der Brunnen erinnert an die 850-jährige Geschichte von Riederau bis ins Jahr 1977 und an die Eingliederung der einst selbständigen Gemeinde Rieden in die Marktgemeinde Dießen 1978.

Der Tausendsassa von Riederau

Manfred Curry war nicht nur ein genialer Erfinder und Deutschlands erfolgreichster Binnensegler, er erforschte auch die Auswirkungen des Klimas auf den Menschen

Was da gegen Ende der 1920er Jahre an einem Ankermast vor Riederau festmacht, hat der brave Ammersee bis dahin noch nicht gesehen. Eine knapp 25 Meter lange, elegante weiße Jacht geht vor Anker. Die stromlinienförmigen Aufbauten muten futuristisch an, große Fenster im Rumpf lassen viel Licht in die Räume unter Deck. Als ob die »Nautilus«

aus Jules Vernes »20 000 Meilen unter dem Meer« gerade aufgetaucht wäre. Der Tiger, so heißt das schicke Schiff, verfügt über einen im maurischen Stil eingerichteten Salon, schwere Fauteuils vor einem Kamin laden zur blauen Stunde ein. Als besondere Raffinesse setzt eine Badewanne, eingelassen in einer überdimensionalen Muschel im Heck, der Phantasie keine Grenzen. Lausbuben, so geht noch heute das Gerücht, wollen durch ein Guckloch eine sich räkelnde »Nackerte« gesehen haben. Es ist das Hausboot von Manfred Curry und seiner Frau Hazel, es hat sogar Strom, Wasser- und Telefonanschluss. Regelmäßig bitten die Currys zu lauschigen Sommerfesten an Bord. Über eine Wendeltreppe gelangen die Gäste hinunter in die bizarre Welt aus Tausendundeiner Nacht. Den Rumpf des Tigers kennen wir noch von der Amper, wo der Volksmund das Schiff Mooskuh nannte. Auf der Steinlechner-Werft in Utting erhielt sie ihre neue Gestalt. Das mondäne Lustschiff markiert den Höhepunkt im kurzen Leben des promovierten Mediziners Manfred Curry (1899 – 1953), es ist so ganz nach seinem Geschmack. Der Spross einer wohlhabenden amerikanischen Familie irischer Abstammung, die aus Boston nach Riederau zugewandert war, kann tun und lassen, was ihm Spaß macht. Er liebt schöne Frauen und den

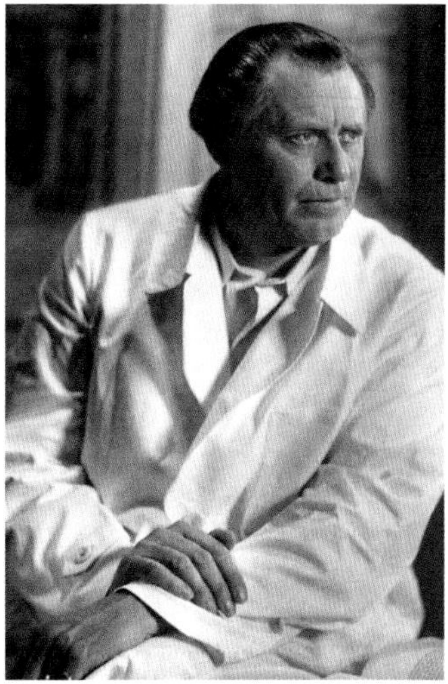

Manfred Curry war ein unkonventioneller Mediziner und erfolgreicher Binnensegler.

Erfolg. Und den hat er reichlich. Bis heute ist Curry Deutschlands erfolgreichster Binnensegler. Er hat an etwa 1400 Regatten teilgenommen, die er meist gewann.

Das Geheimnis seiner seglerischen Fähigkeiten liegt in seinem unermüdlichen Forscherdrang. Der treibt ihn, zunächst die Segeltechnik zu verbessern. Der Tüftler erfindet die nach ihm benannte Curry-Klemme, heute Standard auf jedem Segelboot, um Taue schnell belegen und wieder frei schlagen zu können. Als Erster kommt der Tausendsassa auf die Idee, Segel mit durchgehenden Latten zu versehen. Das verbessert die Aerodynamik. Mit solchen Profilsegeln rüstet er seine 22-Quadratmeter-Jolle Aero aus. Dazu konstruiert er einen völlig neuartigen fischförmigen Rumpf, der das Boot deutlich schneller macht. Curry fährt der Konkurrenz auf und davon. Flugs sprechen sich die Erfindungen herum, die heute aus dem Segelsport nicht mehr wegzudenken sind. Sogar aus den USA erhält Steinlechner Aufträge für die 22er Jolle mit den »Currysegeln«. Sein Wissen über Aerodynamik und Regattatechnik legt Curry in Fachbüchern nieder, die zu internationalen Bestsellern werden und lange Zeit als Standardwerke gelten. Eine weitere Erfindung des Genies ist die »Curry-Bremse«. Kippbare Anstellplatten werden am Heck einer Jolle per Seilzug quer zur Fahrtrichtung ins Wasser geklappt. Im Nu steht das Boot. Beim Startschuss zu einer Wettfahrt nimmt Curry auf diese Weise die optimale Luv-Position direkt an der Startlinie ein. Nach heftigen Protesten der Konkurrenz wird die Bremse jedoch alsbald verboten. Dasselbe Prinzip ist in Form der Landeklappen an den Flugzeugen gang und gäbe.

Daneben experimentiert der Erfinder mit drehbaren, aerodynamischen Masten und neuen Rümpfen, stellt in Dessau ganze Boote in Professor Hugo Junkers Windkanal, arbeitet mit Rauch und Wollfäden, um die Richtung der Windströmungen festzustellen. Erkenntnisse aus der Aerodynamik des Flugzeugbaus und den Prinzipien des Auf- und Abtriebs bei gewölbten Flächen überträgt er aufs Segeln. Denn ein Segel ist nichts anderes als ein aufgestellter Flügel. Der Auftrieb wird so zum Vortrieb. Der rastlose Forscher beschränkt sich aber nicht nur auf Schiffe und Segel, sondern entwirft bei seinen Windkanalversuchen quasi nebenbei eine Stromlinienkarosserie, die, lange vor der Zeit, dem späteren Citroën DS täuschend ähnlich sieht. Curry ist auch ein begeisterter Fotograf, produziert mehrere Fotobände und Filme, hat eine Vorliebe für den Zirkus und als durchtrainierter Sportler für Eiskunstlauf.

Die Scheidung von seiner ersten Frau und der Tod des Vaters während einer Regatta 1936 auf seinem Boot werfen das Multitalent aus der Bahn. Curry lernt dann Maria

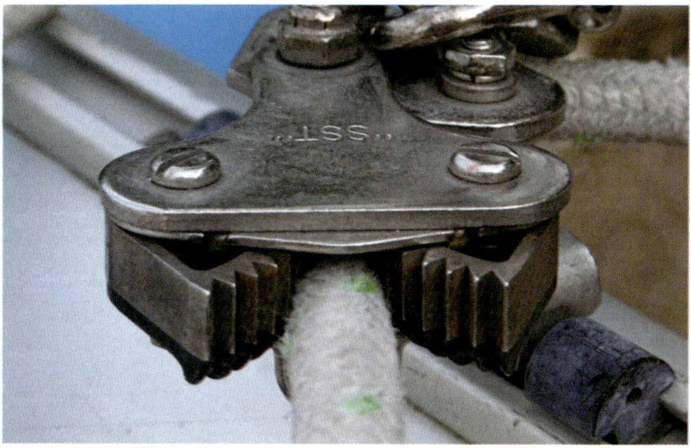

Von Segelbooten heutzutage nicht mehr wegzudenken: die Curry-Klemme zum Belegen von Schoten.

Hester kennen, eine Operettensängerin und Schauspielerin. 1938 heiraten sie. Ein Jahr später wird Tochter Sylvia geboren, 1942 der Sohn Charles Manfred. Als sich Currys Gesundheitszustand verschlechtert, bereits als junger Mann hatte er Leberprobleme, befasst sich der promovierte Arzt mit neuartigen Heilmethoden, die auch ihm helfen sollen. 1937/1938 engagiert er den jungen Physiker Karl Dirnagl aus München, er wird sein engster Mitarbeiter. Ganz schnell ist Curry wieder mitten in der neuen Lebensaufgabe. Er gründet das »Medizinisch-Bioklimatische Institut Riederau am Ammersee«. Ein kleines Haus wird umgebaut und mit Labor und einer »Klimakammer« ausgestattet. Dort gewinnt das Team viele neue Erkenntnisse über die Wirkung des bodennahen Ozons, für die Currys Patienten und in der Hauptsache seine Familie, alle Hausgenossen und Freunde als Probanden dienen. Von Anfang an wird für die spätere Veröffentlichung sorgfältig protokolliert. Die vielen neuen Erkenntnisse sind das beste Futter für seine Fantasie.

»Für jeden, der einmal hineingerochen hat, sind die gemeinsam gemachten Erfahrungen zur Selbstverständlichkeit geworden«, erzählte Currys ehemalige Sekretärin Marianne Schaake, die 2012 im Alter von 90 Jahren in Dießen starb. Sie war sich damit einig mit den »W-Typen«, die auf Warmfronten reagieren, ebenso wie mit den »K-Typen«, denen es bei Kaltfronten schlechter geht, oder auch den »G-Typen«, den gemischten Typen, deren Befinden von beiden Wetterlagen beeinträchtigt werden kann. Marianne Schaake kam 1943 im Alter von 21 Jahren ins Curry-Haus und blieb als Sekretärin bis zu dessen Tod 1953 in seinen Diensten. Anschließend arbeitete sie für Currys Frau und Dr. Hans-Adolf Hänsche, der als Freund 1955 die Leitung der Manfred-Curry-Klinik übernommen hatte. »Curry war ein sehr warmherziger und humorvoller Mensch«, erinnerte sich

Marianne Schaake. Sogar beim Zahnarzt saß die Sekretärin daneben, um mitzuschreiben, wenn ihm gerade etwas einfiel. Curry befasste sich auch mit Erdstrahlen, überzog den Globus mit einem Gitternetz und suchte nach dem optimalen Platz für die Betten im Schlafzimmer. Themen, die heute sehr geläufig sind.
Nach Currys Tod richtet seine Frau in dem Familiensitz am südlichen Riederauer Ortseingang eine Klinik ein, die nach den bioklimatischen Erkenntnissen Currys arbeitet. In jedem Zimmer lässt sich das für den Patienten passende Klima erzeugen. »Die schönen Räume des früheren Privathauses mit dem Blick auf den sanft gewellten Ammersee aus vielen riesigen Fenstern dienen jetzt den Besuchern dieser Traumklinik zum Aufenthalt«, schreibt *Die Zeit* zur Eröffnung im Jahr 1955. Später wird aus der Klinik eine Pension. Prominentester Gast ist in den 1960er Jahren Zita, die österreichische Ex-Kaiserin und Mutter Otto von Habsburgs. Heute dient Manfred Currys herrschaftlicher Wohnsitz unter großen Buchen, der an die Häuser auf Cape Cod in Massachusetts erinnert, wo die Currys einst herkamen, der HypoVereinsbank als Fortbildungszentrum.

Und was ist aus dem »Tiger« geworden? Nach Currys zweiter Heirat war dessen Zeit abgelaufen. Nach dem Krieg hatte keiner mehr Sinn und Geld für solche extravaganten Späße. Die Jacht wurde endgültig verschrottet. Ein Zeitzeuge, der auch auf dem »Tiger« war und die Einrichtung »grässlich« fand, hat übrigens kein Guckloch gesehen, durch das man hätte ins Innere schauen können. War die »Nackerte« etwa nur Seemannsgarn? Das Badehaus, vor dem die Jacht lag, hat Maria Curry in den 1950er Jahren zu einem Restaurant umgebaut. Sie nannte es »Currys Inn«. Heute heißt es »Seehaus« und wirbt für sich, eines der schönsten Restaurants am Westufer des Ammersees zu sein.

Die Sommerfrische der Revolution

Am Ammersee finden Kommunisten Unterschlupf, erholt sich ein Kämpfer für die Unabhängigkeit Irlands, unternehmen Nazi-Gegner Schießübungen

Wenige wissen heute noch, dass das Ammersee-Westufer bis hinüber nach Fischen zu Zeiten der Münchner Räterepublik und den Wirren danach bis zur Machtergreifung der Nationalsozialisten ein wichtiges Rückzugsgebiet für Mitglieder der revolutionären Bewegung und Gegner des Nazi-Regimes war. Für ihre zutiefst humanitäre Überzeugung ließen sie sich quälen, einsperren und riskierten den Tod, ohne von ihrem Weg abzuweichen. In der Bevölkerung fanden sie meist wenig Rückhalt, sie stießen vielmehr auf offene Feindschaft. Die liebliche Gegend steht in scharfem Kontrast zum Wüten der Freikorps und später der Gestapo. Ein Konzentrationslager mit hunderten ausgemergelter jüdischer Häftlinge im schönen Utting erscheint heute fast unvorstellbar (Siehe »Tod durch Arbeit«). Und doch ereigneten sich diese Gräuel quasi vor der Haustür.

In akribischer Kleinarbeit legt der 1953 in München geborene Maler, Autor und Übersetzer Egon Günther in seinem Heimatbuch »Bayerische Enziane« die verwischten Spuren frei. Günther beschreibt unter anderem das Schicksal Gabriele Kaetzlers und ihrer Familie. Sie nahm in ihrem bescheidenen Heim in Riederau immer wieder wichtige Exponenten der revolutionären Szene auf, die als glühende Kriegsgegner von der Obrigkeit verfolgt wurden und untertauchen mussten. Zeit ihres Lebens hat sich Gabriele Kaetzler trotz eigener großer Entbehrungen leidenschaftlich für die Menschlichkeit eingesetzt. Ihre sechs Kinder erzieht sie in liberalem Geist, sie tragen die Botschaft der Mutter weiter. Dießen ist damals kein so rückständiger Winkel, wie man vielleicht denken mag. Der SPD-Ortsverein stimmt einstimmig für die Verteidigung der Räterepublik. Während der Weimarer Republik existiert in Dießen sogar eine Ortsgruppe der KPD mit etwa 40 Mitgliedern. In »Bayerische Enziane« findet auch eine Widerstandsbewegung gegen dic Nazis in Fischen am Südufer des Ammersees Erwähnung. 1942 hebt die Gestapo in einem Wochenendhaus ein Waffenlager aus: Mehr als 10 000 Schuss Munition, sechs Gewehre und 25 Revolver und Pistolen. Unter dem Namen »Neu beginnen« hatten sich dort der Arbeiterbewegung nahestehende Hitler-Gegner aus dem südbayerischen und österreichischen Raum getroffen und sogar ihren Urlaub dort verbracht. Man plante Sabotageaktionen und führte im Wald Schießübungen durch.

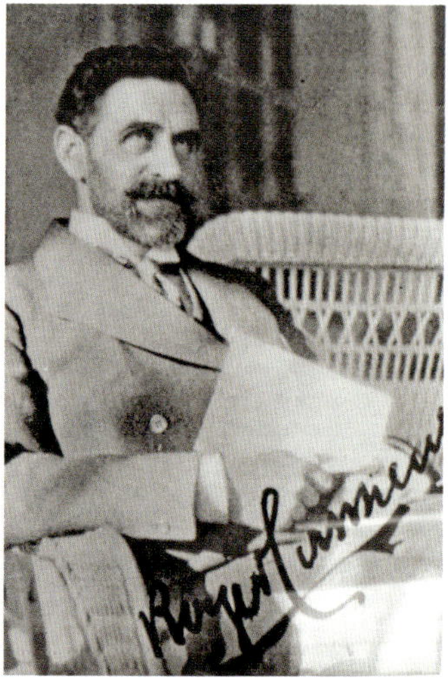

Der irische Freiheitskämpfer Sir Roger Casement verbrachte einen Sommer am Ammersee.

Durch eingeschleuste Spitzel flog die Gruppe schließlich auf, 200 Personen wurden verhaftet, einige hingerichtet, andere zu Zuchthausstrafen verurteilt. Keine andere Gruppe hat es in Bayern geschafft, schreibt Günther, sich so lange, fast ein Jahrzehnt, im Widerstand gegen das totalitäre NS-Regime zu halten.

Tragisch verläuft schließlich das Schicksal des Sir Roger Casement. Sein Fall stößt sogar heute noch auf Empfindlichkeiten. Während des Ersten Weltkriegs, im Sommer 1915, wohnt der Anglo-Ire im Gasthof »Sigl« in Riederau. Casement, 1864 in Dublin geboren, ist ein Mensch mit einem unbändigen Freiheitsdrang. Im Auftrag der Krone deckt er die brutale Ausbeutung der Sklaven in Belgisch-Kongo auf, bei der Millionen Menschen umkommen. Casements Bemühungen ist es zu verdanken, schreibt Günther, dass die restliche Welt von diesem großangelegten Massenmord mehr als nur Gerüchte erfuhr. Gleichermaßen macht Casement im konsularischen Dienst auf Gräueltaten und Morde einer britischen Gesellschaft an den Indios aufmerksam, die im Amazonasbecken unter unsäglichen Bedingungen das schwarze Gold – Kautschuk, gewinnen müssen. Mit seinen Berichten erringt Casement großes internationales Ansehen und wird in den Adelsstand erhoben. Schließlich engagiert er sich für die irische Freiheitsbewegung, sammelt Geld für den Ankauf von Waffen. Der Erste Weltkrieg ist gerade ausgebrochen, da reist er von Amerika nach Deutschland, um den deutschen Kaiser für den Kampf um die Unabhängigkeit Irlands zu gewinnen. Das ist Hochverrat gegenüber der britischen Krone. In München lernt Casement den wohlhabenden amerikanischen Iren Charles E. Curry kennen, Vater von Manfred Curry. Der holt ihn nach Riederau und bringt ihn im örtlichen Gasthof unter. Dort erholt sich der kränkelnde Gast von Ende Juni bis in den Herbst des Jahres 1915.

Vom erzwungenen Müßiggang zunehmend frustriert, hört er eines Tages, dass 20 000 Gewehre samt Munition mit einem Schiff von Deutschland nach Dublin geschmuggelt werden sollen, um dort an Ostern einen Aufstand gegen die Engländer zu unterstützen. Casement überredet die deutsche Regierung, ihm ein U-Boot zur Verfügung zu stellen.

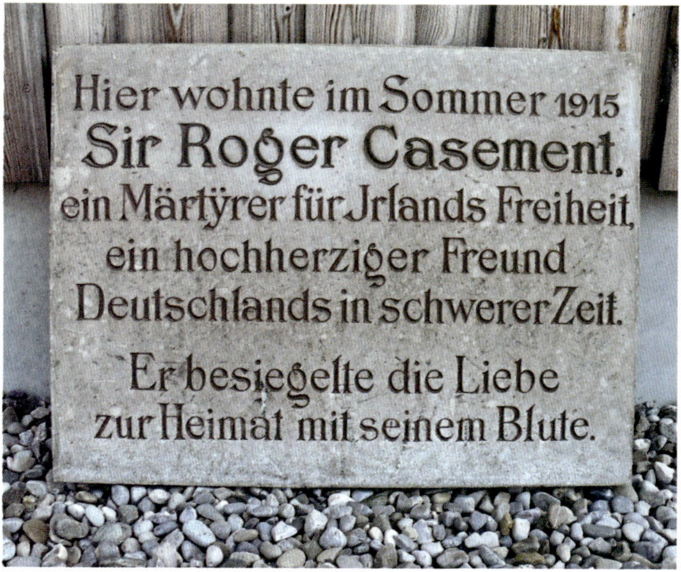

Am Gasthof »Sigl« erinnerte diese Steintafel an den berühmten Gast, bis das Gebäude abgebrochen wurde. Heute verstaubt die Platte in einem Depot in Landsberg.

Er will an der Westküste Irlands landen und den Waffentransport mit den Untergrundkämpfern koordinieren. In einem Schlauchboot wird er mit zwei Begleitern vor dem Banna-Strand ausgesetzt. Das Boot kentert jedoch, die drei müssen an Land schwimmen. Dort sollen sie eigentlich auf Boten der Untergrundkämpfer treffen, die sie mit einem Auto abholen wollen. Doch die kennen die örtlichen Bedingungen nicht und ertrinken in der einsetzenden Flut. Erschöpft und durchnässt erleidet Casement einen Schwächeanfall. Er versteckt sich, während die Begleiter Hilfe holen. Unterdessen wird aber das Schlauchboot entdeckt, finden Kinder Pistolen und Munition. Die Polizei wird alarmiert und findet Casement. Deutsche Fahrkarten erregen Verdacht, er wird festgenommen. Man findet seine Identität heraus, wenig später wird er nach England gebracht und zum Tod verurteilt. Obwohl sich prominente Zeitgenossen für ihn einsetzen, darunter Conan Doyle, John Galsworthy, Bernard Shaw und auch Charles Curry, wird Sir Roger Casement am 3. August 1916 gehängt. Als die Nachricht von Casements Tod an den Ammersee gelangt, werden die Fahnen am Riederauer Ufer auf Halbmast gesetzt.

Bis in die 1970er Jahre des vergangenen Jahrhunderts erinnert in Riederau eine Steintafel am Gasthof Sigl an den Aufenthalt des tragischen Helden. Nach dem Abbruch des Gasthofs wird sie in den Heimatstuben aufgestellt. Nach deren Schließung landet sie zusammen mit alten Pferdefuhrwerken und landwirtschaftlichen Gerät in einem Depot des Landratsamts im Gewerbegebiet von Landsberg am Lech. Im Jahr 2007 ergreift der Verschönerungsverein Riederau die Initiative. »Wir haben einen kleinen englischen Garten in Riederau«, erzählt die Vereinsvorsitzende Kathrin Gabriel, »ein Dießener Steinmetz wollte eine Stele stiften, da sollte die Tafel angebracht werden.« Doch der Marktgemeinderat von Dießen lehnt ab. Auch der Vorschlag eines Dießener Zinngießers, in Riederau eine Straße nach Sir Roger Casement zu benennen, findet keine Mehrheit. Zur Begründung heißt es in beiden Fällen, dies könne die Einwohner von Dießens englischer Partnergemeinde Windermere vor den Kopf stoßen. Ob es tatsächlich so ist, sei dahingestellt. Sicher ist dagegen, dass in Windermere im englischen Lake District, landschaftlich so anmutig wie der Ammersee, noch prächtige Villen stehen, in denen einst reiche Sklavenhändler ihr Geld angelegt hatten. Und auf dem Friedhof von Windermere sind »nette« Sklaven beerdigt, die das Wohlwollen ihrer Herrschaft erlangt hatten.

Von Riederau nach Dießen

Schade, aber das schöne Freibad beim Riederauer Anlegesteg der Ammersee-Schifffahrt muss links liegen bleiben, wenn wir unsere Radltour in Richtung Dießen fortsetzen wollen. Der Seeweg führt uns vom Bahnhof wieder schnurgerade entlang den Bahngleisen nach Süden. Wir nehmen uns nicht einmal die Zeit, im Restaurant »Seehaus«, dem früheren »Currys Inn« direkt am Ufer, auf einen Prosecco Platz zu nehmen. In unserem Radler-Dress würden wir ohnehin nicht in das vornehme Ambiente passen. Rechts oben am Hang liegen die alpenländisch anmutenden Bauernhöfe von Bierdorf. Für Kircheninteressierte lohnt ein kurzer Abstecher zur Bierdorfer Kapelle, die an der alten Römerstraße liegt. Bierdofer Bauern errichteten sie vermutlich um 1600. Sehenswert ist ein geschnitzter Renaissance-Altar aus der Weilheimer Schule. Sechs Bierdorfer Bauern retteten die Kapelle 1803 im Verlauf der Säkularisation vor dem Abbruch, indem sie das Kirchlein kauften.

Wieder unten am See, präsentieren sich spitzgiebelig die Holzhäuser zu unserer Linken. Eines von ihnen gehörte Professor Richard Trunk, dem Schöpfer der »Ammersee-Suite«, die 1950 in Dresden uraufgeführt wurde.

Wir fahren an der Bootswerft Mitterer vorbei und erreichen St. Alban. Nahtlos schließt sich an den geschäftigen Campingplatz und sein Seerestaurant das Seebad an. Den Biergarten lassen wir links liegen. Dafür nehmen wir uns Zeit für die Wallfahrtskirche St. Alban. Der Überlieferung nach geht sie zurück auf eine Gründung der heiligen Kunissa aus

»Willkommen in Dießen«, scheint diese flotte Badenixe dem verschwitzten Radler zuzurufen.

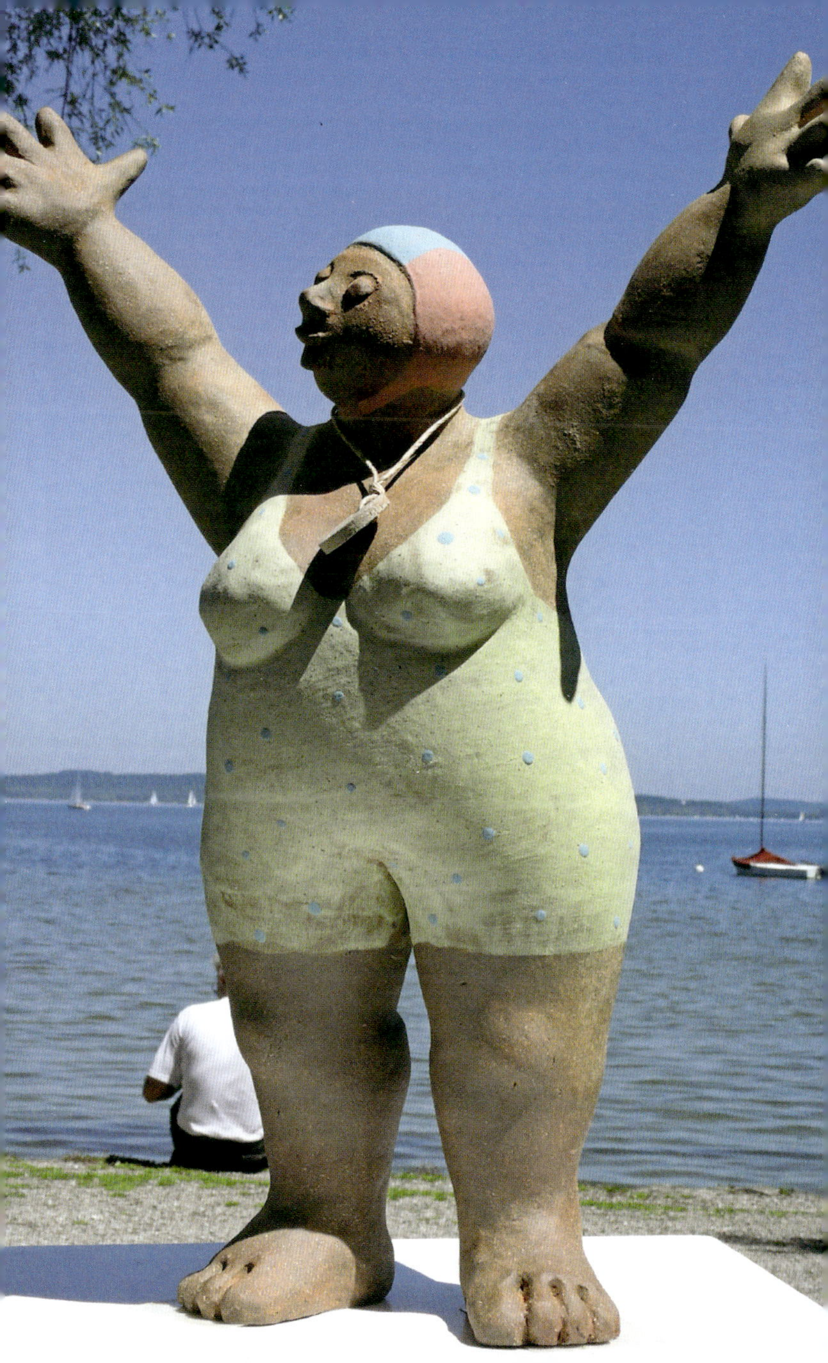

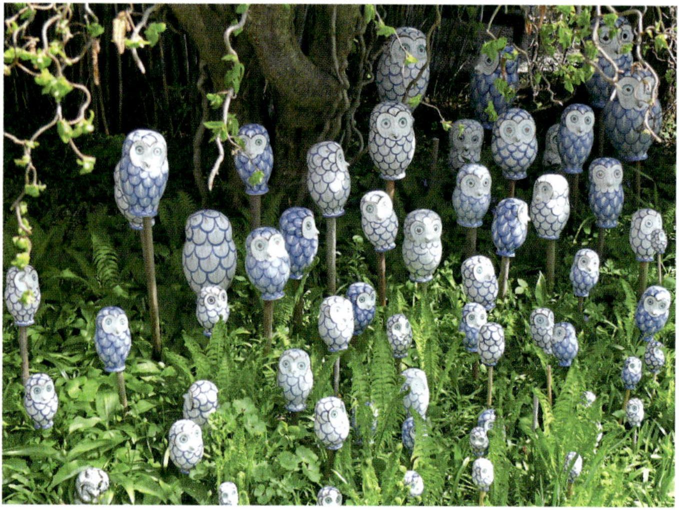

Eulen nach Dießen bringen hieße Eulen nach Athen tragen. Diese weißblauen Exemplare fanden wir im Garten der Keramiker-Familie Lösche am Kirchsteig hoch über Dießen.

dem Geschlecht der Grafen von Dießen und Andechs um das Jahr 1000. Chor und Turm lassen die ursprünglich gotische Bauanlage erkennen, die um 1770 in zierlichem Rokokostil erneuert wurde. Das Kirchlein war ein beliebtes Wallfahrtsziel. Man pilgerte zum heiligen Märtyrer Alban. Eine Figur des Heiligen steht in halber Höhe in einer dem See zugewandten Nische. Alban trägt seinen Kopf unterm Arm. Laut Heimatpfleger Gustl Empfenzeder war der Heilige Alban ein Priester, der vor allem in Oberitalien wirkte. 406 nach Christus wurde er in Mainz enthauptet. »Die Legende erzählt«, schreibt Empfenzeder, »dass er an der Hinrichtungsstätte vergeblich seine Peiniger um Wasser bat, da er vom Durst sehr gequält wurde. Doch man verweigerte ihm diese Bitte, und plötzlich sollen Quellen hervorgesprudelt sein, die seinen Durst löschten.« Erwähnt sei auch das alte Fischerhaus »Beim Lari« neben der Kirche. Auf dem weitläufigen Areal dahinter liegt das Benediktinerinnenkloster sowie das klösterliche Kinderheim St. Alban.

Das letzte Stück Wegs führt am neuen Ammersee-Gymnasium der Münchner Architekten Fritsch und Tschaidse vorbei, das sich harmonisch in die Landschaft einfügt. 2004 war Baubeginn, mit dem Schuljahr 2006/07 nahm die Schule ihren Betrieb auf. Die kühle Eleganz des Baus soll sich allerdings auf die Stimmung ausgewirkt haben.
Ein paar hundert Meter weiter südlich empfängt der Dießener Volksfestplatz den Radler. Dann kommt das Gelände des Dießener Segelclubs und der Ammersee-Segelschule. So gelangen wir zum Dampfersteg und dem Pavillon der Arbeitsgemeinschaft Dießener Kunst, die dort ihre Exponate präsentiert. Hier findet an Christi Himmelfahrt auch der bekannte Dießener Töpfermarkt statt.

Im Park fällt ein Denkmal ins Auge. Es erinnert an das Jahr 1188, als Berthold IV., Graf von Dießen und Andechs, seine Tochter Hedwig auf die Reise nach Schlesien geleitete. Vom 10. bis zum 12. Jahrhundert hatten die Grafen und Herzöge von Dießen-Andechs-Meranien ihre Stammburg in Dießen. 1132 verlegten sie die Burg nach Andechs. Aus ihr entstand später das berühmte Kloster. Diese bayerische Dynastie war mächtig und besaß viel Land. Es reichte bis zum Brenner, nach Dalmatien – daher der Beiname Meranien (Land am Meer) – bis nach Burgund. Hedwig, die in Andechs geboren worden war, heiratete Herzog Heinrich I. von Schlesien. Sie kümmerte sich so engagiert um Arme und Kranke in ihrem Land, dass sie noch heute als Heilige Verehrung findet. Nachdem das Geschlecht der Andechs-Meranier erloschen war, nahmen die Wittelsbacher deren Platz ein.

Die Hauptstadt des Ammersees

Ein Spaziergang durch Dießen zeigt, dass der Markt seine Beschaulichkeit bewahrt hat

Mit 11100 Einwohnern ist Dießen die größte Gemeinde und »Hauptstadt« der Ammersee-Region. 1231 wird der Ort erstmals als Stadt erwähnt, hervorgegangen aus der Gründung des Augustiner-Chorherrenstifts durch die Grafen von Andechs. Wenn auch in jüngster Zeit vieles abgerissen und neu gebaut wurde, »zu viel«, wie alte Dießener meinen, so hat der Markt doch seine Beschaulichkeit weitgehend bewahrt. Die prächtigen Bürgerhäuser in der Hauptstraße und das historische Rathaus zeugen von gutem Auskommen. Was stört, ist nur der nicht enden wollende Strom der Autos. Der See auf der einen und Naturschutzgebiete auf der anderen Seite verhindern den Bau einer Umgehungsstraße. Malerisch wirken die gedrungenen Häuschen und verwinkelten Gassen der »Fischerei«, der Mühlbach fließt an den Haustüren vorbei. Über allem thront majestätisch und weithin sichtbar das Marienmünster. Dießen, das sind auch die Keramiker und ihr großer Töpfermarkt an Christi Himmelfahrt, das sind die Zinngießer und natürlich Carl Orff (1895 bis 1982), der von 1955 an bis zu seinem Tod hier lebte und wirkte. Wir nehmen uns ein paar Stunden Zeit, um dem Genius loci auf einem Spaziergang nachzuspüren.

Eingeklemmt zwischen See und Kloster, blieben als Haupteinnahmequellen Dießens der See, das Holz und das Wasser der Bäche für die Energiegewinnung. Daneben fuhr ein gutes Dutzend Fischer auf den See hinaus. Die Dießener bestritten ihren Lebensunterhalt früher mit dem Verkauf von

Hafnerwaren und Zinnfiguren, welche Taglöhner überall hin vertrugen. Dank des Klosters hatte sich eine starke Handwerkstradition herausgebildet. Seit dem Mittelalter entstanden Hafnereien und Papiermühlen, Gerbereien und Färbereien, Kugel-, Waffen- und Hammerschmieden, Zinngießereien und Glasereien. Dampfschiffe und Ammerseebahn kurbelten erst Ende des 19. Jahrhunderts den Fremdenverkehr an. 1991 wurde das Carl Orff-Museum an der Hofmark 3 eröffnet. Groß und Klein schauten hier dem Schöpfer der Carmina Burana und des Schulwerks über die Schulter. »Orff will anregen, selbst Musik zu machen und zu erfinden«, erläutert Kristina Gerhard, die das Museum betreut; und so durften die Besucher nach Herzenslust

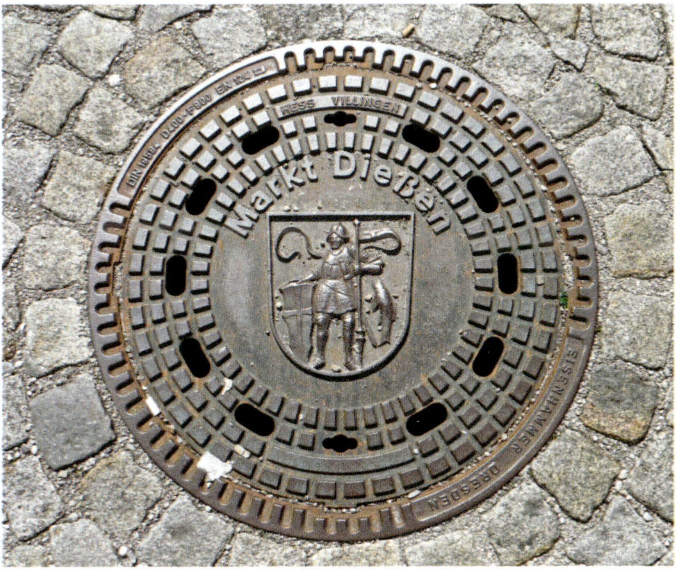

Dießen ist ein Markt, der etwas auf sich hält. Das demonstrieren schon die Gullydeckel mit dem Stadtwappen.

Instrumente ausprobieren. Daneben informierten Text- und Bildtafeln über den Komponisten, und viel Musik gab's auch. 2022 machte das Museum nach der Winterpause nicht wieder auf. Doch damit ist die Geschichte von Carl Orff am Ammersee nicht zu Ende. Im ehemaligen Wohnhaus des Komponisten Am Ziegelstadel 1 in Dießen/St. Georgen entsteht ein neues Zentrum, das dauerhaft für Musik- und

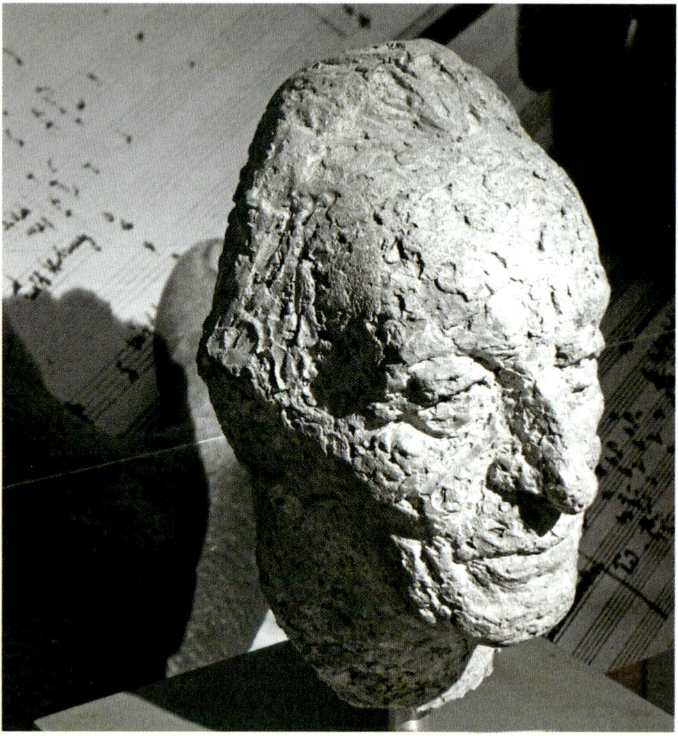

Dießen ist eng mit dem Komponisten Carl Orff verbunden, der hier von 1955 bis zu seinem Tod 1982 lebte und wirkte. Beigesetzt ist er in der Andechser Klosterkirche.

Theaterbegeisterte geöffnet ist. »Derzeit wird fleißig geplant«, sagt Gerhard, »und wir nutzen die Zeit des Umbruchs, um Neues auszuprobieren.« Dazu gehören Workshops für Schulklassen, Lesungen, Konzerte. Nicht zuletzt auch das beliebte »Auf zu Orff«, ein geführter Spaziergang zu Orffs Haus. Im Arbeitszimmer sind sein Schreibtisch und der Flügel zu sehen, auf dem die weltberühmte »Carmina Burana« komponiert wurde.

Auf der Suche nach der alten Handwerkerkunst des Pfaffenwinkels fällt uns in der Herrenstraße ein altes, bemaltes Haus auf. Die kunstvoll geschnitzte Holztüre öffnet sich und gibt den Weg frei in eine bunte Welt der besonderen Art: die Kleinzinngießerei der Babette Schweizer. Seit ihrer Gründung an Weihnachten 1798 befindet sich die Zinngießerei schon in diesem Haus. »Sie gilt auch als älteste Zinn-Christbaumschmuck-Manufaktur der Welt«, erzählt Gunnar Schweizer im gemütlichen »Zinn-Café« im rückwärtigen Teil des Hauses. Die Augen kommen kaum nach mit dem Schauen. Überall Vitrinen voller Miniatur-Kunstwerke, fesche Trachtler, die um einen Maibaum tanzen, so wie in echt die Mitglieder des Heimat- und Trachtenvereins d'Ammertaler. Komplette ländliche Prozessionen, stolze Dampfschiffe, und, und, und. Der ehemalige Papst Benedikt und sein Bruder Georg gehörten zur Kundschaft. Sie haben kleine Schifferl und Devotionalien erstanden. »Die dürft's jetzt nimmer verkaufen, die gehören bei uns ins Museum, hätten die Marktler gefordert«, sagt der Zinngießer-Meister und lacht. Bereits seit 1469 wird in Dießen Zinn gegossen. Die Zinngießer hießen damals Kreuzl- und Bettermacher. Um 1870, 1880 herum waren Zinnspielwaren das Hauptgeschäft. »Wir haben aber kaum Soldaten gemacht, die unseren waren Pazifisten«, betont Schweizer, der in der Ammerseegemeinde als kritischer Geist bekannt ist.

Weiter führt der Weg hinauf zum Marienmünster, einem besonderen Ort. In seiner weiteren Nachbarschaft erhob sich einst auf dem Schatzberg die Burg der Andechs-Meranier. Auf der Empore der früheren Stiftskirche erwartet uns bereits der jugendlich-dynamische Dekanatskantor und Organist Franz Günthner, der inzwischen Dießen verlassen hat. Wir dürfen auf den harten Stühlen der einstigen Augustiner-Chorherren Platz nehmen und lassen die Pracht des Barocks auf uns wirken. Die Besten ihrer Zeit waren am Werk, als die Kirche 1732 bis 1739 auf Betreiben des Propstes Herkulan Karg entstand: Baumeister Johann Michael Fischer, François Cuvilliers, der den Hochaltar entworfen hat, einen der größten Deutschlands. Der Altar birgt eine Mysterien-Bühne, früher das »Kino des kleinen Mannes«, auf der je nach Kirchenfest lebensgroße Figuren die Szenen darstellen. Über Handkurbeln werden Kulissen und das riesige Altarbild von Balthasar Augustin Albrecht (1687–1765) bewegt. Die prächtig ausgemalte Kuppel über dem Altar, der berühmte »Dießener Himmel«, ist ein Werk Johann Georg Bergmüllers. Hier hat er sie alle vereint, die 28 Heiligen und Seligen der Andechs-Meranier. Die Stuckaturen schufen die Gebrüder Feichtmayr. Zwei Seitenaltäre mit Bildern der Venezianer Tiepolo und Vittoni hat Johann Baptist Straub entworfen, Erasmus Grasser eine Petrusstatue. Übrigens ist es saukalt in der Kirche. Sie hat immer die gleiche Temperatur wie der See. Welchen Musikwunsch wir denn hätten, fragt der Kantor. Nun, was spielt man in diesem ehrwürdigen Gotteshaus, dessen vorzügliche Akustik sogar den Dirigenten Leonard Bernstein an den Ammersee lockte? 1988, zwei Jahre vor seinem Tod, spielte er Mozarts Requiem ein. Also, was schlagen wir vor, am besten Bach, oder? Da schlägt Günthner längst die Orgel, spielt ein Thema, variiert es und lacht dabei spitzbübisch. Ist das nicht . . . ?, natürlich, das ist die Titelmelodie aus der Fernsehserie Dallas.

Vom Münster sind es nur ein paar Schritte zur Familie Lösche am Kirchsteig auf dem Hafner- und Prälatenhügel. Ihr Name ist fast ein Synonym für die Dießener Keramik. Wegen der Tonvorkommen hat sie sich in dieser Ecke des Ammersees etabliert. Die Lösches sitzen quasi auf Dießens Keramik-Geschichte, denn ihre Häuser und Brennöfen stehen genau dort, wo bereits vor 300 Jahren Hafner am Werk waren. Senior Ernst Lösche, Jahrgang 1923, ein anerkannter Keramikforscher, brauchte deshalb für seine Ausgrabungen gar nicht weit zu gehen. Tonnen von Tonscherben lagern in den Werkstattbruchgruben der Vorgänger unter der Erde. Im hauseigenen Museum lässt sich die Entwicklung nachvollziehen. »Die Blütezeit der Fayence in Dießen war von 1631 bis 1680.« Vor einem alten Brennofen aus Tuffsteinen erläuterte Ernst Lösche die komplizierten Brenntechniken:

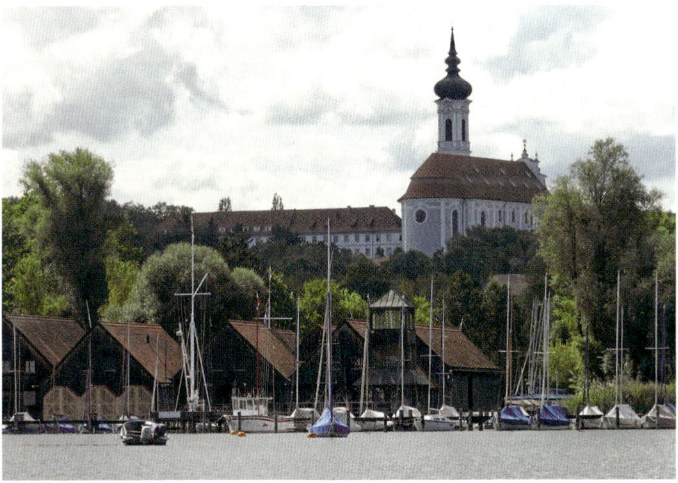

Das Marienmünster thront stolz und erhaben über Dießen. Im Umgriff des früheren Augustiner-Chorherrenstifts stand einst die Burg der Andechs-Meranier.

Die reduzierende mit viel Brennmaterial und wenig Sauerstoff ergibt den typischen »Dießener Schwarzbrand«, die seit Jahrtausenden übliche oxydierende Brennweise eine rötliche Keramik. Dominierend sind jedoch immer noch die weißblauen Fayencen. Ernst Lösches Stimme ist für immer verstummt. Er starb 2010 im Alter von 87 Jahren.

»In der Barockzeit prangten christliche Malereien auf den Krügen«, erläutert Wolfgang Lösche, der in die Fußstapfen des Vaters getreten ist und den alljährlichen Töpfermarkt leitet. »Der Marienkult spielte in Dießen eine besondere Rolle.« Nachdem die beiden Lösches so bewandert sind, war es nicht verwunderlich, dass 2008 ein Münchner Kunstauktionator mit einem alten Fayence-Krug nach Dießen reiste und um Begutachtung bat. Schnell war klar: Der Krug ist mehr als 300 Jahre alt und stammt aus dem Hafner-Anwesen am Kirchsteig. Bei der Versteigerung hielt sich die Fachwelt zurück und so konnte Bürgermeister Herbert Kirsch den Krug für einen fünfstelligen Betrag glücklich »nach Hause« holen. In einer Vitrine im Rathaus ist die Rarität zu besichtigen.

Die Geschichte einer unerwiderten Liebe

Wie der Simplicissimus-Karikaturist Th.Th. Heine in Dießen eine neue Heimat fand, jedoch nicht heimisch wurde und schließlich vor den Nazis flüchten musste / Von Sabine Bader

»Bitte, wo finde ich das Haus von Th. Th. Heine?« »Von wem?«, heißt es statt einer Antwort. »Von Thomas Theo-

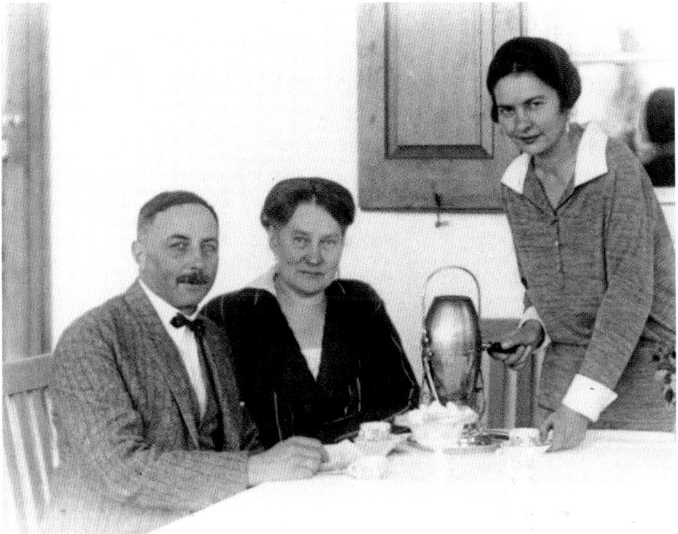

Th.Th. Heine mit Frau Magdalena und Tochter Johanna beim Kaffeetrinken auf der Terrasse seines Hauses in Dießen.

dor Heine, dem bekannten Karikaturisten und Mitbegründers des Simplicissimus, dem Mann, der die roten Bulldoggen erfunden hat.« Statt einer Antwort: »Und das soll auf dem Grundstück des Augustinums stehen?« Die Dame im Foyer der Seniorenwohnanlage in Dießen ist irritiert. Eine ältere Frau schaltet sich ein. »Da gehen Sie mal schön durch den Park. Am südwestlichen Ende steht ein Tor. Von dort führt ein schmaler Pfad zu Heines Haus. Es steht nicht mehr, aber die Bulldoggen werden Sie finden und eine Gedenktafel.« Die Geschichte von Th. Th. Heine und der Marktgemeinde am Ammersee gleicht einer unerwiderten Liebe: Bis zu seinem Tod wird Dießen der Inbegriff von Heimat für den Sohn eines jüdischen Fabrikanten aus Leipzig bleiben. Eine Heimat, die ihn letztlich aber ablehnte.

Im Sommer 1912 ist noch alles anders. Heine kommt mit seiner Frau Magdalena und seiner 16-jährigen Tochter Johanna zum ersten Mal an den Ammersee. Die drei mieten ein Landhaus in St. Alban und fühlen sich rundum wohl. Der Aufenthalt scheint Heine so gut gefallen zu haben, dass er kurz darauf ein Grundstück am Dießener Ortsrand erwirbt, das er drei Jahre später durch den Kauf eines Nachbargrundstücks, auf dem sich ein nicht mehr genutzter Bierkeller mit massiven Gewölben aus der Barockzeit befindet, noch vergrößert. Heine ist begeistert: Er fängt Forellen aus dem Tiefenbach, baut Gemüse und Obst an, hält Hühner und züchtet Möpse. In Briefen spricht er stolz von seiner »Idylle«. Da die Familie jedoch von schöner Landschaft und guter Luft nicht leben kann, fährt er einmal pro Woche mit dem Zug nach München in die Redaktion des Simplicissimus, um dort die bissigen Illustrationen mit den scharfzüngigen Texten abzuliefern, die er in seinem Dießener Atelier verfasst hat. Dass die Mächtigen auf Satire besonders empfindlich reagieren, hat Heine zu diesem Zeitpunkt längst erfahren: So hatte ihm eine Karikatur über Kaiser Wilhelm II. schon 1899 ein halbes Jahr Festungshaft wegen »Majestätsbeleidigung« eingebracht.

Doch auch etlichen Dießenern dürfte die feine Ironie der beiden Worte entgangen sein, die Heine der Überlieferung nach auf ein Schild an seinem Zaun pinselte: »Fußangeln und Selbstschüsse!« In seinem Heim inmitten eines weitläufigen Parks fühlt sich der Künstler in jenen Tagen zwischen Biedermeiermöbeln, Antiquitäten, echten und gezeichneten Möpsen pudelwohl. Am Dorfleben nimmt die Familie allerdings so gut wie nie teil. »Die Bevölkerung dieser Gegend ist durch den Krieg auch ziemlich gefährlich geworden, obgleich die Proleten jetzt mehr Geld haben als wir, sind die aus Argwohn immer noch neidisch ...«, schreibt er 1921 an den Grafiker und Schriftsteller Alfred Kubin. Er sollte recht behalten. Nach der Reichstagswahl 1933 hat Heine in Dießen keine ruhige Stunde mehr. Von einer Redaktionssitzung am 28. März traut er sich nicht mehr heim. Er taucht unter. Wie sich herausstellt, in letzter Sekunde. Denn einem Freund berichtet er: »… nachts um drei Uhr waren die Nazis mit Stahlruten und Peitschen gekommen, um mich aus meinem Haus in Dießen zu holen, zu misshandeln und fortzuschleppen.«

Am 1. April erscheinen Heines letzte Zeichnungen im Simplicissimus. Kollegen wie Eduard Thöny, Karl Arnold und Olaf Gulbransson sollen sich laut dem Historiker Thomas Raff sofort von ihm abgewendet und erklärt haben, sie seien durch den »Juden Heine« zu ihrer antinationalsozialistischen Haltung verführt worden. Heine versteckt sich unterdessen bei Freunden in München und Hamburg. Über Berlin reist er schließlich nach Prag – ins Exil. Mehrfach versucht er seine Familie zur Emigration zu überreden. Doch seine kränkelnde Frau fühlt sich einem Neuanfang in der Fremde nicht gewachsen, und beider Tochter Johanna bleibt an ihrer Seite. Dabei wird es gerade für sie, trotz der »arischen« Mutter, immer gefährlicher. Im Juni rückt die Gestapo in Begleitung eines SA-Trupps erneut in Dießen an, durchsucht Heines Haus, beschlagnahmt Wertsachen und nimmt Johanna vorübergehend fest. Zudem treibt der NSDAP-Ortsgruppenleiter die Enteignung des Besitzes voran, in dem er in einem Brief an seine Vorgesetzten behauptet, die Frauen würden sich »volksschädigend« verhalten und ließen das Grundstück »vollkommen verrotten«.

Im Ausland ersinnt Heine, der dies befürchtet, einen Plan: Er versucht, seine Frau pro forma zur Scheidung zu überreden. So könne sie als »Arierin« das Grundstück für sich beanspruchen, sagt er. Doch Magdalena lehnt brüsk ab. In Prag ist Heine inzwischen auch nicht mehr sicher, er flieht nach Oslo. Unterdessen treiben die Nazis seine Familie vollends in die Isolation und – was noch schlimmer ist – in materielle Not: Ihr Auto wird beschlagnahmt, Bargeld ist ohnehin so gut wie keines vorhanden. Eine Weile können sich Mutter und Tochter noch durch den Verkauf von Kunstge-

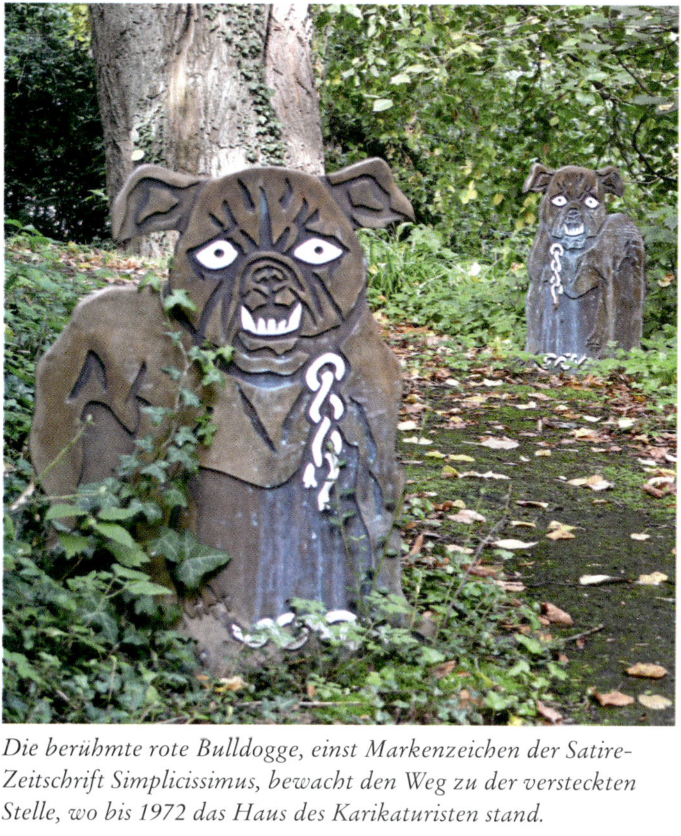

Die berühmte rote Bulldogge, einst Markenzeichen der Satire-Zeitschrift Simplicissimus, bewacht den Weg zu der versteckten Stelle, wo bis 1972 das Haus des Karikaturisten stand.

genständen über Wasser halten, doch bald ist auch dieses Geld aufgezehrt und sie müssen Haus und Grund beleihen. Im November 1938 sind die beiden Frauen wirtschaftlich und psychisch am Ende. Für 60 000 Reichsmark verkaufen sie ihren Besitz an die Marktgemeinde Dießen. Von dieser Summe, die ein Gericht später als »unrechtmäßige Entziehung« beurteilen wird, bleibt ihnen nach Abzug der Schulden kaum etwas übrig. Mangels einer festen Bleibe ziehen sie in die Pension »International« in der Münchner Königinstraße. Im Oktober 1939 stirbt Heines Frau an einer Lungenembolie. Seine Tochter Johanna trägt sich nun mit Auswanderungsgedanken. Sie will zum Vater nach Norwegen. Noch bevor sie alles in die Wege leiten kann, stirbt auch sie im Frühjahr 1942 nach einer Operation an Herzversagen.

»Nun wird die Welt immer öder und leerer. Draußen ist Frühling und strahlende Sonne, doch sie scheint ihr nicht mehr, und es kommt mir vor wie kalter Herbstnebel …«, schreibt der trauernde Heine an Kubin. Als die Deutschen Norwegen besetzen, muss er erneut fliehen – diesmal ins angrenzende Schweden. In Stockholm verbringt Th. Th. Heine seine letzten Lebensjahre. Es sind nicht seine schlechtesten: Als er im Januar 1948 stirbt, ist er schwedischer Staatsbürger und ein angesehener Künstler.

Einige Dießener machten sich nach Heines Tod dafür stark, dem renommierten Künstler ein Andenken zu bewahren und traten für den Erhalt seines Hauses ein. Doch es gibt auch Beschwerden über das heruntergekommene Anwesen – wie schon einmal –, der Abbruch wird gefordert. An Pfingsten 1967 wird das kleine Atelierhaus abgebrochen, quasi zu seinem 100. Geburtstag. Das ehemalige Wohnhaus folgt 1972.

Zu Gast bei Baron Schacky

Von Oberbayerns schönster Kuhweide zum Landschaftspark der Gründerzeit

Seit geraumer Zeit hat Dießen ein weiteres Wahrzeichen: den Schacky-Park. Das ist kein neues Gewerbegebiet, sondern ein romantischer Landschaftsgarten am südlichen Ortsrand. Lange Jahre grasten Kühe in der verwilderten Anlage. Inzwischen lockt der »Schacky-Park« Touristen an, und die Dießener sind richtig verliebt in ihren Landschaftsgarten. Der Förderkreis Schacky-Park hat das Vermächtnis des Ludwig Freiherrn von Schacky auf Schönfeld (1849 bis 1913) mit seinen verfallenen Parkarchitekturen, Brunnen und Dekorationen aus der Zeit um 1900 zu neuem Leben erweckt.

Der Freiherr, königlicher Kämmerer und Oberstleutnant a. D., lebt mit seiner Frau Julia in München, als er 1903 etwa 19 Hektar Wiesen in Dießen erwirbt. Mit seinem Gärtner legt er einen der wenigen Landschaftsparks am Westufer des Ammersees an. Verschlungene Wege führen zu einem Teehaus, das ostasiatisch anmutet, und zu einem Monopteros. Einen künstlichen Teich zieren Kaskaden, eine Fontäne steigt auf. Ungewöhnlich für die damalige Zeit ist die elektrische Beleuchtung entlang der Wege. Will der exzentrische Freiherr eine Landpartie in seinen Park unternehmen, gibt er vorher Bescheid. Bei der Ankunft des Paares am Abend ist alles festlich illuminiert.
1913 stirbt Schacky im Alter von 63 Jahren. Nicht weit vom Park, findet er in einem monumentalen Mausoleum auf dem Dießener Friedhof seine letzte Ruhe. Von 1921 bis 1933 gehört der Park dem »Bauerndoktor« Georg Heim (1865 bis 1938), einem bayerischen Agrarpolitiker. Danach erwerben

ihn die Barmherzigen Schwestern vom Heiligen Vinzenz von Paul. Sie nutzen das Gelände für ihre Landwirtschaft. Jahrzehntelanger Wildwuchs zerstört schließlich den Landschaftsgarten und seine Dekorationen. 1992 wird der Park in die Denkmalliste aufgenommen. Das rettet ihn vor der Bebauung. Als die Vinzentinerinnen Ackerbau und Viehzucht einstellen, pachtet die Marktgemeinde 2003 das historisch wertvolle Areal und vermietet es an den Förderkreis. Seit 2006 wird es nach den Richtlinien des Denkmalschutzes schrittweise rekonstruiert und fachkundig gepflegt.
Das ist gar nicht so einfach, denn es existieren keine historischen Pläne mehr. Vieles ist noch unter der Erde verborgen. Fragmente des Apollo gruben die Helfer ebenso aus wie Teile der Göttin Artemis, die, wieder nachgegossen, nun am ursprünglichen Platz steht. Ein unbekannter »Gott« wurde inzwischen im Gelände eines Reitvereins ausgegraben, ist aber immer noch unbekannt. Aus dem Archiv der Vinzentinerinnen bekam der Förderkreis die aus Kunststein geformten Köpfe des Homer und des Perikles. Vermutlich standen sie auf Stelen in einer Art Heldenallee zum Monopteros. Aber ehrenamtliche »Maulwürfe« stoßen nicht nur auf Bruchstücke der Götter. Die Erde gibt auch Fragmente der Baluster, der Podeste, der vielleicht 100 Vasenteile und der »chinesischen Lampen« am Teehaus frei. »Wir gehen als Gärtner rein

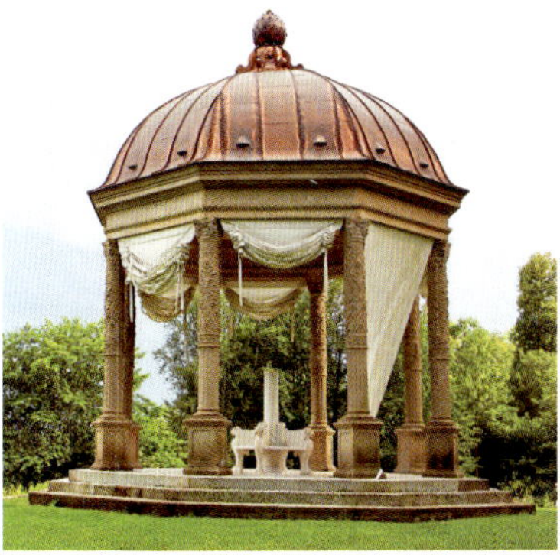

Zu den architektonischen Attraktionen des Schacky-Parks gehört der Monopteros.

und kommen als Archäologen raus«, beschreibt Christine Reichert, die zusammen mit Christl Bernhard an der Spitze des Förderkreises steht, die Arbeit. Die Damen greifen selbst zum Spaten oder holen anerkannte Experten an den Ammersee, um dem Schacky-Park sein ursprüngliches Aussehen wiederzugeben. Es gebe ein gutes Miteinander aller Beteiligten.

Ein interessantes Detail ist die elektrische Beleuchtung des Parks. Alle Steinplattenwege und das Obstbaumspalier stattete der Freiherr vor hundert Jahren mit elektrischem Licht aus. Damit keine Strommasten und Leitungen die fein komponierte Gartenanlage verschandeln, ließ Schacky die Kabel unter die Erde legen. Erdverkabelung war damals absolutes Neuland, wie Marion Ratz, Pressesprecherin des Vereins, im Ammersee Kurier schreibt. Denn es fehlte noch an geeignetem Isoliermaterial. Immer wieder fanden sich bei den Grabungen außer alten Kabelverbindungen gusseiserne Verteiler der Firma Kustermann. Die Lampen bestanden aus verzierten Steinguss-Vasen. In denen steckten schmiedeeiserne Mohnblüten, welche in der Blütenkapsel die Leuchter trugen. Geschmückt sind sie mit einem Relief, das Szenen aus dem trunkenen Zug des Dionysus zeigt. Die Lampen leuchten wieder. Gefördert wurde ihre Rekonstruktion mit 30 000 Euro aus dem Leader-Programm und von der Deutschen Stiftung Denkmalschutz. Und wieder mischte der Förderkreis kräftig mit: diesmal den Mörtel für die Sockel, auf denen die Lampen stehen.
Neun von 19 Hektar sind mittlerweile auf Vordermann gebracht. Neue Wege führen auch durch den südlichen, verwilderten Wald, wie es bei Schacky der Fall war. Für den ehrenamtlichen Förderkreis ein wagemutiges Unternehmen, findet Christine Reichert. Von den 600 Mitgliedern sind 60 aktiv. Pro Jahr leisten sie 5000 Arbeitsstunden. Was

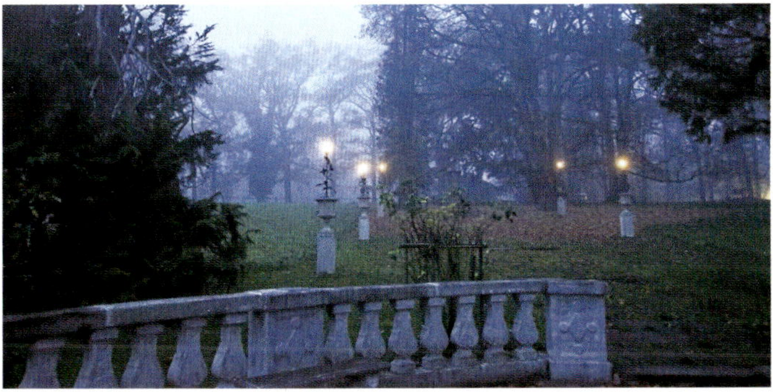

Eine geheimnisvolle Atmosphäre verleihen dem Park elektrische Lampen.

sie bereits geschafft haben, kann sich sehen lassen. Der Förderkreis Schacky-Park ist zu einem Vorzeigeprojekt ehrenamtlicher Tätigkeit gediehen.

Wer den Schacky-Park durchwandert, erlebt die Beschaulichkeit der Gründerzeit. Unser Rundgang beginnt an einem kleinen See mit Bootshaus, der sich idyllisch ins Gelände schmiegt. Ein Überlauf speist Kaskaden. Waldwege und Holzbohlenstege führen nach einem kleinen Fußmarsch zu einem Teehaus in fernöstlichem Stil mit Pagodendach und hölzerner Veranda. Auf den Besucher, der aus dichtem Wald auf die kleine Lichtung tritt, wirkt es geheimnisvoll. Früher bepflanzte man Orte mit dunklem Tann, um ihnen einen mystischen Charakter zu verleihen. An Orten der Begegnung, zum Beispiel Wegkreuzungen, wird das Grün hell und freundlich. Eine alte Adlerschwingeneibe bildet die Kulisse für eine verwunschene Grotte nahe dem Ententeich. Daneben steht das Entenhaus, ein rustikaler Holzbau, den man für private kleine Feiern mieten kann. Der Park bietet auch ein stimmungsvolles Ambiente für

intime musikalische Veranstaltungen. Kunstausstellungen finden im Teehaus statt.
Ausladende Laubbäume bieten Schatten und Schutz für Brunnenfiguren, etwa den Froschbrunnen. Über ihm erhebt sich schützend ein Baumriese. Der Delphin-Brunnen gibt sich heiter und unbeschwert, während ein Wasserbecken, in dem wieder die Statue des griechischen Gottes Apoll steht, den Eingang zum Apfellaubengang markiert. Es ist eine Kunstform des Jugendstils. Nach mathematischer Ordnung gepflanzt, orientiert sich das Wachstum der Apfelspindelbäume an Rankhilfen. Dazwischen befinden sich Nischen für Ruhebänke. Gartenbauingenieur Peter Kaun, der sich um den Baumbestand des Parks kümmert und Baum-Patenschaften vergibt, hat auch das Spalier in Form gebracht. Die Bäume tragen wieder. Die Ernte wird gepresst, der Apfelsaft auf dem Dießener Wochenmarkt angeboten.

Auf der Ostseite begegnet der Spaziergänger der »Neugierde« mit seiner Pergola. In der Mitte erhebt sich ein mächtiger Flussgott aus Marmor, der kraftvoll auf einem Tuffsteinfelsen thront. Die »Neugierde« weist auf die exponierte Lage nahe der Hauptstraße hin. Einst, so vermuten Heimatforscher, dürften die Schackys auf der von Heckenrosen umrankten Erhöhung den Tee eingenommen und ihre Gäste erwartet haben.
Am Ende lohnt sich der kleine Anstieg hinauf zum Monopteros, der von Weitem sichtbar ist. Das Säulen-Oktogon gilt als Herzstück und neben dem Teehaus als architektonische Attraktion des Schacky-Parks. Von allen Seiten führen Steinstufen hinein, ein wertvolles sternförmiges Mosaik ziert den Boden. Ausgerechnet hier, zwischen Vasen und Statuen, tummelten sich früher die Kühe am liebsten. In Dießen ist man sich deshalb sicher, dass sie es waren, die den Park vor einer Bebauung und Wildwuchs bewahrt haben.

Der Kapitän des Albatros

Stefan Marx steht an der Spitze der ältesten privaten Binnen-Segelschule Deutschlands in Dießen

Sein Markenzeichen ist die weiße Kapitänsmütze. Nicht mit goldenem Anker und dicker Zierkordel, sondern ohne jedes Rangabzeichen und leicht zerbeult. Ein Gebrauchsgegenstand eben, der vor Sonne und Wind schützt. Zusammen mit dem wettergegerbten Gesicht und dem grauen Vollbart strahlt sie aber auch Würde, Erfahrung und Autorität aus. Stefan Marx ist Chef der Ammersee-Segelschule und Motorbootschule. 1928 gegründet, ist es die älteste private Binnen-Segelschule Deutschlands.

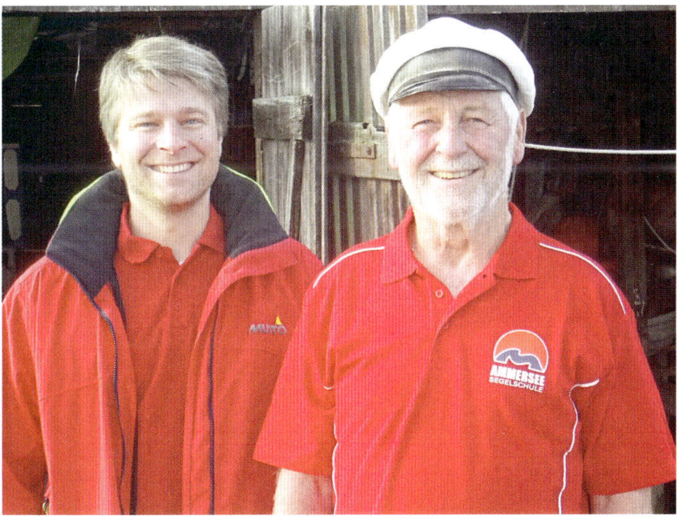

Niki und Stefan Marx. Sie leiten die Ammersee-Segelschule und Motorbootschule.

Marx, Jahrgang 1951, stammt aus einer alten Uttinger Fischerfamilie, ein Kind des Ammersees. Im Alter von fünf Jahren konnte er segeln, schwimmen lernte er erst danach. Er wurde Fischer, die Familie besaß auch eine Segelschule. Marx hatte bereits 40 Jahre Segelschulerfahrung, als er im Sommer 2001 von Heide Tücking-Seidl die Ammersee-Segelschule erwarb. Sie ist die Tochter des Gründers Heinrich Seidl, ein Dießener Original, das 1993 starb. Mit der Schule hat Marx einen exzellenten Standort an Dießens Seepromenade gleich neben dem Dampfersteg übernommen. Auf alten Ansichtskarten bilden Stege und Bootshaus ein malerisches Ensemble mit den Fischerhäusern und dem alles dominierenden Marienmünster. Marx war nicht besessen vom Furor des Neuen. Davor bewahrt ihn schon seine ruhige und bedächtige Art. Er hat die Gebäude seiner Vorgänger erhalten, ist sogar stolz auf die Patina. »Hier hat sich nichts verändert«, sagt er im Halbdunkel des Pfahlbaus. Der Schulungsraum hat Generationen angehender Segler gesehen. Es gibt noch die engen Holztreppen, die hinauf führen in den ersten Stock, wo sich das Büro und ein weiterer Schulungsraum befinden. Auch Seidls altes Scherenfernrohr steht noch da, mit dem man bei klarem Wetter die Spaziergänger auf der Herrschinger Seepromenade erkennen kann. Leicht verstaubt, wirkt es wie aus der Zeit gefallen. Heutzutage hat eine der drei Webcams seine Funktion übernommen.

Auch die Flaggen des berühmten Seidl'schen Zonensystems hat Marx aufgehoben, verwendet sie aber nicht mehr. Eine Flagge am Kopf des Steges zeigte den Segelschülern an, wieweit sie sich auf den See hinauswagen dürfen. Hatte Seidl schwarz gesetzt, war das Revier auf die Dießener Bucht beschränkt, denn es drohte ein Unwetter. Alteingesessene Ammersee-Segler vertrauten oft mehr auf Seidls Flaggen als auf die orangefarbenen Blinkleuchten der amtlichen Sturmwarnung. Immerhin kannte er das Wetter am Ammersee seit seiner Kindheit. »Weht ein Südwind bis morgens um zehn und dreht dann auf Nord bis Nordost, dann ist gutes Wetter gesichert. Wenn dieser nächtliche Südwind nicht pünktlich dreht, weht es meistens irgendwann aus westlichen Richtungen. Das bedeutet schlechteres Wetter.« Dieses Wissen bildete die Grundlage von Seidls Wetteruhr. »Das stimmt natürlich immer noch«, bestätigt Marx lächelnd, »aber die Sturmwarnung ist mittlerweile so präzise, dass die Segler darauf vertrauen können.« Die Schulsegelboote werden auch ständig von den Segellehrern in Motorbooten umschwirrt, so dass die Zoneneinteilung obsolet geworden ist.

Mit einer Tradition hat Marx jedoch radikal gebrochen. Waren die Schulboote früher alle aus Holz und trugen Vogelnamen, so sind sie heute ausschließlich aus Kunststoff und heißen nach Fischen – weil Marx Fischer ist. Boote aus glasfaserverstärktem Kunststoff sind auch einfacher und pflegeleichter in der Handhabung. 25 Boote der Marke Eigenbaum, genannt »Nomaden«, sind im Einsatz. Die meisten haben einen Kiel statt einem Schwert, eine kurze Kajüte und 20 Quadratmeter Segelfläche. »Die Boote sind ideal für Schulungszwecke, weil

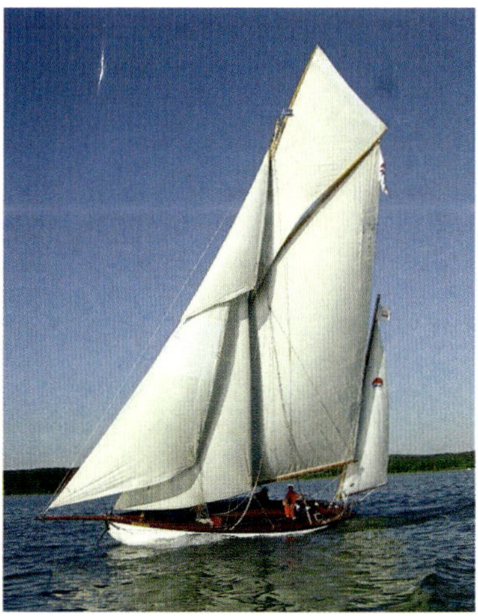

Der »Albatros« ist das Flaggschiff der Schule und größtes Segelboot auf dem Ammersee.

da kein Klimmbimm drauf ist, nur das, was man zum Segeln braucht.« Bis zu vier Kinder sind auf einem Boot. Bei Erwachsenen ist jeweils ein Bootsführer dabei, die Kinder werden von den Motorbooten aus dirigiert. Marx findet dieses Prinzip besser, als wenn die Kleinen allein etwa in einem Optimisten hocken. So müssen sie sich zusammenraufen und lernen, Schwierigkeiten gemeinsam zu meistern. »Manche Betriebe geben später viel Geld für Teambildung aus, bei uns bekommt man das gratis.« Jedenfalls sind die Kinder top-motiviert. Die Dießener sei die einzige Segelschule am See, die nach diesem Prinzip lehrt. Ein Segelkurs sei auch keine »Kinderfreizeit«, sondern »wir wollen den Kindern etwas beibringen«. Am Ende steht aber keine Prüfung, es gibt keinen Druck auf die Kinder. »Sie sollen mit Spaß Segeln lernen.«

700 bis 900 Schülerinnen und Schüler durchlaufen pro Jahr die Schule am Ammersee. Sie kommen überwiegend aus der Umgebung. Ein Segelkurs von Montag bis Freitag oder an zwei Wochenenden schlägt mit etwa 320 Euro zu Buche. Fehlen Vorkenntnisse, empfiehlt Marx zwei Kurse, damit man dann den Sportbootführerschein-Binnen in Theorie und Praxis machen kann. Früher hieß er A-Schein. Wer noch einen solchen hat, sollte ihn umschreiben lassen, wenn er im Ausland ein Segelboot mieten will, rät Marx. Am Ende dieser Kurse steht dann eine Prüfung. Abgefragt werden auch Knoten. Wer etwa den Palstek nicht beherrscht, fällt gnadenlos durch.

Der Motorboot-Führerschein lässt sich von Anfang Februar bis Mitte Dezember machen – das Schulboot ist geschlossen und besitzt eine Standheizung. Das ist ein guter Ausgleich für die Einnahmen der Firma, ist Segeln doch von Wind und Wetter abhängig. Für einen Kurs in Theorie und Praxis fallen etwa 750 Euro an. Die Motorbootausbildung nimmt laut Marx stark zu. Das liege unter anderem daran, dass die Behörden in Ländern wie Kroatien bereits für einen Hilfsmotor einen Motorbootführerschein verlangen. Das sollte ein Skipper bedenken, wenn er ein größeres Segelboot chartern will.

Ein Schiff der Ammersee-Segelschule ist aber noch aus Holz und zugleich vielbestauntes Flaggschiff der Marx'schen Flotte: der »Albatros«. Er ist das größte Segelboot auf dem See. Es ist ein majestätischer und für den »Bauernsee« ungewohnter Anblick, wenn die 16 Meter lange Gaffel-Yawl unter vollem Tuch vorübergleitet. Der Zweimaster hat eine bewegte Vergangenheit. 1905 gab Zar Nikolaus II. die Jacht bei dem legendären Jacht-Konstrukteur Max Oertz in Hamburg in Auftrag und schenkte sie dann König Wilhelm II. von Württemberg. Im Ruderkopf ist noch heute der Name »Skibladnir« eingraviert, unter dem es in den Dienst des württembergischen Königs gestellt worden war. Das Schiff kam auf den Bodensee. Die Ammersee-Segelschule erwarb es dort von Professor Ernst Hohner. Bei ihm hieß die Jacht »Inge«. Auf dem Ammersee, an den sie mit der Eisenbahn gelangte, wandelte Inge sich um zum Albatros. Der frühere Kielschwerter ist zu einer Kieljacht mit drei Tonnen Blei unter dem Rumpf umgebaut worden. Insgesamt wiegt das Schiff sieben Tonnen. 130 Quadratmeter Segelfläche treiben den Albatros am Wind voran. Im Winter von 2004 auf 2005 bekam der Albatros ein neues Deck aus Teakholz. Überholt wurde auch der Salon unter Deck.

Nach einem Herzinfarkt im Jahr 2020 fällt es Marx schwer, sich zurückzunehmen. Dabei hat er in seinem Sohn Niki, Jahrgang 1985, einen Nachfolger, dem die Schule einen Riesenspaß mache. Noch schmeißen Vater und Sohn den Laden gemeinsam. Die Arbeit macht Spaß, die Schule ist gut besucht. Marx schaut optimistisch in die Zukunft. Die einzige Sache, die ihn schreckt: schlechtes Wetter.

Von Dießen nach Raisting

Bevor wir Abschied vom Dießener Dampfersteg und der Seepromenade nehmen, lassen wir den Blick hinüber zur Herrschinger Bucht schweifen. Der Höhenzug dahinter beginnt im Süden, nimmt Kloster Andechs Huckepack und reicht bis nach Seefeld und dessen nördlichem Hinterland. Für gute Augen ist sogar als heller Punkt das Seefelder Schloss zu erkennen. Die Tour führt nun durch den Uferpark vorbei an einem Minigolfplatz über die Jahnstraße und die Jägerallee geradewegs nach Süden. Am Ortsende stoßen wir nahe dem Bahnübergang auf die Weilheimer Straße, die nach Fischen führt. Fahren wir sie ein paar Meter zurück in den Ort, erreichen wir an der Abzweigung Vogelherdstraße den Schacky-Park. Wir wollen aber weiter auf dem Radweg nach Süden. An einem Hang rechts liegen, in viel Grün eingebettet, die Einfamilienhäuser des SOS-Kinderdorfes Dießen. Die Anlage geht auf die Initiative des »Vaters« der etwa 250 SOS-Kinderdörfer, Hermann Gmeiner, zurück, und wurde im Jahr 1958 eingeweiht. Gmeiner, der 1986 starb, entwickelte die Organisation der Dorfgemeinschaften mit Familien von fünf bis acht Kindern verschiedener Altersstufen, die von einer Frau als »Mutter« betreut werden. Für Waisenkinder bedeutet das eine neue Heimat, in familiärer Geborgenheit und mit gleichzeitiger Integration in das Dießener Dorfleben. Ein Besuch des Kinderdorfs ist möglich und erwünscht.

Nur eine kurze Strecke folgen wir nun dem Radweg neben der Straße nach Fischen. Dort, wo sie scharf nach links

Zur Zeit der Iris-Blüte im Mai verwandeln sich die Streuwiesen am Südende des Ammersees in ein blaues Blütenmeer. Die sibirische Schwertlilie hat hier einen ihrer größten Bestände.

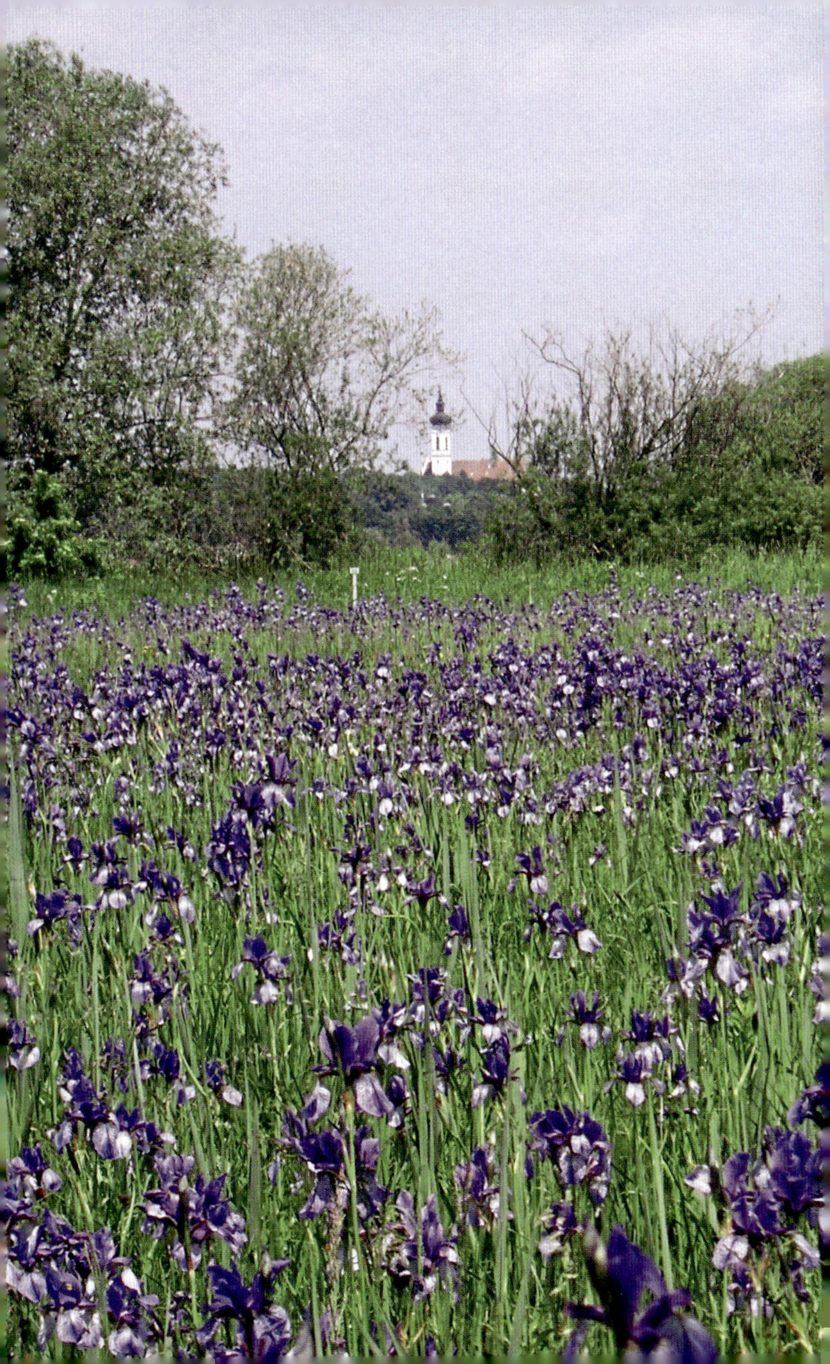

abbiegt, überqueren wir die Straße und fahren schnurstracks geradeaus Richtung Raisting. Damit vermeiden wir die verkehrsreiche und durch die Enge für Radler gefährliche Strecke Dießen – Fischen. Für die »Raistinger Schleife« entschädigt uns später eine Fahrt quer durch die Streuwiesen der *Vogelfreistätte Ammersee-Südufer*, ein Schutzgebiet von europäischer Bedeutung. Ein Abstecher nach Raisting lohnt sich, recken sich doch im Süden des Ortes die Antennen der Erdfunkstelle in den Himmel. Die Dießener Straße führt uns nach rechts durch eine Bahnunterführung hangaufwärts zur Raistinger Kirche. Sie ist – und das stellt eine Seltenheit dar – dem Heiligen Remigius geweiht. Das deutet auf eine Urpfarrei hin, die bei der Christianisierung des Landes im 6. Jahrhundert gegründet wurde. Noch heute ist »Remigius« im Dorf als Taufname beliebt. Bekannt wurde der Pfarrer

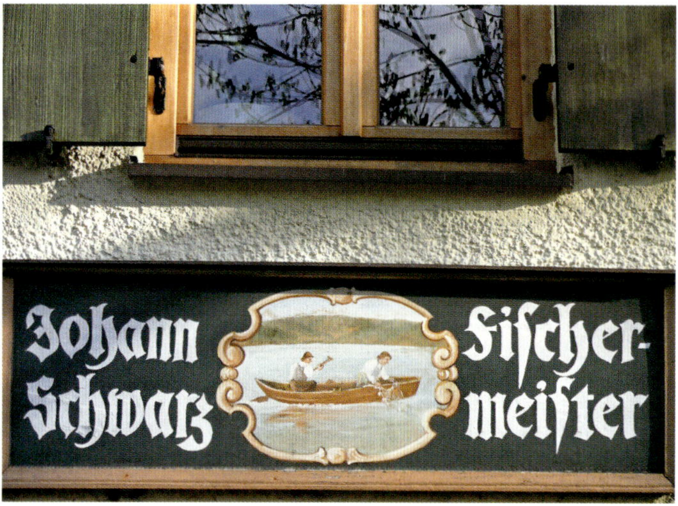

Wie die Fischer früher ihrer Profession nachgingen, zeigt diese naive Darstellung am Haus des Fischermeisters Johann Schwarz.

Franz Sales Gailer (1685 – 1766), auf den unter anderem der Begriff des »Pfaffenwinkels« als Kunstlandschaft zurückgeht. Der heutige Kirchenbau, der schon einige Vorgänger hatte, entstand in den Jahren 1692 bis 1696. Bauherr war das Kloster Dießen. Die Kirche, ursprünglich barock ausgestattet, zeigt sich heute im späten Rokoko. Alte, stolze Bauernhäuser prägen das Ortsbild rund um die Kirche.

Raisting gilt als Nachfolgesiedlung des römischen Urusa, das am Schnittpunkt von Verbindungsstraßen zu den großen Römerstraßen Via Claudia (Augsburg – Reschenpass) und Via Julia (Günzburg – Salzburg) lag. Urkundlich wird Raisting erstmals 776 genannt. Der »Gasthof zur Post« in der Ortsmitte erfreut uns mit solider Küche zu Radler freundlichen Preisen. So gestärkt, steht noch die Erdfunkstelle auf dem Programm. Zusammen mit dem ehemaligen Wallfahrtskirchlein St. Johannes der Täufer bieten die stummen, silbernen Monster eine skurrile Komposition. Man hat die Antennen in der Raistinger Wanne errichtet, weil die Hügelketten im Osten und Westen die störende terrestrische Strahlung abschirmen.

Hightech und Zwiebeltürme

Südlich von Raisting stehen Hightech und bayerische Zwiebeltürme in einem reizvollen Kontrast. Riesige, kreisrunde Schüsseln ragen in den weißblauen Himmel. Sie sind als Fotoobjekt fast so begehrt wie Schloss Neuschwanstein. Die Antennen dienen der weltweiten Kommunikation. Sie stellen den Kontakt zu den Satelliten her, die in etwa 36 000 Kilometer Höhe um die Erde kreisen. 1964 hat die damalige Bundespost die Erdfunkstelle als

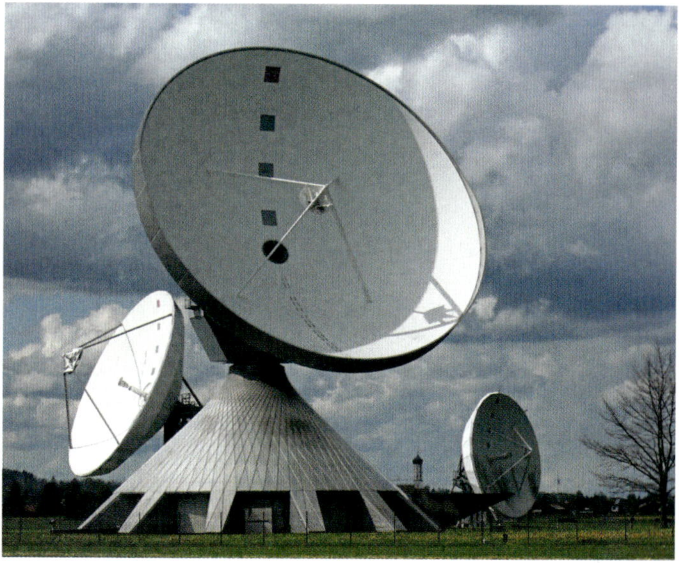

Die »Ohren« der Erdfunkstelle Raisting fangen rund um die Uhr Signale aus dem Weltraum ein.

eine der weltweit ersten Anlagen dieser Art in Betrieb genommen. 1965 begann der Betrieb von Fernsprechen und Fernsehen über den Satelliten Intelsat I. Vier Jahre später liefen die Bilder der ersten Mondlandung über Raisting, übertragen wurden auch die olympischen Spiele 1972 in München. Der Funkverkehr zwischen dem amerikanischen Raumfahrtzentrum in Houston und dem deutschen Satellitenkontrollzentrum in Oberpfaffenhofen ging über die »Ohren zum Weltraum«. Auch eine Leitung des »Roten Telefons« im Kalten Krieg zwischen den Supermächten wurde über Raisting geschaltet. Rund um die Uhr empfängt die Erdfunkstelle Signale aus dem All, die eine Strecke von knapp 80 000 Kilometern zurückgelegt haben.

1975 zierte eine der Antennen die 50-Pfennig-Briefmarke der Deutschen Bundespost.
1985 wurde der markante weiße Pilz, das Radom (engl. Radar dome), stillgelegt. Er konnte mit der rasanten Entwicklung der Nachrichtentechnik nicht mehr Schritt halten. Der unter geringem Druck stehenden Traglufthülle aus Spezialkunststoff drohte buchstäblich die Luft auszugehen, es war sogar von Abbruch die Rede. 1999 wurde das Radom zum Industriedenkmal erklärt. Nach langem Hin und Her hat schließlich der Landkreis Weilheim-Schongau 2008 den »Riesenbovisten« gekauft. Nach einer zweijährigen Generalsanierung, bei der auch die Traglufthülle ausgetauscht wurde, wurde das Radom 2012 wiedereröffnet. Es soll einmal ein »Museum für Telekommunikation und oberbayerische Industriegeschichte« werden. Am 27. Februar 2020 reißt der Sturm »Bianca« die Hülle des Radoms herunter. Fast zwei Jahre später wird sie durch eine neue ersetzt.
Immer noch ist es beeindruckend, die fast 50 Meter hohe Kuppel mit dem 280 Tonnen-Stahlkoloss der Antenne 1 zu betreten. Sie hat einen Durchmesser von 25 Metern und wurde einst von vier Elektromotoren in Position zu den Satelliten gehalten. Bis 2005 empfing und sendete die Telekom via Raisting Telefongespräche, Daten und Fernseherеignisse. Dann kaufte eine US-Firma die Anlage und erhielt Aufträge von Hilfsorganisationen und den Vereinten Nationen. Derzeit sind laut Homepage sieben Großantennen und mehr als 50 kleinere Antennen in Betrieb, die ausschließlich dem Datenaustausch dienen. Hermann Martin, ehemaliger Betriebsleiter und seit 20 Jahren Gästeführer, hat ein Buch darübergeschrieben: »Erdfunkstelle Raisting – Der weite Weg ins All« (ISBN 978-3-00-071559-4).
Zu den Öffnungszeiten und Führungen siehe Serviceteil am Ende des Buches.

Der Vogelflughafen

Mit seinen Streuwiesen und Flachwasser-Buchten im Süden sowie dem Ampermoos im Norden zählt der Ammersee zu den international bedeutenden Ramsar-Feuchtgebieten

Wer bei Vorderfischen die Brücke über die Neue Ammer passiert, dem dürften mitunter grün gekleidete Menschen auffallen, die, mit Stativen und dicken Fernrohren ausgerüstet, auf dem Damm in Richtung See verschwinden. Das sind »Birdwatcher« oder, zu Deutsch, Vogelbeobachter. Denn die Streuwiesen und Flachwasserbuchten des Ammer-Deltas sind Teil eines Feuchtgebietes von internationalem Rang. Der Naturbeobachtungsturm bei Dießen gewährt Einblicke in die geschützte Uferzone, ohne zu stören. Auch vom Damm der neuen Ammer und vom Strand bei Aidenried lässt sich das Treiben der Vogelwelt gut beobachten. Wie der Frankfurter Flughafen als Drehscheibe für die Düsen-Clipper aus aller Welt dient, ist das Naturschutzgebiet »Vogelfreistätte Ammersee-Südufer«, so der offizielle Name, ein überlebenswichtiger Rastplatz der Wasservögel auf ihren interkontinentalen Langstreckenflügen. Hier tanken sie wieder Energie. Hauptbetrieb ist zur Zugzeit im Frühjahr und Herbst. Zwischen 30 und 50 Arten sind an guten Tagen anzutreffen, Geschnatter und Gekreische erfüllt die Luft. Vor den Okularen der Zaungäste paradieren internationale Stars wie die Flussseeschwalbe, die weit oben steht auf der Roten Liste gefährdeter Tierarten. Ihre zweite Heimat ist Westafrika, doch sie legt Tausende Kilometer zurück, um von Mai bis Juli genau hier zu brüten. Zählten die Vogelschützer 1982 in ganz Bayern nur noch 50 Brutpaare des scheuen Vogels mit dem weißen Latz und der dunklen

Haube, so sind es mittlerweile wieder mehr als 400, bis zu 64 davon am Ammersee-Südende. Auf einem Brutfloß, das freiwillige Helfer der Schutzgemeinschaft Ammersee eigens für sie gebaut haben, machen sie es sich bequem. Deshalb heißen sie auch scherzhaft »Floß-Seeschwalben«. Sie hätten ihre Ruhe, wäre da nicht das lästige, kreischende Lachmöwen-Pack. Insgesamt nimmt das Südende des Ammersees zusammen mit den umgebenden Ortschaften und Moränenhängen eine Spitzenposition bei der Vielfalt an Brutvögeln ein: mit 135 Vogelarten, davon 38 auf der Roten Liste, brüten dort so viele wie nirgendwo sonst in Bayern.

Bis zu 8000 Kilometer können einzelne Reiherenten hinter sich haben, wenn sie aus dem sibirischen Tiefland zum Win-

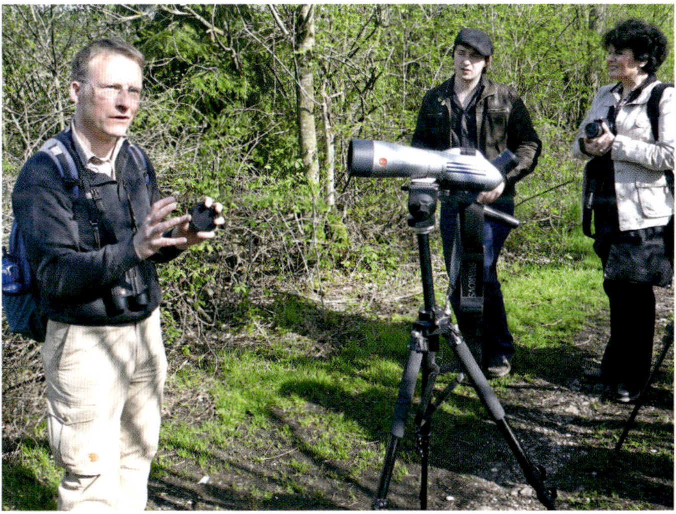

Seit seinem zwölften Lebensjahr ist Christian Niederbichler (links) ein begeisterter Vogelbeobachter. Heute betreut er im Hauptberuf das »Ramsar«-Gebiet Ammersee.

terurlaub im gemäßigten Oberbayern landen. Die Reiherente ist damit der Gast mit der weitesten Anreise. Im Frühjahr rasten hier Watvögel wie Dunkle Wasserläufer aus der Tundra oder Steinwälzer, bevor sie weiter fliegen zum Brutgeschäft an den Küsten Skandinaviens. Die Stelzenläufer kommen dagegen aus der Gegenrichtung, vom Mittelmeer, allerdings sehr selten und nicht jedes Jahr. Alle haben eines gemeinsam: Ihnen gefällt es am Ammersee. Das Herz der Birdwatcher schlägt höher, wenn sie eines raren Wiesenpiepers, einer Bekassine, eines Feldschwirls oder eines Braunkehlchens gewahr werden – in 40-facher Vergrößerung. Manchmal bieten sich nur akustische Genüsse, denn der noch seltenere Rohrschwirl ist so scheu, dass er sich nicht blicken lässt, sondern nur sein »tik tiktiktik...örrr« aus dem Dickicht zu hören ist. Da wirkt das »Bökern« der jungen Kormorane richtig vulgär, man könnte sie fast für eine

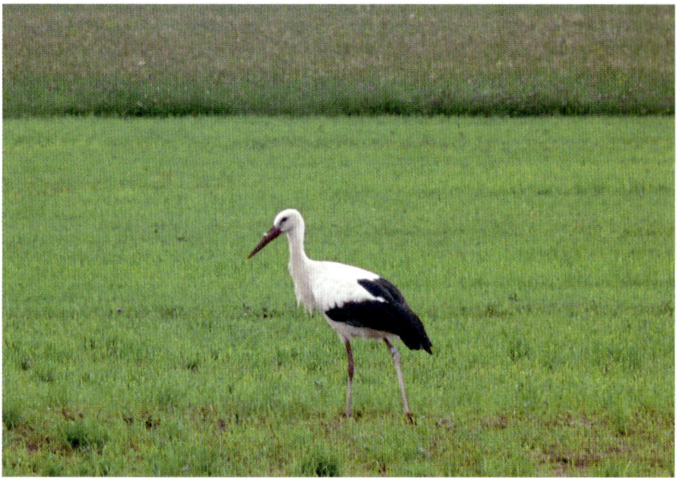

Wer sich ruhig verhält, kann im späten Frühjahr auf den Wiesen bei Raisting einen Storch bei der Nahrungssuche beobachten.

Ansiedlung von Brüllaffen halten. Gut vierzig Kormoran-Paare bevölkern die Baumwipfel, es waren schon mal über 100 Paare, zum seinerzeitigen Verdruss der Fischer. Auch die Beobachter hinter den Spektiven sind die buntesten Vögel. Da trifft man zum Beispiel auf einen veritablen Medizinprofessor, der für seine Alzheimer-Forschung den Leibniz-Preis erhalten hat. Für das Glück beim Vogelbeobachten tauscht er gerne den weißen Kittel gegen Anorak und Trekking-Hose. In der Naturbeobachtung findet er einen Ausgleich zum stressigen Alltag im Labor. Andere Vogelfreunde sind eigens aus der Schweiz herbeigefahren.

Christian Niederbichler kennt sie fast alle. Seit 1997 ist der studierte Diplom-Geograf, Jahrgang 1966, hauptberuflicher Betreuer des Ramsar-Gebiets Ammersee. Er war der erste seiner Art in Bayern. Inzwischen gibt es in rund 60 wertvollen Naturräumen Bayerns etwa 70 hauptamtliche Gebietsbetreuer. Ramsar ist eine Stadt im Iran, in der 1971 55 Staaten das »Übereinkommen für den Schutz von Feuchtgebieten, insbesondere als Lebensraum für Wasser- und Watvögel, von internationaler Bedeutung« unterzeichnet haben. Sie haben sich verpflichtet, international wichtige Feuchtgebiete zu melden, sie unter Schutz zu stellen, zu beaufsichtigen und zu erforschen. So kam auch der Ammersee 1976 zu Ramsar-Weihen. Neben der Vogelfreistätte im Süden bilden die gesamte Seefläche und das Naturschutzgebiet »Ampermoos« im Norden (Siehe Rasso-Tour) die Ramsar-Schutzzone. Wie notwendig dieser Schutz ist, zeigt die Tatsache, dass Jahrzehnte um eine Anhebung des Wasserspiegels im Ampermoos gerungen wurde. Das Moos drohte auszutrocknen und zu verbuschen. Seltene Tiere wie der Große Brachvogel und Orchideen wie das Torfglanzkraut liefen Gefahr, ihre Lebensräume zu verlieren. Im Winter 2013 war es dann endlich so weit, die Sohlschwelle bei Grafrath wurde eingebaut. Sie ist zu besichtigen, und zwar nordwestlich hinter der Rassokirche oder neben der Wasserwacht Grafrath. Diese raue Rampe bewirkt, dass die Amper bei mittlerem und vor allem bei niedrigem Wasserstand im Ampermoos angehoben wird und so das Niedermoor nicht so schnell austrocknet.

Zusammen mit den Landwirten, den Naturschützern und dem Landschaftspflegeverband Fürstenfeldbruck erzielten die Gebietsbetreuer Erfolge im Artenschutz. Seltene Moorpflanzen wie Mehlprimel, (fleischfressender) Langblättriger Sonnentau, Blassgelbes Knabenkraut (eine stark gefährdete Orchidee), Lungenenzian und Teufelsabbiss nehmen wieder zu. Außerdem ließen gezielte Pflegemaßnahmen die Zahl der Brutpaare der vom Aussterben bedrohten Bekassine um mehr als das Doppelte ansteigen. Für diesen seltenen Schnepfenvogel gehört das Ampermoos mittlerweile dank der Schutz- und Landschaftspflegemaßnahmen wieder zu den drei wichtigsten Gebieten in Bayern. Im neuen Vogelturm in Kottgeisering geben Schautafeln darüber Auskunft. Und auch der Große Brachvogel, zwischenzeitlich im Ampermoos ausgestorben, konnte sein altes Brutgebiet zurückerobern. Erst ein Paar, mittlerweile wieder bis zu zehn Paare. Außerhalb des Schutzgebietes lasse die intensive Landwirtschaft mit ihrer Gülle und der oft schon Ende April einsetzenden, bis zu fünfmaligen Mahd Bodenbrütern wie dem Braunkehlchen keine Chance mehr, beklagt der Gebietsbetreuer. Zusätzlich stresst die Vögel auf dem See der zunehmende und mittlerweile auch auf das Winterhalbjahr ausgedehnte Wassersport. Ein weiterer Stressfaktor, zu tief fahrende Ballone, konnte dank einer Absprache mit den Betreibern entschärft werden. Weil mehr Besucher als früher kommen, macht sich Niederbichler für ein Besucherzentrum stark und plädiert dafür, einen Ranger einzustellen.

Zu den Obliegenheiten der Gebietsbetreuung gehört es, zunächst einmal zu schauen, wer alles da ist. Das fällt ihm nicht schwer, denn seit seinem zwölften Lebensjahr ist er begeisterter Vogelbeobachter. Er wirkt so, als ob es ihm auch heute noch Spaß macht: »Nicht zu wissen, was kommt, ist immer wieder spannend.« Einmal im Monat zählen er und zahlreiche ehrenamtliche Helfer die Wasservögel. Dafür wird der Ammersee in 13 Abschnitte eingeteilt. Bei 10 000 Wasservögeln, die hier überwintern, ein zeitaufwendiges Unterfangen. Alle drei Jahre erfolgt eine Kartierung der Brutvögel. Auf eigene Faust in das streng geschützte Vogelparadies vorzudringen, macht nicht viel Sinn. Es wäre ohnehin nur auf den Dammwegen der Neuen Ammer und dem Radweg nach Raisting möglich. Interessierten ist zu empfehlen, an einer der diversen, von Fachleuten geführten Exkursionen teilzunehmen. Die wissen wenigstens, wo welcher Vogel wann sitzt. Viele Schulkinder hat Niederbichler schon auf dem Damm entlanggeführt. Doch nicht nur Vögel tummeln sich hier, auch zwei bis vier Biber-Familien haben sich angesiedelt und zahlreiche seltene Pflanzen wie das Weiche Lungenkraut oder das Helm-Knabenkraut erfreuen die Besucher.

Der Vogelflughafen hat noch eine weitere Attraktion zu bieten: einmal im Jahr, im Mai, verwandeln sich die Streuwiesen am Ammersee in ein blaues Blütenmeer. Es ist die Zeit der Iris-Blüte. Die Sibirische Schwertlilie hat hier einen ihrer größten Bestände Süddeutschlands. Kein Wunder, dass die Kinder der Biermösl Blosn auf einer CD am Ende der musikalischen Weltreise »rundumadum« singen: »Am Ammersee, do ist zehn moi so schee.«

Informationen zu Führungen im Service-Teil am Ende des Buches.

Von Raisting nach Fischen

Von Raisting kommend, fädeln wir uns wieder in die Raistinger Schleife ein und fahren Richtung Osten zur Ammer. Vor uns breitet sich eine intensiv landwirtschaftlich genutzte Ebene aus; es ist dies ein uralter Verlandungsbereich des Ammersees. Es lohnt sich, anzuhalten und in Ruhe den Blick in die Weite schweifen zu lassen. Da sind die Raistinger Kirche, die Erdfunkstation, dann die Alpenkette im Süden. Links liegt Pähl mit seiner spätbarocken Pfarrkirche St. Laurentius und dem Hochschloss. Aus dem sich nach Norden anschließenden Höhenrücken spitzt die Zwiebelhaube der Andechser Wallfahrtskirche heraus. Der See ist hinter dem Schilf der »Schwedeninsel«, einer in den Ammersee hineinragenden Halbinsel, zunächst nur zu erahnen. Zur Rechten das Dießener Marienmünster, der Schatzberg, dann endet der Rundblick in Raisting. Wie auf dem Präsentierteller liegt die Voralpenlandschaft da.

Am linken Wegrand weisen Schilder darauf hin, dass wir uns hier an der südlichen Grenze des Naturschutzgebiets *Vogelfreistätte Ammersee-Südufer* befinden. Es ist ein international bedeutsames Brutgebiet für durchziehende und überwinternde Wasservögel sowie ein überregional bedeutsames Brutgebiet für zahlreiche, vom Aussterben bedrohte Vogelarten. Es steht deshalb sogar unter dem Schutz der UNO. Wer Glück hat und leise ist, kann in den Wiesen Störche und Fischreiher entdecken. Bald erreichen wir nach einer angenehmen Fahrt durch die freie Natur die Ammer. Wir folgen ihrem Lauf, bis wir an der Ammerbrücke wieder auf die Hauptstraße Dießen-Fischen stoßen.

Die Hügel über Fischen bieten ein lauschiges Plätzchen für Kontemplation und einen guten Blick auf das Delta der Ammer.

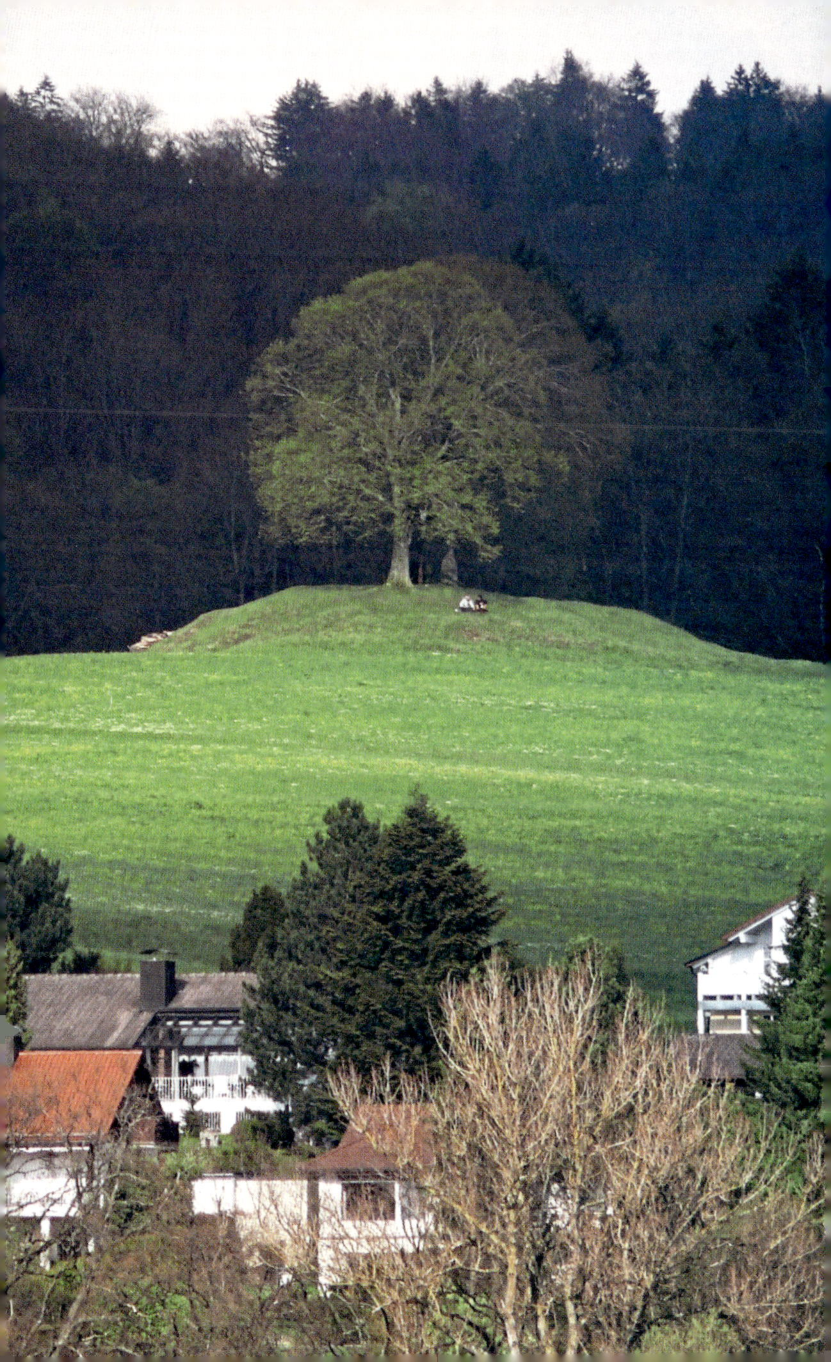

Wir überqueren die Brücke und folgen dem Radweg hinein nach Vorderfischen. Er führt dann nach links durch ein Neubaugebiet weiter Richtung Aidenried.

Zur Ammer ist anzumerken, dass sie einst stark mäanderte, weshalb es oft zu Überschwemmungen kam. Sie mündete bei Dießen in den See. Durch eine Regulierung im Jahr 1923 verkürzte man die Ammer von Weilheim bis zur neuen Mündung bei Fischen in den Ammersee von 28 auf 13 Kilometer. 1959 wurde eine zweite Regulierung notwendig, weil es durch Rückstau und damit geringere Strömungsgeschwindigkeit erneut zu umfangreichen Geschiebeaufschüttungen gekommen war.

Ökologische Denkwerkstatt

Das Jugend-Heim des Bundes Naturschutz in Wartaweil hat sich zu einem zukunftsweisenden Bildungszentrum für ganz Bayern entwickelt

Wer es nicht kennt, radelt schnell dran vorbei. Aber das ist ein Fehler. Denn hinter den hohen Bäumen in Wartaweil am Ostufer des Ammersees verbirgt sich eine zukunftsweisende Einrichtung, die einen Zwischenstopp lohnt: das Bildungszentrum des Bundes Naturschutz (BN) in Bayern. Gleichsam spielerisch kommen in dieser Freizeitidylle vor allem Kinder und Jugendliche mit dem Naturschutzgedanken in Kontakt. Im Sommer geht es hoch her, fahren viele Gruppen nach Wartaweil, berichtet Axel Schreiner, der Leiter des Zentrums. Die Verweildauer beträgt etwa drei Tage. Auch Schulklassen nutzen die Bildungsangebote. Etwa 300 sind es im Jahr. Sie kommen aus München, den Orten ent-

lang der S 8 und rund um den Ammersee. Seit einigen Jahren bildet der See keine Grenze mehr zum benachbarten Landkreis Landsberg am Lech. Vor 20 Jahren noch relativ unbekannt, hat Wartaweil mittlerweile einen bayernweiten Ruf als Bildungsstätte für Natur und Umwelt erlangt.
Die Bekanntheit stieg mit der Bedeutung der Thematik. Kein vernünftiger Mensch leugnet mehr den weltweiten Klimawandel, die Ressourcenknappheit, die Umweltverschmutzung und das Artensterben. Der Bund Naturschutz will diesen bedenklichen Entwicklungen durch Aufklärung entgegenwirken. »In jedem jungen Menschen steckt ein Naturschützer«, so Schreiner, »wir sagen ihm: Du kannst etwas tun.« Inzwischen hat der BN aufgehört, zu »predigen« (Schreiner). Es sei sinnvoller, mit den Menschen zu diskutieren.

Bei den Jugendlichen steht der spielerische Effekt im Vordergrund. Sie halten sich überwiegend »draußen« auf, erleben den Wald und seine Tiere. Jedoch wissen nur noch die wenigsten, was da kreucht, fleucht und blüht. »Das wird in der Schule nicht mehr vermittelt. Was die Kinder da lernen, wird maßgeblich von der Wirtschaft geprägt«, sagt der gelernte Forstingenieur. Dieser »Erosion der Artenkenner« sollen beispielsweise »Ornithologische Tage für Kinder« Einhalt gebieten. Denn, so Schreiner, »wer engagiert sich noch, wenn nicht auffällt, dass da etwas fehlt«. Aus ganz Bayern reisen die zehn- bis fünfzehnjährigen Vogelkundler an, manche schon kleine Ornithologen. Für sie ist es eine Sensation, wenn im Vogelschutzgebiet ein seltener Zwergtaucher zwischenlandet, oder ein Vogel aus Südafrika.

Richtig eingeschlagen hat das interaktive »Energiespardorf« (www.bund-naturschutz.de). Anhand des Holzmodells eines durchschnittlichen bayerischen Dorfes mit 8000 Ein-

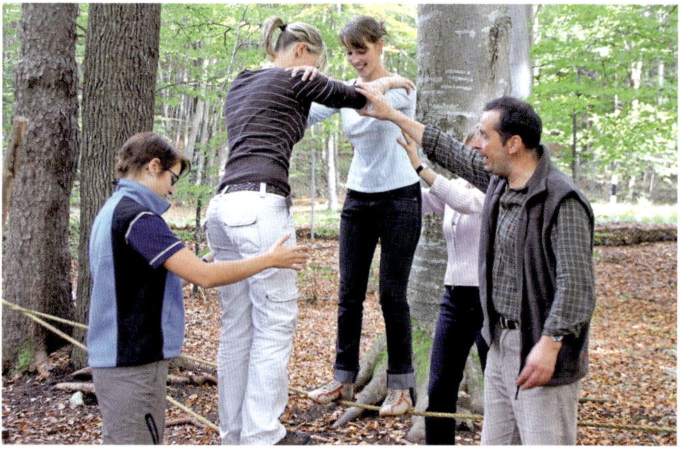

Axel Schreiner (rechts), Leiter des BN-Bildungszentrums Wartaweil, beim Geschicklichkeitstraining mit Lehramtsanwärterinnen.

wohnern, das einem Elektrobaukasten ähnelt, planen und testen die Kursteilnehmer, wie sich auf verschiedene Arten Energie erzeugen und einsparen lässt. Sie lernen, was Energie ist, wie sie erzeugt und verbraucht wird, wie sich das auf Umwelt und Klima auswirkt. In Phase zwei wird es konkret: Wie kann eine Gemeinde ihren Energieverbrauch reduzieren? Anschließend entscheiden die jungen Kommunalpolitiker in spe, wie sie ihr Musterdorf klimafreundlich mit Energie versorgen. Sie spielen Gemeinderatssitzung und ringen als Bürgermeister, Gemeinderäte, Handwerker, Stromversorger oder Landwirte um demokratische Entscheidungen.

Der dreistündige Kurs richtet sich auch an Lehrer, Kommunalpolitiker und Klimaschutzbeauftragte, Multiplikatoren eben. Denn mittlerweile geht das Engagement des BN weit über die Jugendarbeit hinaus. Die Themen sind vielfältiger geworden und richten sich an alle Altersgruppen. »Die

Sorge um die Natur ist kein Privileg der Naturschützer«, so Axel Schreiner. Seine Vision ist ein breiter gesellschaftlicher Diskurs, bei dem alle gesellschaftlichen Gruppen in die anstehenden Entscheidungen für eine nachhaltige Entwicklung miteinbezogen werden. Sehr am Herzen liegt ihm, speziell mit den Landwirten ins Gespräch zu kommen. Gerade die Junglandwirte seien an einem anderen Image interessiert und wollten sich nicht in die agrarindustrielle Ecke drängen lassen.

Die Nachfolger der »Zivis« schließlich können beim Bund Naturschutz ein Freiwilliges Ökologisches Jahr (FÖJ) ableisten. So wie Wartaweil überspannt ein Netz von Einsatzstellen die Republik. Dort lernt der Freiwillige etwa auf der »Baustelle Zukunft«, wohin sich die Gesellschaft entwickeln soll, will sie überleben. Wie sich die Erwärmung des Klimas stoppen lässt, wie wir uns unabhängig machen von fossilen Brennstoffen und wie wir dem Ressourcenverbrauch, vor allem bei der Fläche, Einhalt gebieten.

Wichtigste Veranstaltung ist das »Klima-Camp«, bei dem die Kinder vier Tage lang zelten. Sie lernen, Verantwortung für den Klimaschutz zu übernehmen. Recht anschaulich nehmen sie am ersten Tag ein Handy auseinander. Dabei erfahren sie, wie viele Ressourcen Handys, Tablets und Fernseher verbrauchen. Und was diese Geräte mit uns machen. Frei nach dem Bestseller von Manfred Spitzer: »Digitale Demenz. Wie wir uns und unsere Kinder um den Verstand bringen.« Auch Politiker wie die Landrätin des Landkreises Weilheim-Schongau, Andrea Jochner-Weiß (CSU), Landtagsabgeordnete und 2010 der damalige Umweltminister Markus Söder (CSU) diskutieren mit der Jugend. Am Ende steht eine Kinder-Klima-Konferenz. Die hatte schon zur Folge, dass sich Kinder fortan nicht mehr in Mamas SUV zur Schule fahren ließen. Persönlichkeiten aus Wissenschaft und Gesellschaft kommen schließlich zu den »Wartaweiler

Gesprächen für Erwachsene« an den Ammersee. 2016 war es der Präsident des Europäischen Berufsimkerverbands, Walter Haefeker. So hat sich die einst beschauliche Ökostation zu einer beachteten Denkwerkstatt gemausert. Seit 2018 macht ein modernes Seminargebäude anstelle des alten den Aufenthalt noch angenehmer. Geplant ist ein »Bürgerpark«, welcher der Öffentlichkeit Zutritt zum Gelände gewähren soll.

Wie kommt der BN eigentlich zu einem so traumhaften Anwesen mit 800 Meter Seeufer? Dank der Generalswitwe Berta Habersack. Sie hat die Gründerzeitvilla samt Nebengebäuden und 42 000 Quadratmeter Park in den 1950-er Jahren dem Bund Naturschutz vermacht. Auflage war, dass alles so bleibt und hier auch künftig Bildung und Forschung für den Naturschutz erfolgt. Damals schon bot Berta Habersack in ihrem Haus immer wieder jungen Menschen die Gelegenheit zu ökologischer und geologischer Fortbildung.

Wer allzu flugs an dem BN-Zentrum vorbei saust, der übersieht auch die »weiße Säule« am Südende des Areals. Sie erinnert noch heute an die alte Fährverbindung zwischen Wartaweil und dem 3,5 Kilometer entfernten Dießen auf der anderen Seeseite. Dießener Fischer hatten 1629 unweit des Ufers eine weiß gekalkte Tuffsäule aufgestellt. Sie diente als Orientierungshilfe, wenn sie Andechs-Pilger hinüber ans Ostufer ruderten. Es war die kürzeste Verbindung zwischen Dießen und Andechs. Hatte der Fährmann bereits abgelegt, rief er den zu spät Gekommenen zu: »Wart a Weil«. So soll der Ortsname entstanden sein. Er könnte auch eine Empfehlung sein, einmal innezuhalten und nachzudenken, zum Beispiel über den Schutz von Natur und Umwelt.

In dieser Villa lebte einst die Generalswitwe Berta Habersack. Sie hat das Anwesen dem Bund Naturschutz vermacht.

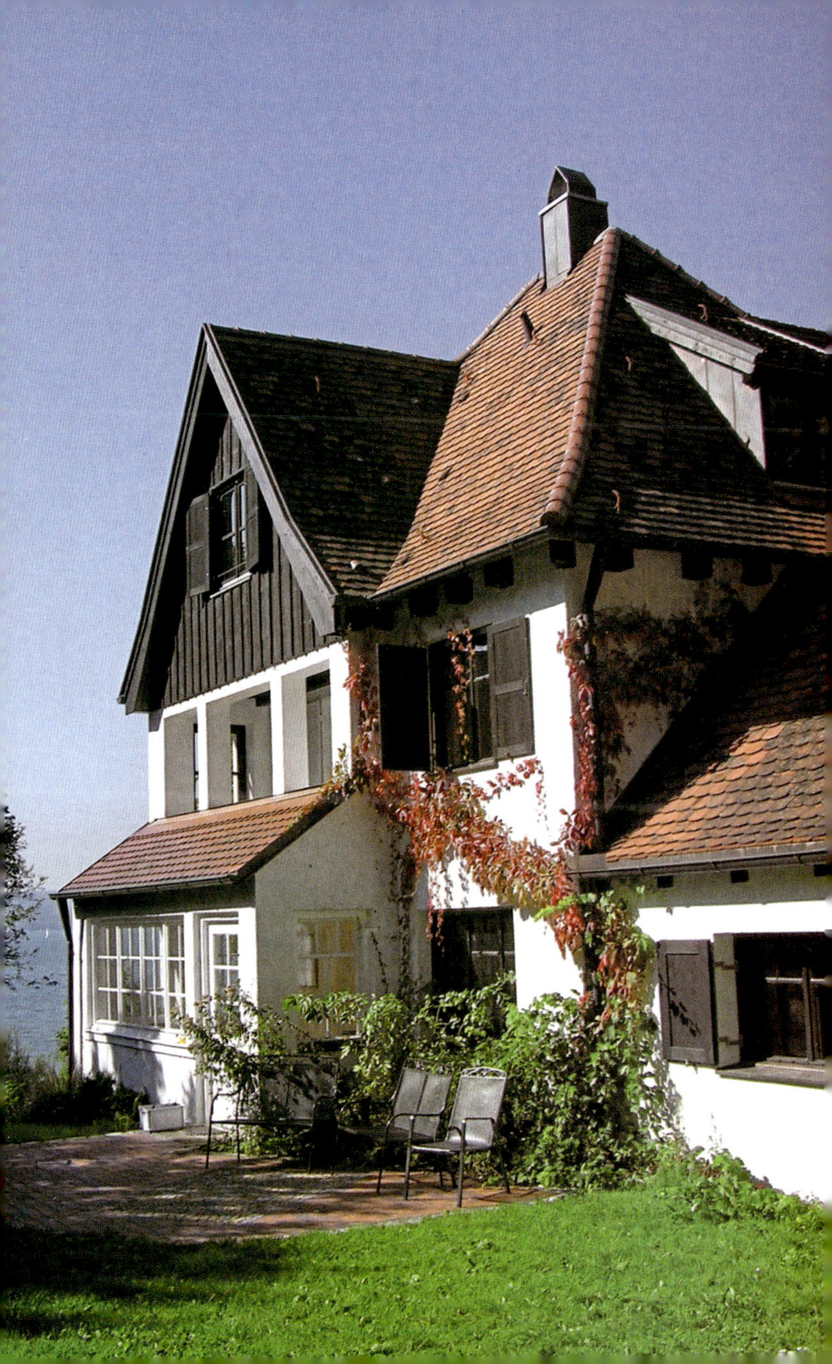

Von Fischen nach Herrsching

Jetzt sind es »nur noch« neun Kilometer bis zu unserem Ausgangspunkt. Der Weg von Fischen nach Herrsching verläuft zum größten Teil als Radweg parallel zur Hauptstraße und ist abschüssig, so dass wir die müden Wadeln und den schmerzenden Hintern schonen. Mit einem Mountainbike kann man aber auch direkt auf dem Pfad am Seeufer entlang radeln. Erst kurz vor Herrsching geht es ein kurzes Stück über Stock und Stein.

Auf einer Anhöhe liegt rechts die Mitterfischener Kirche St. Pankratius. Ein Abstecher hinauf lohnt sich, bietet sich doch ein prächtiger Blick auf das mit Büschen durchsetzte Delta der Ammer und auf Dießen. Hier wird ein Sonnenuntergang zum Höhepunkt der Tour, wenn Dunst über dem Schilf liegt und die Natur sich langsam zur Ruhe begibt. Die Kirche stammt aus dem mittleren bis späten 15. Jahrhundert. Großen Aufruhr gab es Anfang der 1990-er Jahre: Der Pfarrer ließ das Kirchenschiff – es war zu klein für die Gläubigen – kurzerhand abreißen und durch ein größeres ersetzen. Die beliebte Seewirtschaft Aidenried wurde 2015 abgebrochen und soll durch einen Neubau ersetzt werden. Nach dem Kiosk »Froschgartl« geht es vorbei am Bildungszentrum des Bund Naturschutz. Der Ortsteil heißt Wartaweil und gehört bereits zu Herrsching.

Von der bereits erwähnten Weißen Säule aus stiegen die Wallfahrer über das untergegangene Dorf Ramsee, das weiter oben im Wald lag, hinauf nach Andechs. Ramsee geht wohl auf das 13. Jahrhundert zurück und bestand nach Angaben des Heimatpflegers Gustl Empfenzeder aus fünf Bauernhöfen und einer Kirche. Es hatte etwa 40 Einwoh-

Die »Weiße Säule« in Wartaweil peilten in früheren Zeiten die Fährleute an, die Pilger von Dießen nach Andechs brachten.

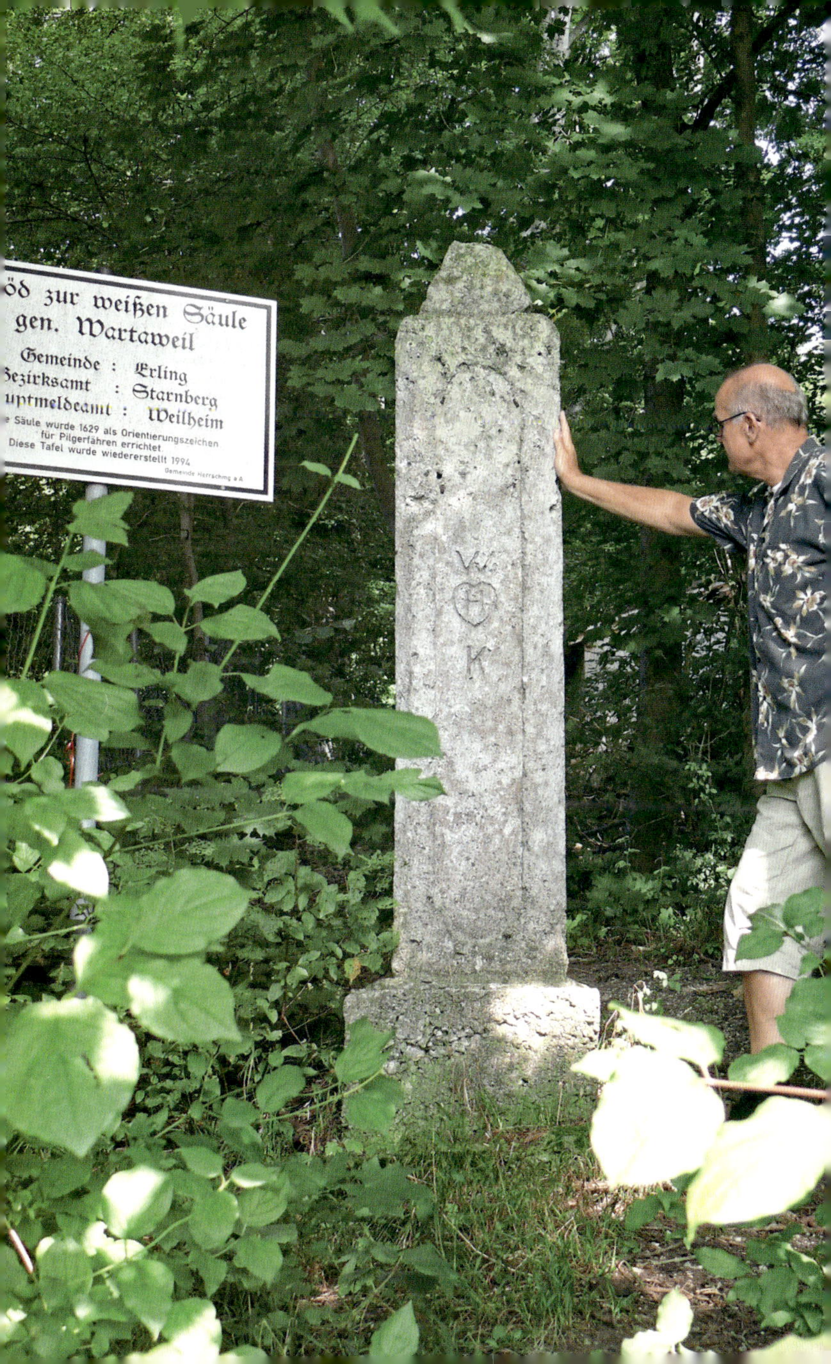
öd zur weißen Säule
gen. Wartaweil
Gemeinde : Erling
ezirksamt : Starnberg
uptmeldeamt : Weilheim
e Säule wurde 1629 als Orientierungszeichen
für Pilgerfähren errichtet.
Diese Tafel wurde wiedererstellt 1994
Gemeinde Herrsching a A.
V.
K

ner. Nachdem mehrere Häuser niedergebrannt waren, beschloss das königliche Forstamt in Weilheim im Jahr 1860 die Umwandlung der Ortsflur in einen Wald. Sämtliche Häuser wurden abgebrochen, 1864 auch die Kirche. Heute erinnert noch ein Gedenkstein an die Ortschaft. Leider ist der Weg dorthin nicht beschildert. Man muss gut im Kartenlesen sein, um den Stein überhaupt zu finden. Angesichts des Aufwands ist der Platz dann relativ ernüchternd.

Es folgt mit der Hausnummer 45 das Schullandheim Wartaweil, ein Ort der Bildung, Begegnung und Freizeit für Menschen mit und ohne Behinderung. Auf unserem Weg zurück nach Herrsching reiht sich am Seeufer Villa an Villa.

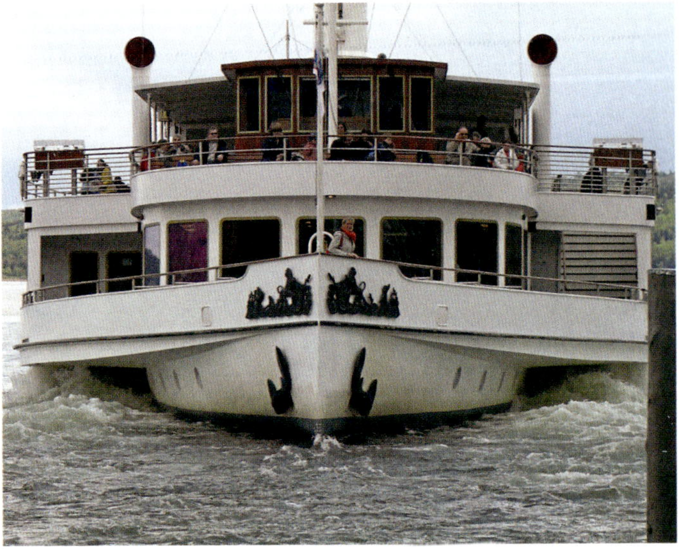

Für Nostalgiker hält die staatliche Seenschifffahrt auf dem Ammersee zwei Raddampfer bereit, hier die Herrsching, die 2002 in Dienst gestellt wurde und 400 Personen fasst.

Nahe einer Bushaltestelle liegt hinter einem Zaun verborgen das Schlösschen Wartaweil. Erbaut hat es kurz vor der Jahrhundertwende ein Engländer. Es erinnerte an Neuschwanstein, bis ein Augsburger Industriekaufmann 1965 bei einem Umbau die zinnenbewehrten Türme abreißen ließ. Eine andere Wartaweiler Villa gehörte einst dem als exzentrisch bekannten Möbelfabrikanten Günter Arzberger. Er soll weder einem Safe noch einer Bank vertraut haben. Als er 1978 im Alter von 49 Jahren in Florida starb, ging das Gerücht um, er habe sein Vermögen, Diamanten und Goldmünzen im Wert von zehn Millionen Mark, unter dem Teppichrasen des Parks verscharrt. Die Erben ließen den Garten umgraben, gefunden wurde aber angeblich nur ein verrosteter Kotflügel.

Gegen Ende unserer Fahrt kommen wir an Schloss Mühlfeld vorbei. Ordensschwestern und -brüder der Klöster Andechs und Wessobrunn verbrachten in dem schlichten Bau mit Zwiebelturm bis zur Säkularisation ihre Ferien. Unterhalb am See steht eine alte Wassermühle, die es schon vor dem Schloss zwischen dem 8. und 11. Jahrhundert gegeben haben soll. Die heutigen Bauten stammen aus dem 17. und 18. Jahrhundert. 1921 hat sie der Architekt Roderich Fick (1886 bis 1955), der mit seinem traditionellen Stil zu den Lieblingsarchitekten Hitlers zählte, zu einem Wohnhaus und Atelier umgebaut. Am Garagentor sind Beschläge des Bildhauers Bernhard Bleeker angebracht.

Den Rest des Weges legen wir auf der Herrschinger Seepromenade zurück (bei viel Publikum bitte das Rad schieben). Ein »Naturgolfplatz« lädt zur Geschicklichkeitsprüfung ein. In der Abendsonne lässt sich hier bei einem Drink der glückliche Abschluss der Tour genießen.

Auf dem Rücken des Ammersees

Eine lohnende Alternative zum Trubel am Seeufer bieten die Höhenwege am West- und Ostufer mit ihren schattigen Waldpassagen und Aussichtspunkten

West

Streckenlänge von Schondorf bis Bierdorf: 15 km, **reine Fahrzeit:** 53 Minuten. **Routenverlauf:** Siehe Übersichtskarte. Von Bierdorf zurück nach Schondorf am Seeufer: 10,4 km, Zeit: 33 Minuten. Von Bierdorf nach Dießen 2,6 km und 8 Minuten.

Der Ammersee-Höhenweg von Schondorf bis kurz vor Dießen ist eine lohnende Alternative zum turbulenten Treiben am Seeufer. Er schlängelt sich durch Wiesen und Felder, bietet zwischendrin herrliche Ausblicke auf den See und die Berge. Hier kann man wirklich noch über den Dingen schweben und die sanfte Hügellandschaft in Ruhe genießen. Wir folgen von Stegen kommend in Schondorf an der Uferpromenade den Hinweisschildern »Ammerseehöhenweg« in weißer Schrift auf grünem Grund. Sie führen uns nach rechts den Berg hinauf. Über die verkehrsreiche Hauptstraße am Bahnhof Schondorf entweder durch die Fußgängerunterführung oder an den Gleisen entlang bis zum beschrankten Bahnübergang. Wir überqueren ihn und fahren den Berg hinauf nach Oberschondorf. Noch ein kleines Stück das Rad auf einem steilen Weg geschoben, und wir haben den Parkplatz unterhalb der weithin sichtbaren Kirche St. Anna erreicht. Eine weitere Möglichkeit wäre, die Räder mit dem Auto zu transportieren und von diesem Parkplatz aus eine verkürzte Ammersee-Tour über den Höhenweg nach Bierdorf und von dort am See zurück zum Ausgangspunkt zu unternehmen. Das wären insgesamt 22,5 Kilometer, die bei zügigem Radeln in einer Stunde und 13 Minuten zurückzulegen sind.

Ob Kurztrip oder Rundtour, wir folgen vom Parkplatz aus der Beschilderung, die uns von der St.-Anna-Straße nach rechts in den Steinwiesenweg führt. Den radeln wir gerade durch und erreichen die Lindenstraße. Dort ragt der Stumpf einer alten Dorflinde aus dem Boden. Einst standen an allen

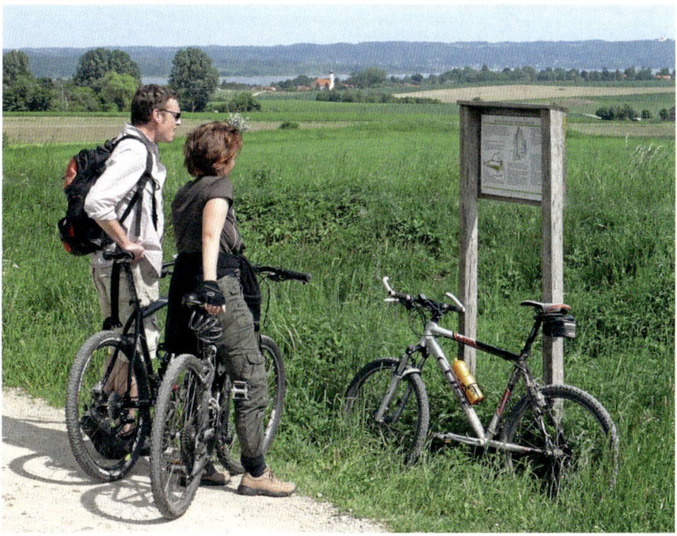

Oberhalb von Utting zählt eine Keltenschanze bei Aschelschwang zu den Sehenswürdigkeiten des Ammersee-Höhenwegs.

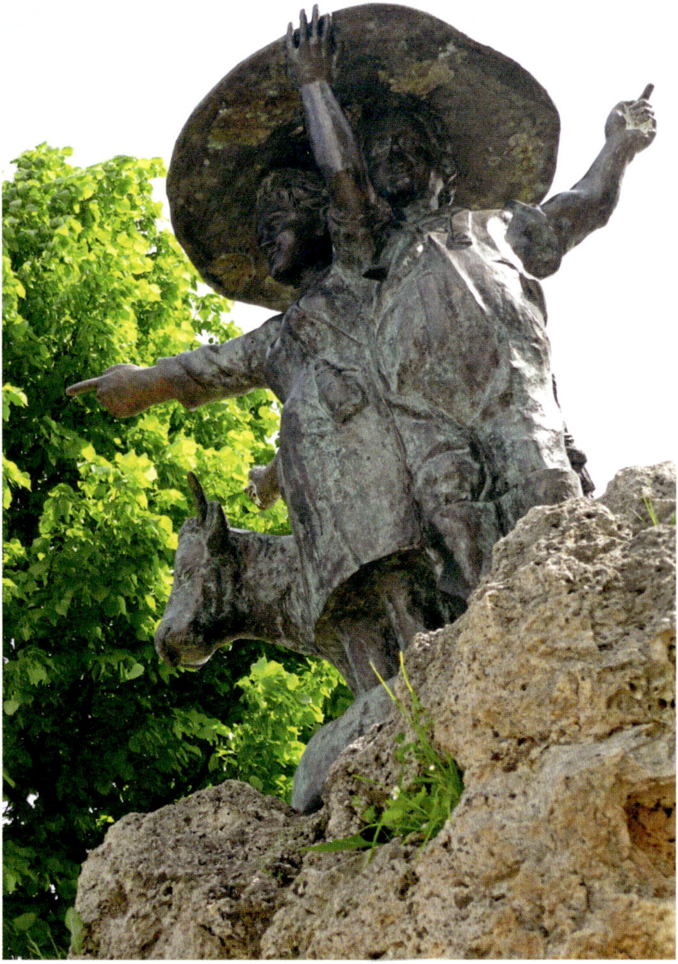

Drei Bauern unter einem Hut stellt das Uttinger Flurbereinigungsdenkmal dar. Offenbar ist das gar nicht so einfach, denn die Figuren inmitten der Felder zeigen in alle Himmelsrichtungen.

Ortsausgängen von Oberschondorf mächtige Linden, die den Vorüberziehenden den Weg in alle vier Himmelsrichtungen wiesen. Wir biegen nach links in die Lerchenstraße ab und haben den »Einstieg« in den Ammersee-Höhenweg gefunden. Jetzt geht es meist ohne große Steigungen dahin. Im Westen reckt sich der filigrane Kirchturm von Hechenwang aus den Wiesenhügeln. Eine Straße führt weiter zum Staatsgut Achselschwang. Hier werden Rinder gezüchtet. Die Pferdehaltung ist privatisiert. Ein kleiner Abstecher führt zu einer Keltenschanze, an die Erdwälle erinnern. Streckenweise verläuft der Höhenweg über die Uttinger Flur auf einer ehemaligen Römerstraße (Via Raetia) von Augsburg (Augusta Vindelicorum) über Raisting und Weilheim nach Garmisch-Partenkirchen und Mittenwald. 15 v. Chr. hatten die Römer Südbayern erobert. Die Trasse, auf der wir radeln, wurde jedoch erst zu Beginn des dritten Jahrhunderts erbaut. Sie erlangte als Militärstraße und Handelsweg schnell an Bedeutung.

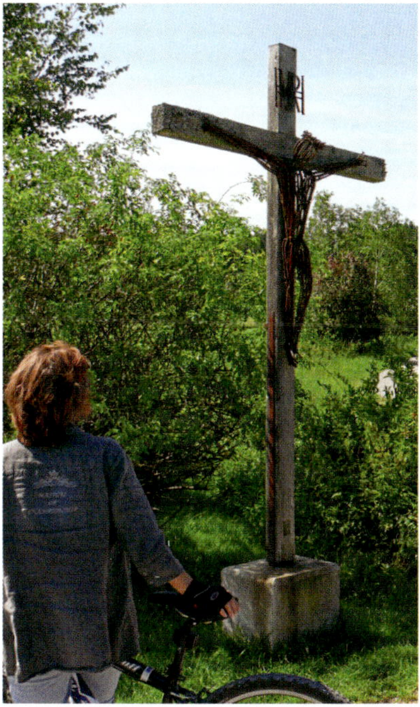

Ein surrealistich anmutendes Feldkreuz steht am Ammersee-Höhenweg.

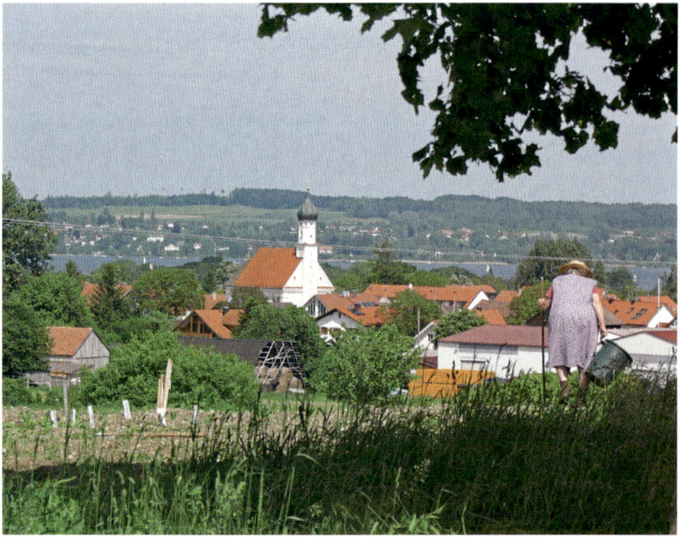

Einen noch sehr bäuerlichen Charakter hat der Ammersee in seinem Hinterland. Über die Uttinger St.-Leonhard-Kirche reicht der Blick bis hinüber nach Breitbrunn am Westufer.

Etwa bei Kilometer sieben unserer Höhentour gabelt sich der Weg an einem surrealistisch anmutenden Feldkreuz. Hier geradeaus fahren und nicht nach rechts den Berg hinauf, obwohl Radlschilder dorthin zeigen. Wenig später führt eine Brücke über einen Bach. An der nächsten Weggabelung nach rechts Richtung Dießen. Feuchtbiotope am Wegrand gehen auf Toteiskessel zurück, die vor etwa 18 000 Jahren entstanden, als die Gletscher abschmolzen. Nach einer knappen Stunde erreichen wir Hübschenried, ein staatliches Gut, auf dem bis zu 220 Kalbinnen für Achselschwang aufgezogen werden. Der Höhenweg führt noch ein kurzes Stück weiter, um dann nach links kerzengerade den Berg hinunter Richtung Riederau abzuschwenken. Sehenswert ist die Kapelle von Bierdorf. Ihr Renaissance-Altar entstand um 1600. Sechs Bauern haben das Kirchlein 1803 vor der Säkularisation bewahrt, indem sie es kauften. An der Kapelle geht es nach links. In Bierdorf säumen behäbige alte Bauernhöfe den Weg. Wir unterqueren die Straße Hauptverkehrsstraße und haben auch schon das Seeufer erreicht.

Die Seeumrunder setzen ihre Tour in Richtung Dießen fort. Wer nur die Kurztour – Höhenweg hin, Seeweg zurück – fahren will, wendet sich nach Norden. Zum gemütlichen Abschluss der Tour bietet sich das Gasthaus zum »Aleks« (früher »Zum Wastl«) in der Bahnhofstraße 18 an (Tel.: 081 92/996 73 82). Das Haus wurde 1898 als Villa Mader erbaut. Im Innern illustrieren alte Fotos seine Geschichte. Bis 1979 war es Kramerladen, Poststelle und Kaufhaus. Seit 1980 ist es eine Wirtschaft. Der frühere, inzwischen verstorbene, Wirt Sebastian (Wastl) Portenlänger war ein ehemaliger Schiffskoch.

Ost

Streckenlänge von Pähl nach Herrsching: 15,6 km, **Zeit:** 1:10 Stunden. **Routenverlauf:** Siehe Übersichtskarte.

Der Höhenweg am Ostufer des Ammersees lässt sich wie die westliche Variante gut in eine Seeumrundung einbauen. Dafür nach Verlassen des Vogel- und Naturschutzgebiets und Überqueren der Ammerbrücke nicht den üblichen Rundweg über Fischen in Richtung Herrsching weiterfahren, sondern gleich nach der Brücke nach rechts ein Stück an der Ammer entlang. Über den Eichhofgraben zur Weilheimer Straße (St. 2056), wo wir nach rechts in den Radweg einbiegen und 1,4 km der Straße folgen. Durch eine Unterführung geht es über Am Sportplatz, Berndorferstraße und Kirchstraße ins Ortszentrum von Pähl. Für eine Brotzeit bietet sich die »Alte Post« in der Ortsmitte an, beziehungsweise gegenüber »Müllers Lust«. Weiter über Hesseloherstraße, Am Gasteig und Obere Burgleite den Berg hinauf. Schöner Blick auf Wettersteingebirge, Hohenpeißenberg, die Raistinger Pilze und Dießen. Variante: Über die Sternstraße, bzw. Am Gasteig unterhalb des Hochschlosses Pähl kleiner Fußmarsch in die wildromantische Pähler Schlucht, an deren Ende wie in einem alten Zorro-Film ein Wasserfall herabstürzt. Einfach sind es 900 m. Wer vornehmes Ambiente mag, kehrt in das Restaurant Pfaffenwinkel des Golfclubs Hohenpähl ein, das mit Ausnahme von Golfturnieren öffentlich zugänglich ist. Das Hochschloss Pähl, ein altbayerischer Adelssitz und in seiner heutigen Form aus den Jahren 1883 bis 1885, befindet sich in Privatbesitz und ist nicht zu besichtigen. Ein lohnenswerter Abstecher bietet sich nach Kerschlach an (3 km). Dort sitzt und isst man gut in der Tagesbar von Gut Kerschlach.

Wir wollen aber weiter und folgen dem beschilderten Weg durch den Wald Richtung Andechs, nicht zum Hartschimmelhof der Familie Haushofer, denn das ist Privatgelände. Die offenen Weiden des malerisch am Hang gelegenen Hofes werden seit Jahrzehnten nicht gedüngt. Die Familie praktiziert die naturnahe Landwirtschaft. Vor mehr als hundert Jahren haben die Haushofers das Anwesen gekauft. Karl und Martha Haushofer waren die Eltern des von den Nazis ermordeten Schriftstellers und Widerstandskämpfers Albrecht Haushofer. Bekannt wurde er durch die Moabiter Sonetten. Im Wald passieren wir die Hardt-Kapelle. Sie war die Vorlage für Moritz von Schwinds »Waldkapelle«. Danach halten wir uns an einer Weggabel nach links. Der Wald wird lichter und mündet in eine von prächtigen Eichen und

Buchen bestandene Weidelandschaft mit einem schönen Ausblick auf den Ammersee und Dießen. Der Höhenweg endet an der Straße von Fischen nach Andechs an einem Aussichtspunkt mit Ausblick auf den Ammersee. Wir überqueren die Herrschinger Straße und fahren in die Erlinger Höhe bis zur Einmündung in den Hörndlweg, ein Schotterweg durch Wiesen. Dann geht es im Wald bergab. Nach 2,3 Kilometer mündet der Hörndlweg in die Kientalstraße. Hier reihen wir uns ein in die Karawane der »Pilger«, die vom Heiligen Berg Andechs durch das Kiental hinunter zur S-Bahn nach Herrsching wandern.

Wer zurück nach Pähl radeln muss, weil dort das Auto steht, nimmt den Radweg entlang der Seeuferstraße und ist nach 15,6 Kilometern und knapp einer Stunde wieder am Ausgangspunkt.

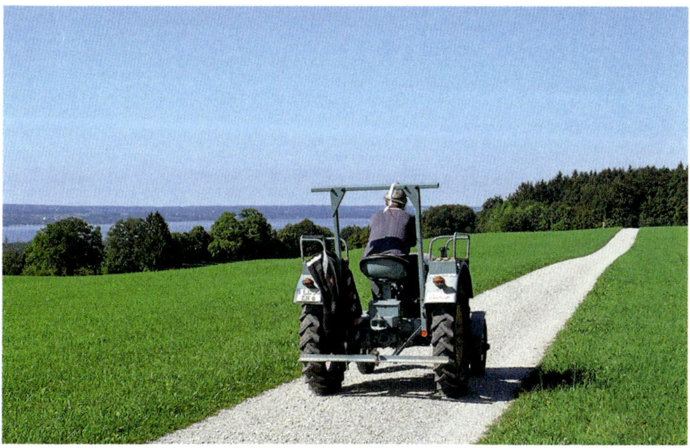

Ein besonderer Naturgenuss ist der Höhenweg am Ostufer. Deshalb fährt dort auch der Dießener Fischer Simon Rauch mit seinem Traktor spazieren.

Als Räuber den Rasso entführten

Im Januar 1867 schlichen finstere Gestalten um die Wallfahrtskirche in Grafrath und raubten die Gebeine des Heiligen – nur den Totenschädel ließen sie zurück

Streckenlänge 17 km, reine **Fahrzeit** 1 Stunde, ohne größere Steigungen.

Wir starten vom Parkplatz in Stegen. Auf einem kostenpflichtigen Parkplatz, und es gibt fast nur solche, unbedingt einen Parkschein lösen. Wir fahren auf dem Radweg nach Westen Richtung Eching und unterqueren die Autobahn. Während in Inning, das nur zwei Kilometer entfernt ist, noch bajuwarische Sprachmelodien zu hören sind, machen sich in Eching bereits schwäbische Einflüsse bemerkbar. Sehenswert ist die Pfarrkirche St. Peter und Paul, nach einem Dorfbrand 1766 neu erbaut vom Münchner Rokokobaumeister Leonhard Matthäus Gießl (1707 bis 1785). Am Dorfanger steht die Sebastiankapelle, ein schlichter Bau aus dem Jahr 1650. Er geht auf ein Gelöbnis zurück, als die Pest 20 Einwohner, mehr als ein Zehntel des damaligen Dorfes, hinwegraffte. Östlich davon erinnert eine Pestsäule aus Tuffstein aus dem Jahr 1548 an die Heimsuchung.
Es geht durch Eching, vorbei am Gasthaus Roming aus dem Jahr 1880. Empfehlenswert sind die Schnitzel. Die Tour lässt sich auch gegen den Uhrzeigersinn radeln, dann könnte man auf dem Rückweg hier einkehren. Wir folgen dem gut ausgeschilderten Ammer-Amper-Radweg und

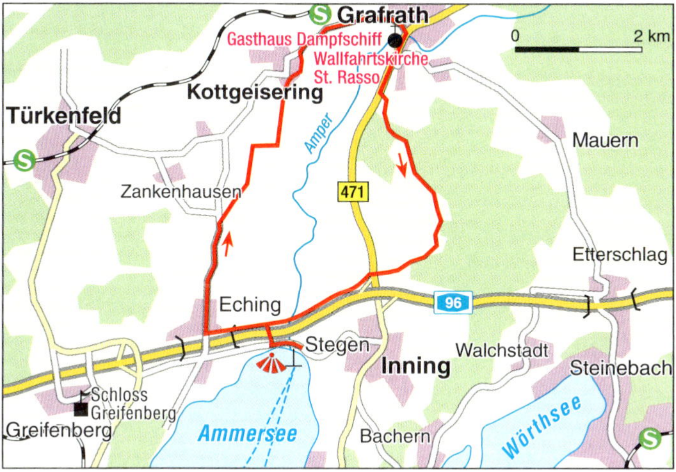

überqueren die Grenze zum Landkreis Fürstenfeldbruck. Rechts vom Weg erstreckt sich das Ampermoos. Das Naturschutzgebiet, in dem der Große Brachvogel und der Kiebitz leben, drohte trockenzufallen (siehe dazu: »Der Vogelflughafen«). Bald ist von der Straße nichts mehr zu hören, der Feldweg führt uns durch Wiesen und Waldstücke. Nach einer halben Stunde sind wir in Kottgeisering, ein malerisches Dorf, das sein Ortsbild weitgehend bewahrt hat. Die kleinen Bauernhäuser haben ihre Besitzer behutsam renoviert. Wenig später ist auch schon Grafrath und der Gasthof zum Dampfschiff erreicht. Sein Biergarten lädt zur Rast, aber auch ein Blick in das Innere der Wirtschaft ist zu empfehlen. Der Wirt hat ein Faible für die Porträts alter Hollywood-Stars, aber natürlich auch für die Fotos der alten Amperschiffe. Für den interessierten Radler hält er sogar einschlägige Literatur und Broschüren bereit. Als es die Ammersee-Bahn am Westufer des Ammersees und die Bahnverbindung von Pasing nach Herrsching noch nicht gab, erreichten die Ausflügler den See über die Bahnstation Grafrath. Dort marschierten sie hinunter an die Amper, um in eines der wartenden Schiffe zu steigen. Das brachte sie nach Stegen, wo dann der Umstieg auf ein Seeschiff erfolgte. Im Garten des Wirtshauses ist noch die Lände zu sehen, an der die Schiffe an- und ablegten. Vor der Einrichtung der Amper-Schifffahrt erreichte man den Ammersee wie der Maler Wilhelm Leibl. Der stieg in Türkenfeld aus dem Zug aus und wanderte über Greifenberg nach Schondorf. Erst 1903 entstand die Eisenbahnverbindung nach Herrsching.

Nach der Rast führt eine Brücke über die Amper zur zweiten Sehenswürdigkeit, der Wallfahrtskirche des Heiligen Rasso. Sie stand einst auf einer Insel namens Wörth und war

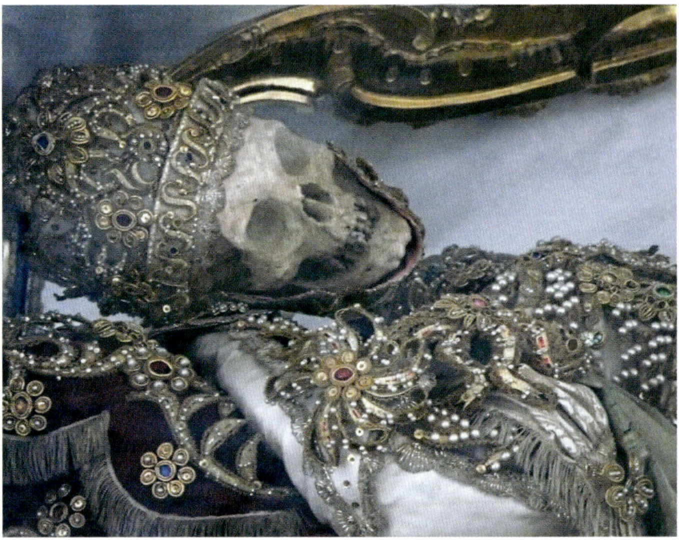

Die Gebeine des Heiligen Rasso in der Kirche von Grafrath haben eine wechselvolle Geschichte hinter sich.

von Amper und Ampermoos umschlossen. Im frühen Mittelalter gründete Graf Rath oder Rasso ein Benediktinerkloster und eine Kirche, in der er bestattet wurde. Das Stiftergrab ist der älteste Teil der Kirche, die in ihrer heutigen Form aus den Jahren nach 1688 stammt. Seit 1695 ruhen Rassos Gebeine auf dem Hochaltar. Johann Baptist Straub (1704 bis 1784) hat ihn geschaffen. Anthropologische Untersuchungen des Rasso-Schädels haben dessen Herkunft aus dem frühen Mittelalter bestätigt. Die im Boden eingelassene Grabplatte entspricht mit knapp zwei Metern Länge genau den Außenmaßen des Grabes. Rasso muss also für die damaligen Maßstäbe ein Riese gewesen sein.

Was der Kirchenführer von Schnell & Steiner nicht erwähnt: In der Nacht vom 29. auf den 30. Januar 1867 wehte ein kalter Wind, die Menschen kauerten hinter dem Ofen, das Land lag verlassen da. Allein um die Kirche schlichen finstere Gestalten – Räuber. Denn die Opferstöcke und Kunstwerke waren für Elendsvolk eine große Versuchung. Sie drangen ein und fielen über den Schrein des Heiligen her. Damit der große, mit Gold geschmückte Leib des Heiligen durch die Türöffnung passte, rissen sie diesen brutal auseinander und steckten alle Teile in Säcke. Nur das Haupt ließen sie zurück. Draußen im Wald warfen sie die Gebeine einfach ins Gebüsch. Sie hatten gemerkt, dass die goldenen Teile des Skeletts unecht waren. Der Frevel versetzte die Bevölkerung in Entsetzen, stand doch der heilige Rasso als Fürsprecher bei Krankheiten in allerhöchstem Ansehen. In monatelanger Sucharbeit sammelten Bauern, Schulkinder und Gendarmen die Knochen und Splitter wieder ein.
In Augsburg wurden die Überreste des Rasso neu gefasst und im Oktober 1867 in einer Prozession in die Wallfahrtskirche Grafrath zurückgebracht. Der spektakuläre Raub brachte den Plünderern zwar überregionalen Ruhm und

den Namen »Rassoräuber ein«, aber er besiegelte auch ihr Ende. Bald gingen die meisten Mitglieder der letzten großen Räuberbande des 19. Jahrhunderts in die Falle. Im Frühjahr 1869 wurde 19 Frauen und Männern der Prozess gemacht. Die sechs Hauptangeklagten wurden zu Zuchthausstrafen zwischen neun und 18 Jahren verurteilt. Der Kopf der Rassobande, Georg Müller, entkam allerdings. Am 13. Mai 1868 flüchtete er aus dem Gefängnis. Seine Spur verliert sich am Mississippi.

Die Örtlichkeit mit Wallfahrtskirche und Kloster hieß ursprünglich St. Grafrath. Erst 1972 schlossen sich die Gemeinden Wildenroth und Unteralting zur Gemeinde Grafrath zusammen. Nach ausgiebiger Betrachtung des denkwürdigen Platzes überqueren wir die stark befahrene B 471 und wenden uns nach Süden. Noch vor wenigen Jahren fiel hier ein stattliches Gebäude ins Auge, das sich harmonisch in das Ensemble einfügte, allerdings in einem bedauernswerten Zustand war. Es handelte sich um den Klostergasthof. Engagierte Bürger wollten ihn retten und einer öffentlichen Nutzung zuführen. Eine zweite Gruppe, die auf eine knappe Mehrheit im Gemeinderat zählen konnte, strebte zunächst den Umbau in ein »Landhotel« an. Der Gasthof wurde schließlich abgebrochen. Im neuen »Klosterwirt Höfe« sind 16 Luxuswohnungen mit »besonders hochwertiger Ausstattung« entstanden.

Wir lassen das Drama links liegen und wenden uns nach Süden, zunächst auf einem Radweg neben der Straße. Nach wenigen hundert Metern biegen wir in Höhe einer Gärtnerei nach links in einen für den Kraftfahrzeugverkehr gesperrten Feldweg ein. Es folgt eine erholsame Strecke durch Wald und Flur. Gleich zu Beginn fällt links am Weg ein riesiger Findling auf. Wir stehen vor dem Teufelsstein. Der

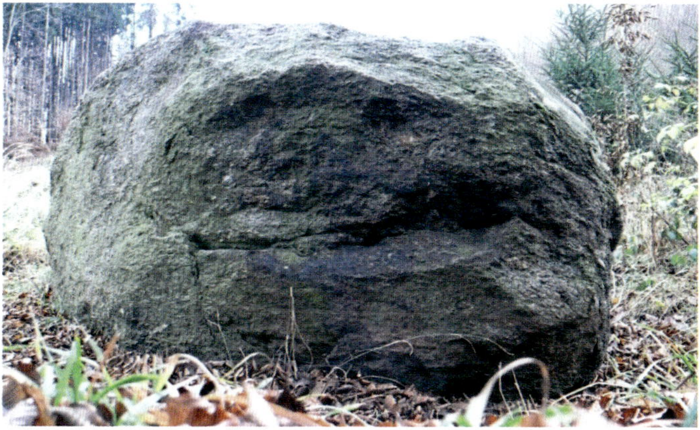

Diesen Stein am Weg von Grafrath nach Inning soll der Leibhaftige vor lauter Wut in den Boden gerammt haben.

Sage nach war Luzifer die prächtige Rasso-Kirche ein Dorn im Auge. Aus den Alpen schleppte er einen großen Stein herbei, um diesen auf das Gotteshaus zu werfen. Weil der Stein so groß war, sah er aber den Weg nicht mehr. Völlig ermattet ließ er sich nieder und fragte ein altes Weiblein, das des Weges kam, wo er die Kirche finde. Das Weiblein erkannte den Teufel und bekreuzigte sich, hatte aber so viel Courage, dass es ihn in die falsche Richtung schickte. Irgendwann gab der Teufel entnervt auf. Vor lauter Wut rammte er den Stein in den Boden. Da steckt er heute noch.

Vor der Autobahnmeisterei biegt der Weg nach links ab. Wer sich noch in Inning umschauen will, unterquert die Autobahn. Zurück zum Ammersee führt die Landsberger Straße. Geradeaus geht es an der Autobahn entlang bis zur Bogenbrücke über die Amper. Dort lässt sich die lärmende Verkehrsader unterqueren. Wenig später sind wir wieder am Ausgangsort.

Drei Kleine sind zusammen auch groß

Eine Fahrt um Pilsensee, Wörthsee und Weßlinger See bietet Einkehrmöglichkeiten, Badeplätze und eine abwechslungsreiche Landschaft

Streckenlänge 34 Kilometer, **reine Fahrzeit** 3 Stunden, mehrere steile Berge.

Vom S-Bahnhof Herrsching geht es nach Norden über die Rieder Straße und noch vor dem Bahnübergang rechts in den Rieder Weg. Nach dem Abschmelzen der Gletscher bildeten das Herrschinger Moos und der Pilsensee einen Seitenarm des Ammersees. Der Schutt des Kienbachs trennte die beiden. Durch das dichte Schilf hebt sich in der Ferne Schloss Seefeld ab, das auch eine Station auf unserer Tour sein wird. Linker Hand steht jenseits der Bahn ein markanter Turm, dessen Entstehung sich unschwer in die NS-Zeit datieren lässt. Heute lernen dort angehende Beamte ihr Metier. Vom Pilsensee lässt sich ab und zu ein Blick erhaschen, wenn die Uferbebauung voller architektonischer Vielfalt eine Lücke lässt. Erst am Strandbad Pilsensee gelingt der Zutritt zum Seeufer. Die Seestraße mündet in Hechendorf in die Inninger Straße, in die wir nach links abbiegen und den kleinen Berg durch den Ort erklimmen. Kurz nach dem Ortsende bietet sich ein erhebender Blick auf das Kloster Andechs vor grandioser Bergkulisse. Ein Radweg führt bis zum Wörthsee, endet aber abrupt in Schlagenhofen. Dann muss der Radler leider auf die schmale Straße wechseln. Wir

verlassen sie nach rechts Richtung Bachern, wo der Gasthof Mutz zur Rast einlädt. Vor dem Ufer liegt die private Mausinsel. Der Sage nach lebte einst ein geiziger Graf auf Schloss Seefeld. Während einer Hungersnot soll er die Bittsteller, die ihn um Brot anbettelten, in eine Scheune gesperrt und diese angezündet haben. Ihre Schreie gab er als Piepsen von Mäusen und Ratten aus. Fortan machten ihm die Tiere das Leben schwer. Da flüchtete der Graf auf die Insel Wörth. Doch auch dort ließen sie ihn nicht in Ruhe. Zur Strafe soll der hartherzige Mann von Mäusen zernagt worden sein.
Wir sind jetzt etwa eine Stunde unterwegs. Hinter Bachern erfreut ein Stück freie Landschaft unser Auge. Das ändert sich wieder, wenn wir nach der Bacherner Straße in Walchstadt nach rechts in die Hintere und dann nach links in die Vordere Seestraße abbiegen. Bade- und Einkehrmöglichkeit bietet das Strandbad. Am Hang fällt ein Privathaus auf, das mit seinen Türmchen an den Landsitz eines Ritters erinnert. Weiter geht es bis zum Ende der Vorderen Seestraße, jedoch

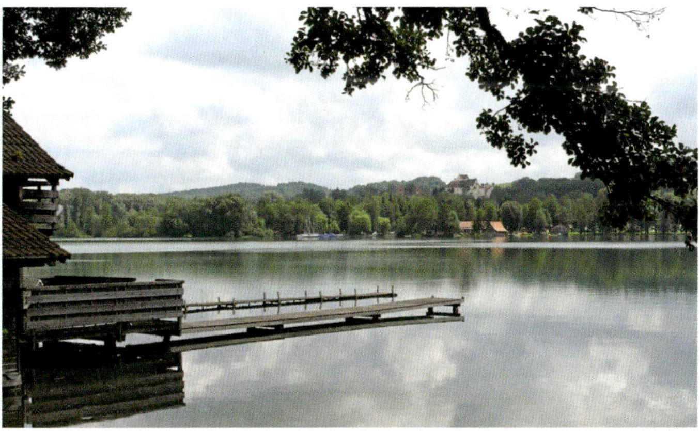

Über den Pilsensee schweift der Blick hinüber zum Schloss Seefeld.

nicht auf die Wörthseestraße. Wir biegen nach rechts ab, fahren den Hang hinunter und gleich nach links in die Seewiese. Sie führt uns auf den Seeuferweg bis zum »Seehaus Raabe« direkt am Ufer. Hier sitzt und isst man gut, den Blick auf See und Berge inklusive. Das Lokal geht auf ein Strandbad zurück, das Karl Raabe 1913 errichtete. Mit gebrauchten Badekabinen aus Leoni am Starnberger See, die auf der 1903 eröffneten Eisenbahnlinie München-Herrsching nach Steinebach transportiert wurden. Steinebach war auch die Heimat des »Tiger Willi« (1947 bis 2018). Der skurrile bayerische Songpoet vermengte in seinen Liedern Schopenhauer, Alltagserlebnisse und pralle Erotik zu einer unverwechselbaren, bizarren Mischung.

Nach der Rast fahren wir ein paar Meter zurück und folgen nach rechts der Maistraße bergan bis zur Etterschlager Straße, die wir überqueren und nach links versetzt in die Schluifelder Straße einbiegen. An der Schluisee-Straße vorbei geht es weiter geradeaus durch Felder, Wiesen und einen Wald. Querab links liegt das Naturschutzgebiet Schluisee. Wir durchqueren den Golfplatz Schluifeld. Der geteerte Weg macht einen Schwenk nach rechts und wird zur Grünsinker Straße. In einer Waldlichtung lädt die Grünsinker Wallfahrtskapelle »Maria Hilf« zur Besichtigung ein. Der Legende nach soll sich einst ein gräflich-toerringischer Jäger zwischen den zahlreichen Sumpflöchern verlaufen haben. In seiner Not flehte er zur Muttergottes, sie möge ihn auf den rechten Weg zur »Grünen Senke« zurückführen. Er wurde erhört und stellte zum Dank ein Marienbild in einem Birnbaum auf. 1763 wurde an dieser Stelle eine Kapelle errichtet, die nach einem Blitzschlag von 1912 bis 1914 durch eine Kirche ersetzt wurde. Sehenswert sind auch der Kreuzweg und die Votivbilder. Die Barockorgel stammt von Joseph Gloner (1713 bis 1799).

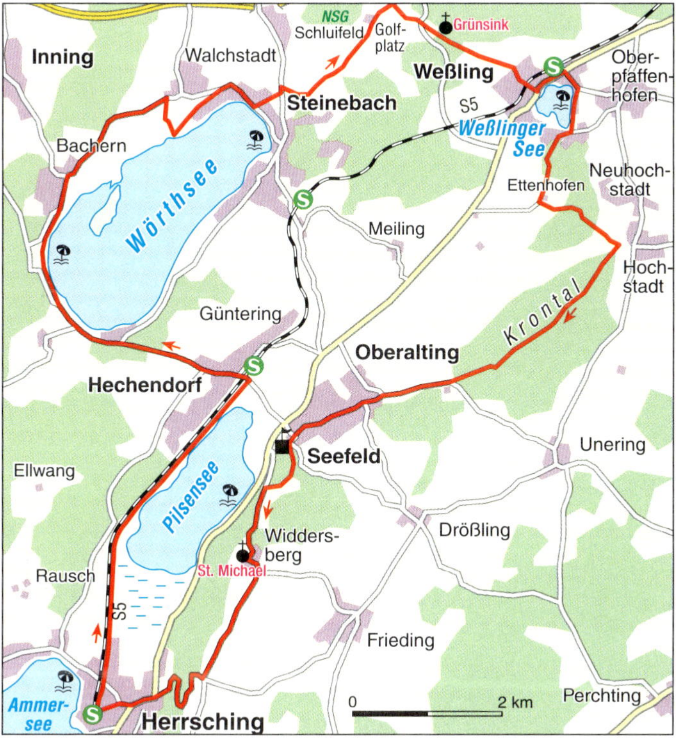

Wir verlassen diesen schattigen Ort und radeln auf der Grünsinker Straße nach Weßling hinein, überqueren die Hauptstraße und erreichen durch das Hans-Schottenhamel-Gasserl den Weßlinger See. Er ist der Kleinste im »Fünfseenland« und entstand ebenfalls nach der Würm-Eiszeit. In der Mitte steigt eine Wasserfontäne in die Höhe. Sie dient jedoch nicht als Attraktion, sondern belüftet das sauerstoffarme Gewässer und bewahrt es seit Jahren vor dem Umkippen. Dahinter steht die alte Pfarrkirche Mariä Himmelfahrt. Ihr heutiges Erscheinungsbild erhielt sie 1866

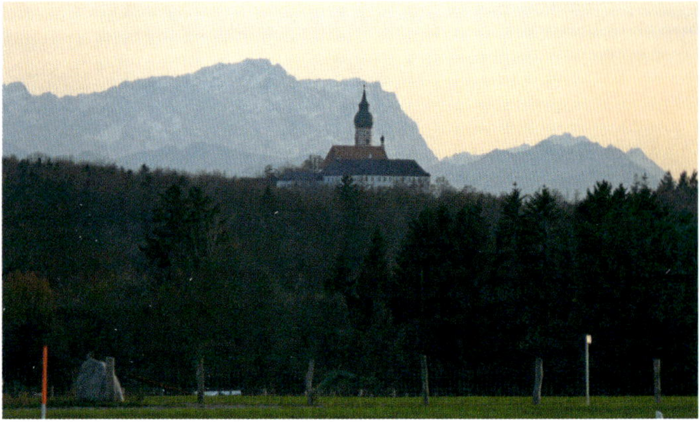

Kloster Andechs scheint direkt unterhalb der Zugspitze zu liegen.

im Stil des Rokoko. Weiter »Am Seefeld« den See entlang und dann nach rechts in die Ettenhofener Straße. Wir folgen ihr in südlicher Richtung. Nach wenigen hundert Metern hört die Siedlung auf. Zunächst geht es durch ein Waldstück, dann beginnen Wiesen, auf denen Pferde weiden. Ein Gehöft der vornehmen Art lassen wir rechts liegen, folgen danach aber nicht der Ettenhofener Straße, die uns weiter nach Delling und Meiling zum allseits bekannten Sepperl-Wirt und letztlich wieder an den Pilsensee führen würde.

Wir biegen in den Landwirtschaftsweg nach links ab und strampeln einen steilen Berg hinauf. Der Weg führt durch ein Waldgebiet bis kurz vor Neu-Hochstadt. Dort führt der beschilderte Kreisradwanderweg nach rechts Richtung Oberalting im Süden. Er verläuft durch ein bergiges Waldgebiet, darunter den privaten Altinger Wildpark. Zwei Schutzgatter sind zu öffnen und zu schließen. Im Park immer geradeaus, nicht abbiegen. Wir stoßen auf die Ueringer Straße, der wir nach rechts folgen. Linker Hand erstreckt sich der Espe-Komplex, ein Hersteller von Medizin-Technik. Gleich gegenüber lohnt sich eine kurze Rast auf dem Griesberg, der einen Rundblick auf Meiling, Hechendorf und Oberalting bietet.

Zur Entlastung der Wadeln geht es jetzt einmal bergab hinein nach Oberalting. Doch nicht zu schnell, denn wir müssen im Ort nach links in die Kirchenstraße abbiegen und dort wieder ein kleines Stück bergauf radeln. Sehenswert die spätgotische Kirche St. Peter mit den Grabsteinen derer zu Toerring-Seefeld. Wie es sich nach alter bayerischer Tradition gehört, liegt gegenüber das Gasthaus, das seit 1866 von der Familie Ruf geführt wird. Gestärkt geht es ein gutes Stück weiter durch die Hauptstraße. Wir biegen nach links in die Graf-Toerring-Straße ab und erreichen Schloss Seefeld. 1300 erstmals urkundlich erwähnt, ist es seit 1500 Stammsitz der Grafen Toerring. Noch heute wohnt die Familie im Schloss, weshalb es nicht zu besichtigen ist. Hans-Caspar Graf zu Toerring-Jettenbach ließ in den 1990er Jahren die vielen kleinen Gebäude rund um den Hof renovieren und schuf so die Voraussetzung für ein buntes Treiben. Für das Filmkunst-Kino »Breitwand« ist es noch zu früh, dafür laden die diversen Geschäfte und das Bräustüberl zum Besuch. Oder darf's ein exklusives Einrichtungsstück aus dem Kokon-Ableger sein, Kunsthandwerk von Alice Gräfin Toerring, oder ein ausgefallener Kaminofen? Alles ist hier zu besichtigen und zu haben.

Nach einer ausgiebigen Pause lassen wir die Lifestyle-Oase hinter uns. Noch im Schlosshof biegt eine Straße vor dem Torbogen nach links den Berg hinunter ab. Wir halten uns links der Seefelder Straße und erreichen nach wenigen Metern die Dorfstraße, die nach Widdersberg abzweigt. Wer müde ist und sich nicht mehr anstrengen will, kann geradeaus Richtung Herrsching weiterfahren. Allerdings macht es auf der stark befahrenen Straße keinen Spaß. Der steile Berg, der jetzt kommt, ist eine echte Herausforderung für Kondition und Fahrrad. Der Autor hat es ohne abzusteigen geschafft, allerdings im kleinsten Gang. Über einem großen Weiher, dessen Wasser einst eine Mühle antrieb, grüßt die Kirche St. Michael von Widdersberg herab. Auf dem kleinen Friedhof um die Kirche liegen etliche prominente Persönlichkeiten begraben, darunter Hans Kroll (1898 bis 1967). Unter Bundeskanzler Konrad Adenauer war Kroll Botschafter unter anderem in Moskau. In zähen Verhandlungen brachte er zusammen mit Adenauer in den 1950er Jahren die deutschen Kriegsgefangenen nach Hause, hat aber auch mit spektakulären Alleingängen viel Staub aufgewirbelt.

Ein paar Gräber weiter liegt Helene Böhlau (1859 bis 1940), Tochter eines Weimarer Verlagsbuchhändlers. Sie genoss eine sorgfältige Privaterziehung. Um ihren geistigen Horizont zu erweitern, schickte man sie auf Reisen ins Ausland. Auf einer solchen Reise in den Orient lernte sie den Architekten und Privatgelehrten Friedrich Arndt kennen und lieben. Um Helene als zweite Frau heiraten zu können, konvertierte dieser vom Judentum zum Islam und nannte sich fortan Omar al Raschid Bey. Nach der Hochzeit 1886 lebte das Ehepaar ein Jahr lang in Konstantinopel, dann in München. Nach dem Tod des Ehemannes 1911 wohnte Helene Böhlau in Ingolstadt, München, Widdersberg und Augsburg. Sie veröffentlichte weiterhin unter ihrem Geburtsnamen, manchmal mit dem Zusatz »Frau al Raschid Bey«. Ihr Sohn bildete 1915 als etwa 25-jähriger Gefreiter in München Rekruten aus, darunter den Schriftsteller Victor Klemperer (1881bis 1960).

Widdersberg, strategisch günstig gelegen, war bereits unter der römischen Besatzung im Jahr 179 n. Chr. eine Straßen-

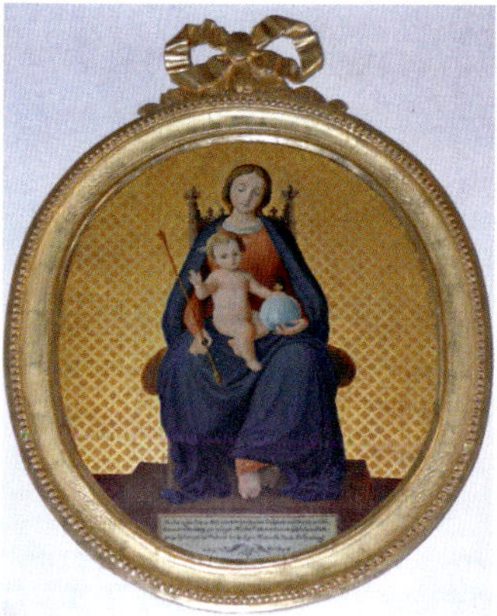

Diese Mariendarstellung schmückt die Wallfahrtskapelle Maria Hilf von Grünsink.

station. Ob allerdings der römische Grabstein in der Außenmauer der Kirche, der ein römisches Ehepaar zeigt, aus dieser Gegend stammt, ist nicht gesichert. Später residierten auf dem »Widersperch« die Ministerialen der mächtigen Grafen von Andechs-Meranien. Ihre Burg auf dem Hügel über dem Weiher heißt noch heute »Burabichl«. Wir folgen der Andechser Straße in südliche Richtung und kommen bald an den Punkt, vom dem aus die Fotografen an Föhntagen dank starker Teleobjektive das Kloster Andechs direkt vor die Zugspitze verpflanzen. Wirklich ein fulminanter Ausblick.

Wer dem Ruf des Berges nicht mehr widerstehen kann, radelt einfach geradeaus weiter und kommt direkt unterhalb des Klosters an. Die Herrschinger Straße führt von dort zurück zum Ausgangspunkt. Doch Obacht, die Promille-Grenze gilt auch für Radler.

Wer nicht nach Andechs will, biegt an der Kreuzung Andechser-/Schmidschneiderstraße nach rechts Richtung Herrsching ab. Jetzt kann man es hinunter laufen lassen bis zur Einmündung in die Seefelder Straße. Vorsicht, sie ist stark befahren. Die Seefelder- wird zur Luitpold- und dann zur Bahnhofstraße. Wir haben es geschafft.

Sehenswürdigkeiten, Aktivitäten, Einkehrtipps und Wanderungen rund um den Ammersee

(Die empfohlenen Wanderungen sind mit ihren Nummern in der Übersichtskarte am Anfang des Buches zu finden)

HERRSCHING (Bahnstation, Schiffsanlegestelle, 568 m über NHN)

Sehenswert Die **Uferpromenade mit dem Kurparkschlösschen**, Europas längste Binnenpromenade, ist die Schokoladenseite Herrschings. An einem schönen Sommernachmittag herrscht dort reges Treiben. Ausflügler streben zu den Schiffen der Ammersee-Flotte oder landen nach einer »Kreuzfahrt« am Dampfersteg an. Die Terrassen der Restaurants sind voll besetzt, man sieht sich und wird gesehen. Fischer preisen ihre Renken und Ruderboote an. Wer es sportlich mag, spielt eine Partie auf dem naturbelassenen Minigolfplatz und nimmt danach am »Bootshaus« eine Erfrischung. Oder geht gleich zum Baden in den See. Es herrscht eine ungezwungene Atmosphäre. Wenn dann noch die Sonne untergeht und die Szenerie in warmes, goldenes Licht taucht, wird der Ausflug zum Erlebnis. Das hat wahrscheinlich auch der Kunstmaler Ludwig Scheuermann (1859 – 1911) so empfunden. 1888 erwarb er ein großes Stück Seeufergrund und ließ darauf nach eigenen Plänen eine Villa im Stil italienischer Adelspaläste errichten. 1934 erwarb die Gemeinde den Besitz. Um die Villa wurde ein Park angelegt, weshalb sie heute Kurparkschlösschen heißt. Man kann dort auch heiraten. Termine vergibt die Gemeinde (Tel.: 0 81 52/374-56). Als

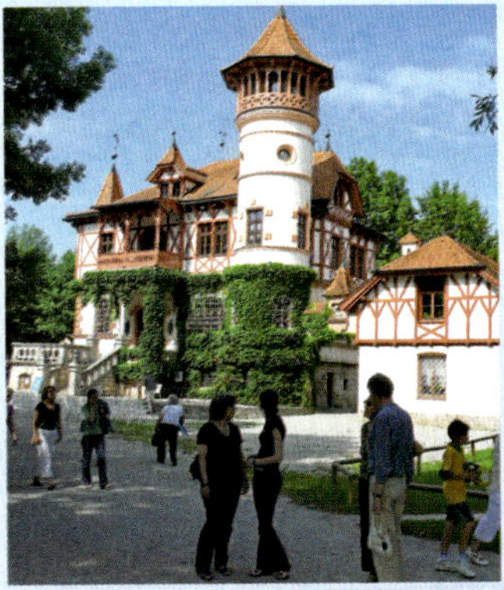

Das Kurparkschlösschen zählt zu den Attraktionen der Herrschinger Seepromenade.

Wahrzeichen der Ammersee-Gemeinde gilt die reizvoll auf einer Anhöhe gelegene **Kirche St. Martin** (Prinzenhöhe 6). Vermutlich handelte es sich um die Hauskirche des ersten Siedlers Horskeo und seiner Sippe. Erstmals fand sie um 1131/32 urkundliche Erwähnung. Zwölf Apostelstatuen aus dem 17. Jahrhundert säumen im Innern die Chorwände des spätmittelalterlichen Gotteshauses. Im 18. Jahrhundert erfolgte dessen barocker Ausbau. Auf dem ehemaligen Friedhof stehen alte schmiedeeiserne Grabkreuze des 18. Jahrhunderts bis ins frühe 20. Jahrhundert. An St. Martin kommt man von Andechs aus am Endpunkt des östlichen Ammersee-Höhenweges nach Verlassen des Kientals vorbei. Die Bronzestatue der Patrona Bavariae am Fuß des Kirchbergs gleicht dem Vorbild auf dem Münchner Marienplatz. Sie ist ein Ersatz für die Lourdes-Madonna, die 1872 nach dem Feldzug von 1870/71 zum Dank für den Sieg über Frankreich und die Gründung des Deutschen Reiches aufgestellt worden war. Etwa 100 Jahre später musste die alte Säule einer Straßenerweiterung weichen und wurde an neuer Stelle durch die neue Figur ersetzt.

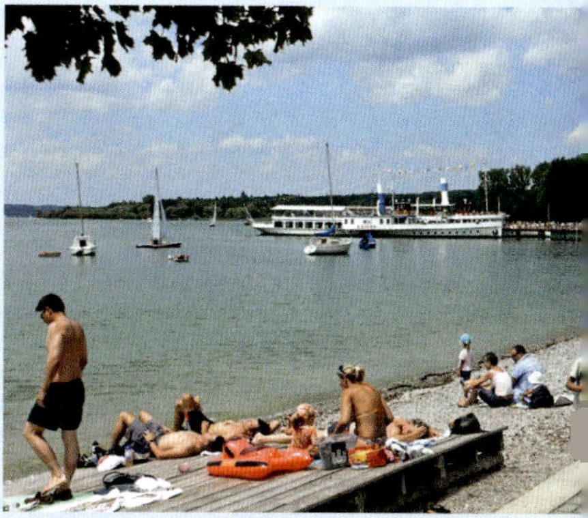

Beschaulich geht es an einem Sommerwochenende in der Herrschinger Bucht zu.

Ganzjährig über den Friedhof am Mitterweg zugänglich ist der **Archäologische Park** Herrsching. Schautafeln beschreiben Spuren aus der Frühzeit des Ortes. Hier stand vom 2. bis 4. Jahrhundert n.Chr. ein römisches Landgut (Villa rustica), dessen Bewohner den Luxus eines Badehauses genossen. Die Lage des Bades ist ebenso markiert wie die einiger Bajuwarengräber. Eine molekularbiologische Untersuchung der etwa 1300 Jahre alten Skelette hat ergeben, dass es sich um Angehörige eines Adelsgeschlechts handelte, die miteinander verwandt waren. Die Ausstellung in der Adelskirche auf dem Gelände zeigt Nachbildungen eines Gürtels mit Delphinmotiv, Fundstücke wie Münzen, Putzreste, Tonscherben und Sechen, geschmiedete Eisenspitzen, die zum Aufbrechen der Erde vor dem Pflug dienten. Eine Austernschale zeugt davon, dass es sich die Bewohner gut gehen ließen. Von Mai bis September ist die Ausstellung bei freiem Eintritt jeden Sonntag von 11 bis 12.30 Uhr geöffnet. Außerhalb der Öffnungszeiten bietet der Verein für Archäologie und Geschichte Herrsching auch kostenlose Sonderführungen für Gruppen an (Tel.: 0 81 52/8870). **Panoramablick** über den Ammersee, Kloster Andechs und die Alpen auf dem Weg zu den Weilern Rausch und Ellwang. Beschauliche bäuerliche Idylle.

Aktivitäten ***Bootsverleih goro Stumbaum***, Summerstraße 22, 82211 Herrsching, Tel.: 0 81 52/56 63, www.elgoro.de, 9 Uhr bis Sonnenuntergang. ***Fischerei Schlamp,*** 82211 Herrsching, Seestraße 41, Tel.: 0 81 52/35 54. ***Minigolfplatz direkt am See***, 82211 Herrsching, Summerstraße 36, Tel.: 0 81 52/93 35 46, www.facebook.com/Bootshaus-und-Minigolf-Herrsching-130969393612762/. ***Windsurfschule Herrsching***, Lutz Schilling, 82211 Herrsching, Keramikstraße 13, Tel.: 080 31/469 95 96, Fax: 0 80 31/887 45 75, www.windsurfschule-herrsching.de

Einkehr ***Matos Fischladen,*** Summerstraße 22, 82211 Herrsching, Tel.: 081 52/13 75, www.matosfisch.de 9 bis 18 Uhr, Montag u. Dienstag geschlossen. ***Steg 1*** Herrsching im Strandbad Seewinkel, Keramikstraße 1-3, 82212 Herrsching, Tel.: 081 52/930 90, 9 bis 23 Uhr. ***Restaurant Seespitz***, 82211 Herrsching, Am Mühlfeld 2, Tel.: 081 52/484 96 54, tägl. geöffnet von 11.30 bis 14.30 Uhr u. 17.30 bis 23 Uhr, www.seespitz-ammersee.de; ***Kiosk am Rosengarten***, Minigolf u. »Bootshaus«, Summerstraße 36, 82211 Herrsching, nach Wetterlage täglich 10 bis 22 Uhr, Tel.: 0 173/266 85 02; ***Andechser Hof***, Zum Landungssteg 1, 82211 Herrsching, Tel.: 08152/96810, tägl. ab 10 Uhr, www.arthotel-herrsching.de; ***Seehof Herrsching***, Seestraße 58, 82211 Herrsching, Tel.: 081 52/93 50, www.seehof-ammersee.de, Montag bis Freitag bei Sonne durchgehend geöffnet, bei Regen 11 bis 14.30 Uhr und 18 bis 23 Uhr, Samstag, Sonntag, feiertags durchgehend geöffnet. ***Gasthof Hotel zur Post***, Andechser Straße 1, 82211 Herrsching, Tel.: 08152/396270, www.post-herrsching.de, täglich 11.30 bis 22 Uhr.

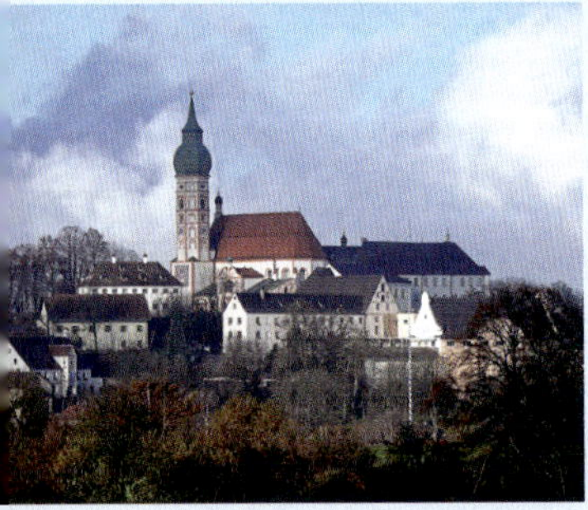

Der »Heilige Berg« in Andechs ist einen Ausflug wert.

Wandern ① Vom S-Bahnhof Herrsching durch das Kiental zum Kloster Andechs. Zurück durch den Wald vorbei am verschwundenen Dorf

Ramsee zur Weißen Säule in Wartaweil und am Seeufer zurück nach Herrsching. Gehzeit 3:12 Stunden, 14,8 km, www.starnbergammersee.de

Einkehr ***Kloster Andechs***, Bergstraße 2, 82346 Andechs, Tel.: 081 52/376-261, täglich 10 bis 20 Uhr, Brotzeit darf mitgebracht werden. www.andechs.de.

Wandern ② Von Herrsching (S-Bahnhof) rund um den Pilsensee über Hechendorf, Seefeld und Widdersberg. Gehzeit 3:11 Stunden, 11,5 km.

Einkehr ***Kiosk Strandbad Pilsensee***, Badeweg 68, 82229 Seefeld, Tel.: 0171 1746474, www.strandbad-pilsensee.de. Siehe auch Seefeld und Widdersberg.

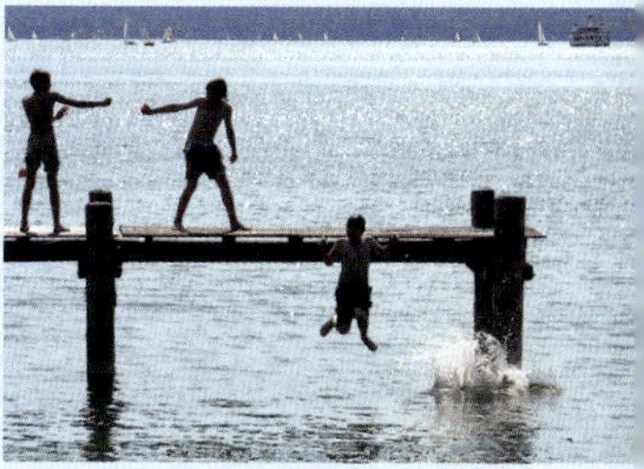

Der Badespaß ist ungetrübt, denn der Ammersee hat eine hervorragende Wasserqualität.

BREITBRUNN (RVO-Bus 957, Schiffsanlegestelle, 564 m ü. NHN)

Aktivitäten Schöner Badestrand neben dem Dampfersteg. ***Bootsverleih Josef Perchtold***, Tel.: 081 52/63 24;

Einkehr ***SchokoSphäre Chocolaterie und Café***, Kirchstraße 11, 82211 Herrsching, Tel.: 015 22/665 56 17, www.schokosphaere.de, Mittwoch Ruhetag. ***La Perla del Lago Ristorante Pizzeria***, Hauptstraße 6, 82211 Herrsching-Breitbrunn, Tel.: 0 81 52/989 31 31, www.laperladellago.de, Mittwoch Ruhetag.

Wandern ③ Vom Parkplatz Seeuferstraße in Breitbrunn über die Wörthseestraße auf den Jaudesberg (615 m, schöne Aussicht), nach Schlagenhofen (Kapelle St. Michael um 1680) und zum Erholungsgebiet Oberndorf am Wörthsee (Badegelegenheit). Durch den Wald zurück nach Breitbrunn. Gehzeit 2 Stunden, 8,6 km.

INNING/ STEGEN (RVO-Bus 957, LVG-Bus 40, Schiffsanlegestelle, 533 m ü. NHN)

Sehenswert Obwohl Stegen nur aus ein paar Häusern besteht, ist es ein geschäftiger Ort an der Nordspitze des Ammersees. Die Amper verlässt den See, Autobahn

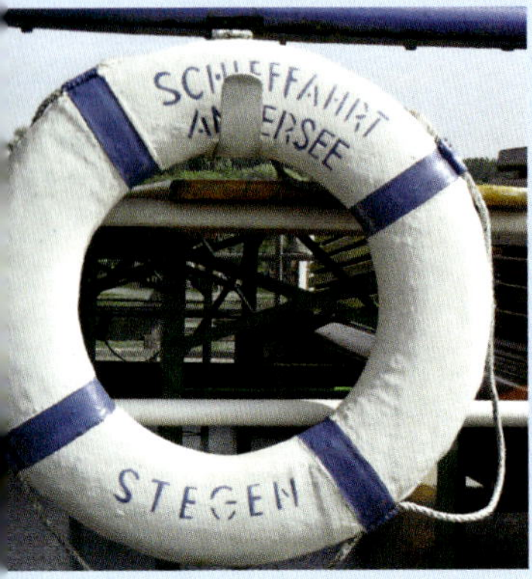

Stegen ist der Hafen der Ammersee-Schifffahrt.

und Ortsverbindungsstraße teilen sich das schmale Band zwischen See und Ampermoos. Die **Ammersee-Schifffahrt** hat hier ihren Stützpunkt samt Werftanlagen. Mehrere Gasthäuser laden zum Besuch. Was ihre Biergärten so attraktiv macht, ist der fulminante Blick über den See. Wenn in den Bergen noch Schnee liegt, ist das ein reizvoller Kontrast zum Blau des Wassers und im Frühjahr zum hellen Grün der bewaldeten Hänge.

Aktivitäten ***Badegelände Innig-Stegen***, Minigolfplatz Minigolf und Pit Pat, Landsberger Straße 86, 82266 Inning-Stegen, Tel.: 0178/6710872, www.minigolf-stegen.de, Tretboot-Verleih, ***Restaurant Fischer***, Landsberger Straße 80, 82266 Stegen, Tel.: 08143/992800, 9928020, www.fischer-ammersee.com, ***Ammersee-Surfschule Müller***, Surfkurse, Surf-/SUP-Verleih, Erholungsgebiet Eching, Kaagangerstraße, 82279 Eching, Tel.: 0179 7889285, Fax: 08141/346962, www.skischulemueller.de, ***Ballonfahrten rund um Ammersee und Starnberger See***, Tom Fels, Kapellenleite 9, 82386 Huglfing, Tel.: 08143/444551, www.ammersee-ballonfahrten.de

Einkehr ***Seehaus Schreyegg***, Landsberger Straße 78, 82266 Inning-Stegen, Tel.: 08143/992537, www.seehaus-schreyegg.com, täglich ab 11.30 Uhr. ***Fischer am Ammersee***, Landsberger Straße 80, 82266 Inning-Stegen, Tel.: 08143/992800, www.fischer-ammersee.com, Strandbar, Montag bis Sonntag 9 bis 23 Uhr. ***Alte Brauerei Stegen,*** Landsberger Straße 57, 82266 Inning-Stegen, Tel.: 08143/9976431, www.alte-brauerei-stegen.net, Mittwoch bis Samstag von 17 bis 22.30 Uhr, Sonntag von 11 bis 22.30 Uhr.

Wandern ④ Vom Parkplatz Stegen nach Unteralting (St. Mauritius um 1674) bei Grafrath, durch den Mauerner Wald nach Walchstadt, über Steinebach um den Wörthsee nach Bachern und zurück nach Stegen. Gehzeit 4:43 Stunden, 26 km.

Einkehr ***Seekiosk Rossschwemme***, Vordere Seestraße 61, 82237 Wörthsee-Walchstadt, Tel.: 0176 30448461, www.rossschwemme.de, siehe auch Extratour 3.

SCHONDORF (Bahnstation, Schiffsanlegestelle, 565 m ü. NHN)

Sehenswert Noch auf Echinger Flur entstand Anfang des vorvergangenen Jahrhunderts kurz vor Schondorf eine **Künstlerkolonie**. Die Maler zog es damals hinaus aufs Land. So auch Künstler des Schwabinger »Cocobello-Clubs«, darunter Hans Beat Wieland und Adelbert Niemeyer. Sie suchten nach passenden Grundstücken und wurden im Nordwesten des Ammersees bei Eching fündig. Am Steilufer zwischen See und Wald entstand eine Künstlerkolonie. Niemeyer baute eine klassizistische Villa, Wieland ein norwegisches Holzhaus. Obwohl es unter Denkmalschutz stand, mutierte es inzwischen zum Ziegelhaus.

Schondorf mit seinen alten Villen und Bootshäusern, der baumbestandenen Uferpromenade und kleinen Pensionen am Seeufer hat die Idylle der Sommerfrische bewahrt. Die **Kirche St. Jakobus** prägt das Bild des ehemaligen Ortsteils Unterschondorf. Um 1149 auf einem kleinen Hügel errichtet, diente der romanische Tuffsteinbau zunächst als Wehrkapelle. Der barocke Hochaltar der Doppelgeschosskirche entstand um 1660/1670, der Dachreiter wurde erst im 18. Jahrhundert aufgesetzt. Die Kirche war vermutlich eine Station auf dem Pilgerweg nach Santiago de Compostela und wird zu den am besten erhaltenen romanischen Sakralbauten des Pfaffenwinkels gezählt.

Die in Gelb gehaltene, weithin sichtbare **Kirche St. Anna** überragt mit ihrem schlanken Turm das frühere Oberschondorf. Der spätgotische Bau aus dem Jahr 1499 erfuhr im 17. und 18. Jahrhundert eine barocke Umgestaltung des Kircheninneren und der Turmspitze. Besonders sehenswert ist der Hochaltar aus Stuckmarmor, geschaffen 1725 von dem Stuckateur der Wessobrunner Schule, Franz Xaver Schmuzer (1713 bis 1775). Der Ortsteil hatte einst bäuerlichen Charakter. Mitte der 1830er Jahre öffnete die erste Gastwirtschaft, der »Sailer«.

Es gibt ihn heute noch.

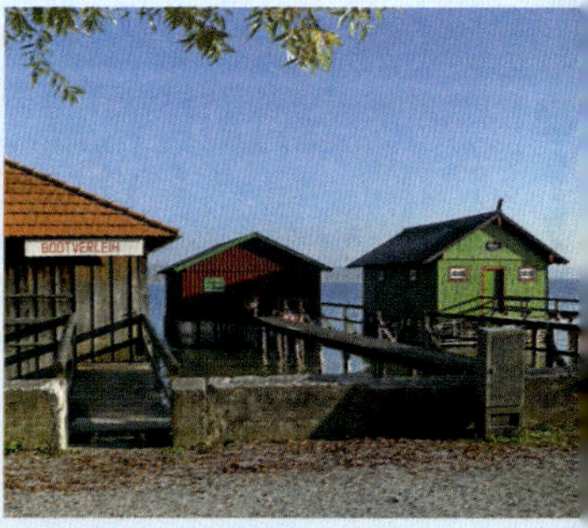

Die alten Boots- und Badehütten geben der Uferpromenade in Schondorf ein unverwechselbares Aussehen.

In dem Waldgebiet nördlich von Schondorf, dem Weingarten, liegen Hügelgräber aus der frühen Besiedlung der Gegend in der Hallstattzeit (800 bis 450 v. Chr.). Aus dem 3. Jahrhundert

n. Chr. stammt eine **römische Badeanlage** im Süden Schondorfs, deren Grundrisse Schüler des Landschulheims 1924 freilegten. Von der vermutlich dazu gehörenden **Villa Rustica** fanden sich keine Spuren mehr.

Aktivitäten ***Minigolf Seepromenade Süd***, 86938 Schondorf, Tel.: 081 92/99 83 43. www.minigolf-schondorf.de. ***Strandbad Forster*** mit großer Liegewiese, An der Point 2, 86938 Schondorf, Tel.: 081 92/219, www.cafeforster.de; ***Anton Schwarz Segelboosverleih***, Pension, Seestraße 11, 86938 Schondorf, Tel.: 081 92/215, www.schwarz-ammersee.de, schöne Holz-Piraten. ***Bootsverleih Rank***, Seestraße 4 (nahe Strandbad Forster), 86938 Schondorf, Tel.: 0 175 504 75 63, www.bootsverleih-schondorf.de ***Bootsverleih Paul Gastl*** neben dem Dampfersteg, Tel.: 0 170 662 99 63, www.bootsverleih-schondorf.de ***Sportbootschule Schondorf***, 9 Tage Wochen- und Wochenendkurse in Praxis u. Theorie bis zur Prüfung zum amtlichen Sportbootführerschein, Familie Panizza, Burgwaldstraße 23, 86911 Dießen, Tel.: 0 88 07/94 77 86, www.sportbootschule-schondorf.de

Einkehr ***Gasthof »Zum Aleks«***, früher Zum Wastl, Bahnhofstraße 18, 86938 Schondorf, Tel.: 081 92/996 73 82, www.gasthaus-zum-aleks.de bayerische Küche mit Balkannote. Donnerstag Ruhetag. ***Café & Restaurant Panini,*** Wilhelm-Leibl-Platz 4, 86938 Schondorf, Tel.: 081 92/23 79 83, www.cafe-panini-ammersee.de, 12 bis 22 Uhr, Montag u. Dienstag Ruhetag. ***Restaurant Schondorfer***, Bahnhofstraße 41, Tel.: 08192/57 29 671, www.schondorfer.de Montag bis Samstag 17 bis 1 Uhr, Sonntag 12 bis 22 Uhr.
Seerestaurant Café Forster, An der Point 2, 86938 Schondorf, Tel.: 081 92/219, www.cafeforster.de Montag bis Sonntag 8 bis 20 Uhr, Restaurant vom 13.4. bis Mitte Oktober geöffnet.
Steghaus, 86938 Schondorf, Seestraße 8, Tel.: 08192/93 48 21, www.wangerbaur.de Montag u. Dienstag Ruhetag.
Seepost, Bahnhofstraße 2 (nahe Dampfersteg), 86938 Schondorf, Tel.: 08192/93 37 53, www.wirtshaus-seepost.de regionale und internationale Küche, Montag bis Freitag ab 9.30 Uhr, Sonn- und Feiertage ab 9 Uhr.

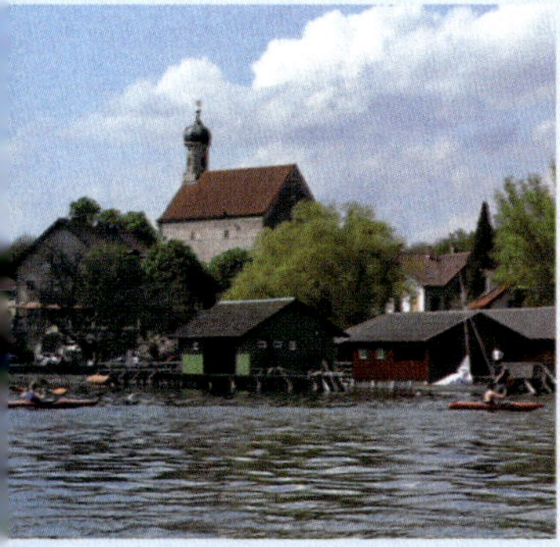

Markant thront die Jakobuskirche über dem Ufer. Nebenan lädt ein Gasthof zur Einkehr.

Wandern ⑤ Vom Dampfersteg in Schondorf nach Norden entlang des Weingartens nach Eching, weiter nach Stegen und am See zurück nach Schondorf. Gehzeit 2 Stunden, 9,7 km

Einkehr ***Strandhaus Ammersee***, Erholungsgebiet, 82279 Eching am Ammersee, Tel.: 081 43/366 92 56, www.strandhaus-ammersee.de

Wandern ⑥ Ammersee Höhenweg West von Schondorf mit schönen Ausblicken auf den Ammersee und Kloster Andechs über Achselschwang, Hübschenried und Bierdorf und am See entlang über St. Alban nach Dießen. Gehzeit 3:40 Stunden, 17,7 km. Siehe auch Extratour 1.

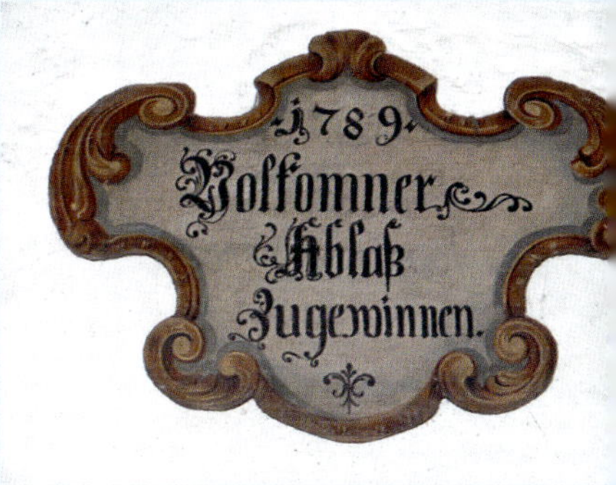

Martin Luther zog gegen den Ablasshandel zu Felde.

Einkehr ***Gasthaus Sailer***, Landsberger Straße 30, 86938 Schondorf, Tel.: 081 92/74 28, www.gasthaus-sailer.de, Ruhetag Montag und Dienstag.

UTTING/HOLZHAUSEN (Bahnstation, Schiffsanlegestelle, RVO Bus 9650, 553, 635 m ü. NHN)

Sehenswert Ein einzigartiges Kleinod des Münchner Jugendstils am Westufer des Ammersees ist die **Villa von Anna und Mathias Gasteiger** im Uttinger Ortsteil Holzhausen. Kurz nach 1900 hat sich das Künstler-Ehepaar das Haus als Sommersitz erbaut. Die Gasteigers führten dort ein ungezwungenes Leben im Kreis befreundeter Künstler der Gruppe Scholle und des Simplicissimus, die in der Nachbarschaft lebten. Darunter waren Adolf Münzer, Fritz Erler, Walter Georgi, Eduard Thöny und zeitweise Olaf Gulbransson.

Die weitgehend erhaltene Ausstattung der Räume der Gasteiger-Villa aus den Jahren 1908 bis 1913 vermittelt einen Eindruck vom damaligen Leben. Im Haus sind Skulpturen und Gemälde des Ehepaars ausgestellt. Außerdem finden wechselnde Ausstellungen statt. In der Bauernstube der Villa kann man stilvoll den Bund fürs Leben schließen (Standesamt Utting, Tel.: 0 88 06/92 02-11). Als stimmungsvolle Kulisse dient der **romantische Park** am Seeufer mit Brücken, Weihern und altem

Baumbestand. Er inspirierte Anna Gasteiger zu ihren Blumenstillleben, Bildhauer Mathias Gasteiger stellte hier seine Skulpturen aus. Villa Gasteiger, Eduard-Thöny-Straße 43, 86919 Utting, von April bis Oktober nur sonntags von 14 bis 17 Uhr geöffnet, Tel.: 081 43/930 40, www.schloesser.bayern.de/ deutsch/schloss/objekte/gasteig.htm

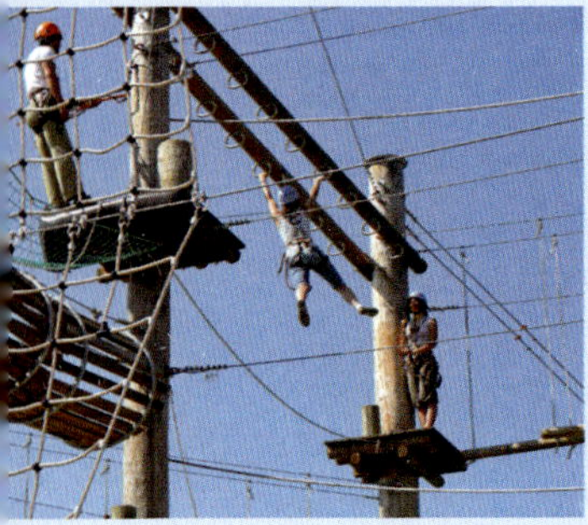

Hoch hinaus kann der Feriengast im Uttinger Hochseilgarten steigen.

Der **KZ-Friedhof mit Mahnmal** an der Schönbachstraße erinnert an 27 Häftlinge, die von 1944 bis 1945 in Außenlagern des KZ Dachau bei der Zwangsarbeit umkamen.

Aktivitäten ***Strandbad*** mit 10-m-Sprungturm u. Panoramablick, Seestraße 12a (nahe Dampfersteg), 86919 Utting, Tel.: 0 88 06/76 80, www.strandbad-utting.de ***Hochseilgarten Ammersee***, Fahrmannsbachstraße 2, 86919 Utting, Tel.: 088 06/923 49 20, www.hochseilgarten-ammersee.de, von März bis November, Öffnungszeiten siehe Homepage, Online-Reservierung empfohlen. ***Labyrinth Ex-Ornamentis,*** Freizeitgelände Fahrmannsbachstraße, 86919 Utting, Tel.: 081 92/93 46 83; www.exornamentis.de, Juli bis September. ***Segel- und Motorbootschule am Ammersee,*** Stefan Marx, Seestraße 28, 86911 Dießen, Tel.: 088 07/84 15, www.ammersee-segelschule.de ***Segelschule und Bootsverleih Ernst,*** Im Freizeitgelände 10, 86919 Utting, Tel.: 088 06/53 47 15, www.segelschule-ernst.de, ***Segel- und Motorbootschule, Bootsverleih Klaus Marx,*** Seestraße 17, 86919 Utting, Tel.: 088 06/77 04, www.segelschulemarx.de
Stand Up Paddeln: Steinlechner Bootswerft, Seestraße 8, 86919 Utting, Tel.: 088 06/76 21, www.steinlechner-bootswerft.de

Einkehr ***Alte Villa***, Jazz-Live-Konzerte, Seestraße 32, 86919 Utting, Tel.: 088 06/333 93 50, ***Lenas am See***, Seestraße 10, 86919 Utting, Tel.: 0 88 06/95 70 957, www. lenasamsee.de, Montag Ruhetag. Im Sommer und Winter bei schönem Wetter Kiosk geöffnet. ***Pavillon am See,*** Im Freizeitgelände 4, 86919 Utting, Tel.: 0 88 06/74 61, Fax: 0 88 06/95 87 32, www.pavillon-am-see.de, täglich 9 bis 23 Uhr, kein Ruhetag. ***Casino Augsburger Seglerclub,*** Eduard-Thöny-Straße 26, 86919 Utting, Tel.: 08806/7634, www.asc-utting.de, Öffnungszeiten:

Freitag 11 bis 22 Uhr, Samstag 11 bis 23 Uhr, Sonntag 11 bis 22 Uhr, Montag, Dienstag, Mittwoch geschlossen, Donnerstag 17 bis 22 Uhr.
Wandern ⑦ Vom Bahnhof Utting über die Bahnhofstraße und Achselschwanger Straße zur Keltenschanze und nach Achselschwang. Zurück über den Eckwiesenweg und Triebweg nach Utting. Gehzeit 2:13 Stunden, 10,6 km.
Einkehr ***Gaststätte Achselschwang***, Achselschwang 2, 86919 Utting, Tel.: 0 88 06/605, www-gaststaette-achselschwang.de, Öffnungszeiten 10 bis 14 und 17 bis 1 Uhr, am Wochenende und Feiertagen durchgehend geöffnet, Mittwoch Ruhetag.
Wandern ⑧ Vom Bahnhof Utting vorbei am Künstlerhaus Gasteiger durch das Naturschutzgebiet Seeholz und Seewiese zum Bahnhof Riederau.
Gehzeit 56 Minuten, 4,6 km

RIEDEN/RIEDERAU/ST. ALBAN (Schiffsanlegestelle, Bahnstation, RVO-Bus 9650, 563 m, 548 m, 533 m ü. NHN)

Sehenswert Das 70 Hektar große »**Seeholz**« rechts und links der Bahnlinie bei Rieden zählt zu den wertvollsten Waldnaturschutzgebieten im bayerischen Voralpenland. Im Mischlaubwald haben uralte Eichen die Zeiten überdauert. Typisch sind zahlreiche kleine Wasserläufe, die auf große Kalktufflager in geringer Tiefe zurückzuführen sind. Der Wald bietet ein Refugium für seltene Pflanzen wie der Violetten Stendelwurz und Tiere wie den Hirschkäfer und diverse Spechtarten. Informationstafeln erklären das Wichtigste. Wie Rieden liegt die bis 1978 selbständige Gemeinde Riederau direkt an der alten Römerstraße. Zwischen Riederau und St. Alban grüßt **Bierdorf** mit prächtigen Bauernhöfen und einer alten Kapelle, ebenfalls direkt an der Römerstraße. In **St. Alban** lohnt die **Wallfahrtskirche** aus dem Jahr 1000 einen Besuch. Der Märtyrer St. Alban war lange Zeit ein beliebtes Wallfahrtsziel. Eine Figur des Heiligen steht in einer dem See zugewandten Nische, den Kopf hält er in Händen.

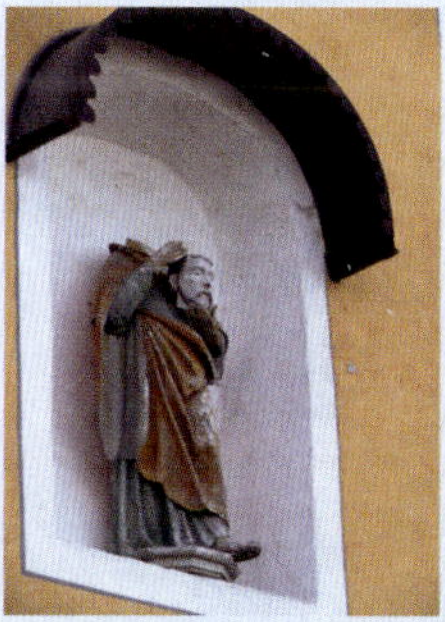
In einer zum See gewandten Nische der Wallfahrtskirche steht der heilige Alban, der seinen Kopf in den Händen hält.

Aktivitäten ***Bootsverleih Hans Ernst***, Segelboote, exklusives E-Boot, St. Alban 6, 86911 Dießen, Tel.: 088 07/56 46, www.ernst-st-alban.de ***Freizeitgelände Riederau*** mit Seepavillon (neben dem Dampfersteg), Seeweg Süd 4, 86911 Dießen, Tel.: 088 07/322 98 77, www.strandbad-riederau.com, geöffnet täglich von 9 bis 20 Uhr, Kiesstrand und weitläufige Liegewiese. ***Strandbad St. Alban,*** Seeweg Süd 90, 86911 Dießen, Tel.: 088 07/949 64 36, geöffnet täglich von 9 bis 22 Uhr, schöne Liegewiese mit Schatten spendenden Bäumen, Beach Volleyball-Platz.

Einkehr ***Café-Restaurant Seehaus***, Seeweg Süd 22, 86911 Dießen, Tel.: 088 07/73 00, www.seehaus.de, Montag bis Mittwoch geschlossen. Donnerstag 18 bis 23 Uhr, Freitag 12 bis 14 und 18 bis 22 Uhr, Samstag und Sonntag 12 bis 22 Uhr. Reservierung erforderlich. ***Der KramerHof,*** Ringstraße 4, 86911 Dießen, Tel.: 0 88 07/924 06-0, Fax: 0 88 07/924 06-29, www.der-kramerhof.com, Öffnungszeiten siehe Homepage. ***Seerestaurant St. Alban***, Seeweg-Süd 85, 86911 Dießen, Tel.: 0 88 07/15 03, www.seerestaurant-ammersee.de, Montag geschlossen. ***MilchAutomat***, Moosflecklweg 1, 86911 Dießen, rund um die Uhr geöffnet.

DIEßEN (Bahnstation, Schiffsanlegestelle, RVO-Bus 9650, 544 m ü. NHN)

Sehenswert Dießen ist mit seinem malerischen Fischerviertel und der Seepromenade, dem historischen Ortszentrum und den Bauten rund um das **Marienmünster** ein Gesamtkunstwerk, das gut zu Fuß zu erkunden ist. Nach den verwinkelten Gassen des Fischerviertels geht es über die Mühlstraße, Herrenstraße und Hofmark hinauf zu Dießens Wahrzeichen. Die Kirche wurde von 1732 bis 1739 von dem Baumeister Johann Michael Fischer errichtet und war bis 1803 Mittelpunkt des ehemaligen Augustiner Chorherrenstifts. Sie zählt zu den Glanzstücken des barocken Kirchenbaus im Bayern des 18. Jahrhunderts und hat eine wunderbare Akustik. Regelmäßig finden Konzerte statt.

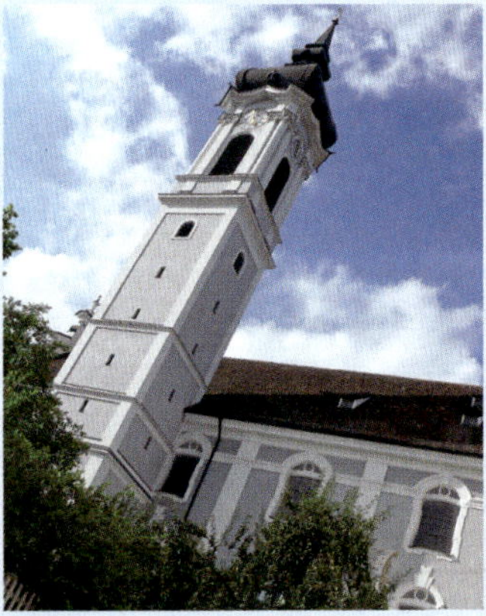

Der Turm des Dießener Marienmünsters zählt zu den Wahrzeichen Dießens.

Einen Besuch wert sind auch die Winterkirche St. Stephan mit ihrem Ziegelgewölbe gleich nebenan sowie der Taubenturm. Den Torturm des ehemaligen Ökonomiehofes des Stifts nutzt der Heimatverein für Ausstellungen, Samstag und Sonntag und an Feiertagen, 12 bis 18 Uhr.

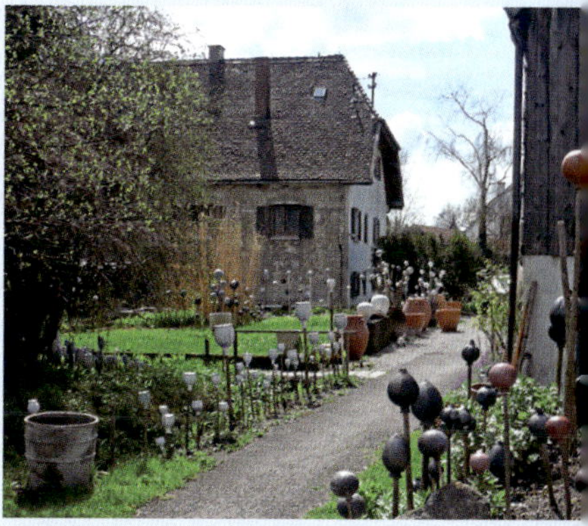

Idyllisch ist es im Keramikmuseum der Familie Loesche.

Vom Klosterhof sind es nur ein paar Schritte zum **Keramik-Museum** der Familie Lösche, die für ein typisches Dießener Kunsthandwerk steht. Lösche Keramik, Am Kirchsteig 19, 86911 Dießen, Montag bis Donnerstag 9 bis 17 Uhr, Freitag und Samstag nach Vereinbarung. Tel.: 088 07/18 77, www.loesche-keramik.de

Das **Carl Orff Museum** ist von der Hofmark in das ehemalige Wohnhaus des Komponisten Am Ziegelstadel 1 im Dießener Ortsteil St. Georgen im Süden des Ortes umgezogen und wird umgebaut. Unter anderem sind dort sein Schreibtisch und der Flügel zu sehen, auf dem er die »Carmina Burana« komponiert hat. Carl Orff Museum, Am Ziegelstadel 1, 86911 Dießen, Tel.: 0 88 07/71 06, www.orff.de

Die Zinngießerei Babette Schweizer, Herrenstraße 17, 86911 Dießen, Tel.: 088 07/350 www.schweizerzinn.de, Montag, Dienstag, Donnerstag, Freitag 10 bis 18 Uhr, Mittwoch 10 bis 13 Uhr, Samstag 10 bis 13 Uhr, beliebtes Café mit hausgemachten Kuchen. Einem Schmied bei der Arbeit zuschauen kann man in der **Kunst- und Goldschmiede Spensberger**. Bitte vorher anrufen, ob es passt. Walter Spensberger, Schützenstraße 11 (zweigt von der Herrenstraße ab), 86911 Dießen, Tel.: 0 88 07/72 75, Fax: 08807/91116, www.spensberger.de

Nur zwei Bulldogen aus Metall erinnern noch an **Th. Th. Heine**, Karikaturist und Mitbegründer der Satirezeitschrift Simplicissimus. Heine lebte von 1917 bis 1933 mit Frau und Tochter in Dießen. Dann musste er auf der Flucht vor den Nazis untertauchen. Haus und Atelier wurden später abgebrochen. Die zähnefletschenden Hunde, Markenzeichen des Simplicissimus, wachen im Park der Seniorenresidenz Augustinum (eventuell an der Rezeption nach dem Standort fragen).

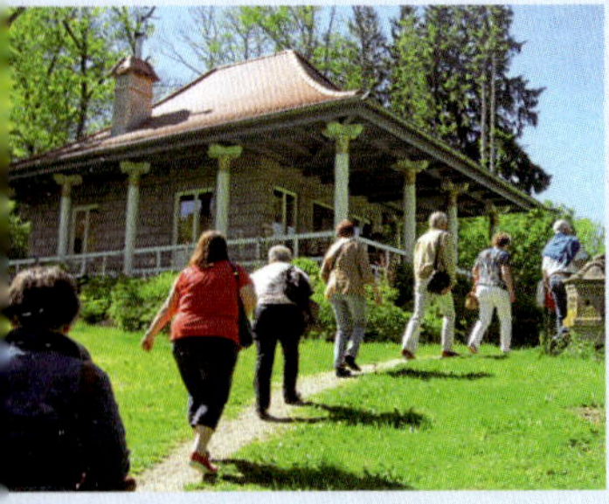

Die Besucher strömen zum Teehaus des Barons von Schacky.

Galerie und Atelier Fritz Winter, Forstanger 15 a, 86911 Dießen, Tel.: 088 07/45 59, www.fritz-winter-atelier.de. Fritz Winter (1905 bis 1976) war Schüler von Paul Klee, Wassily Kandinsky und Oskar Schlemmer am Bauhaus in Dessau. Mit seinen Werken zählt er zu den Wegbereitern der Modernen Kunst, Öffnungszeiten: Samstag, 14 bis 18 Uhr, Sonntag 11 bis 18 Uhr und nach Vereinbarung.

Im Süden des Marktes liegt der **Schacky-Park.** Aus dem Traum eines Freiherrn, ein Gartenkunstwerk zu verwirklichen, ist der Landschaftspark mit Brunnen und Dekorationen um 1900 entstanden. Vogelherdstraße 5, 86911 Dießen. Vom Bahnhof und Dampfersteg ist der Weg zum Park (1,5 km) ausgeschildert. Der private Park ist im Sommer von acht bis 20 Uhr geöffnet, im Winter von 10 bis 17 Uhr. Führungen finden jeweils am zweiten Samstag des Monats von Mai bis Oktober um 15 Uhr statt, im Winter von November bis April um 14 Uhr. Treffpunkt ist am Südeingang in der Vogelherdstraße, 50 m unterhalb des SOS-Kinderdorfes Ammersee. Zu empfehlen ist festes Schuhwerk. Besuche außerhalb der Öffnungszeiten und gesonderte Führungen (auch englischsprachig) unter Tel.: 088 07/64 39 oder per Mail an info@schacky-park.de, www.schacky-park.de, Teehaus, Entenhaus und Monopteros sind für kleine private Feiern zu mieten. Standesgemäß nähert man sich dem Schacky-Park in einer Kutsche. Klement Noll unternimmt Kutschfahrten mit Picknick, buchbar über den Förderkreis. Dem Förderkreis Schacky-Park wurde für solche Vergnügungen eine Viktori-Kutsche, Modell Mylord, geschenkt.

Aktivitäten ***Ammersee-Segelschule u. Motorbootschule Stefan Marx***, Segelkurs – Praxis u. Theorie bis zur Prüfung. Wochenkurse, Wochenendkurse, Kinderkurse, Bootsverleih, Unterkunft vorhanden. Seestraße 28, 86911 Dießen, Tel.: 0 88 07/84 15, Fax: 088 07/67 82. www.ammersee-segelschule.de ***Bootsverleih: Andreas Noll***, Seepromenade, 86911 Dießen,Tel.: 0 88 07/71 67; Marstaller-Gastl, Fischerei 42, 86911 Dießen, Tel: 0176 123 184 18; ***Minigolf Dießen***, Erich Beausencourt, Jahnstraße, 86911 Dießen,Tel: 0173/9575039, www.minigolf-diessen.de ***Walderlebnis-Pfad Burgwald Lehrpfad***, im Ortsteil

St. Georgen, 2,5 km, 14 Stationen, 1,5 Stunden, www.ammersee-region.de
Naturbeobachtungsturm Dießen, hinter dem großen Parkplatz am Sportplatz, seltene Vogelarten und Wasservögel im Mündungsgebiet der Ammer.

Einkehr ***Gasthof Unterbräu***, Mühlstraße 36, 86911 Dießen, Tel.: 0 88 07/84 37, www.unterbraeu-diessen.de, täglich 10 bis 22 Uhr, Mittwoch u. Donnerstag Ruhetag. ***Hotel Restaurant Seefelder Hof***, Alexander-Koester-Weg 6, 86911 Dießen, Tel.: 0 88 07/10 22, Fax: 08807/1024, www.seefelder-hof.de, 11 bis 14.30 Uhr, 18 bis 23 Uhr, Donnerstag u. Freitag Ruhetag. ***Michi²***, Mühlstraße 18, 86911 Dießen, Tel.: 0 88 07/206 54 60, www.michihochzwei.de, Dienstag Ruhetag. ***Restaurant-Café Seehaus***, Seeweg Süd, 86911 Dießen, Tel.: 0 88 07/73 00; ***Restaurant essen'sArt,*** Mühlstraße 41, 86911 Dießen, Tel.: 0 88 07/214 04 71, www.essensart-diessen.com ***Strandhotel Dießen***, Jahnstraße 10 (schöner Garten), 86911 Dießen, Tel.: 08807/9222-0, www.strandhotel-diessen.de, Montag, Dienstag, Mittwoch Ruhetag. ***Wirtshaus am Kirchsteig,*** Am Kirchsteig 30, 86911 Dießen, Tel.: 0 88 07/72 86, www.wirtshaus-am-kirchsteig.de, mit Biergarten, Dienstag und Mittwoch Ruhetag.
Fangfrischer Ammersee-Fisch in der ***Fischerei Simon Rauch*** (urig), Mühlstraße 40, 86911 Dießen, Tel.: 0 88 07/79 40, www.fischerei-rauch.de
Markthalle Dießen, direkt am Bahnhofparkplatz, Windermerestraße 2, 86911 Dießen, www.markthalle-diessen.de, geöffnet samstags von 8 bis 13 Uhr, frische Lebensmittel, teilweise bio direkt vom Erzeuger.

Wandern ⑨ Vom Bahnhof Dießen über Mühl-, Herrenstraße und Hofmark zum Marienmünster, weiter zur Gastwirtschaft Schatzbergalm und über den Schacky-Park zurück zum Ausgangspunkt. Gehzeit 1:42 Stunden, 8,5 km.

Einkehr ***Schatzbergalm***, Ziegelstadel 11, 86911 Dießen, Tel.: 08807/6780, www.schatzbergalm.de, Montag und Dienstag Ruhetag, Mittwoch bis Freitag 11.30 bis 21 Uhr, Wochenende und Feiertag 10 bis 21 Uhr.

Wandern ⑩ Vom Bahnhof Dießen am Seeufer entlang zum Aussichtsturm auf das Vogelschutzgebiet und zurück. 22 Minuten, 1,8 km.

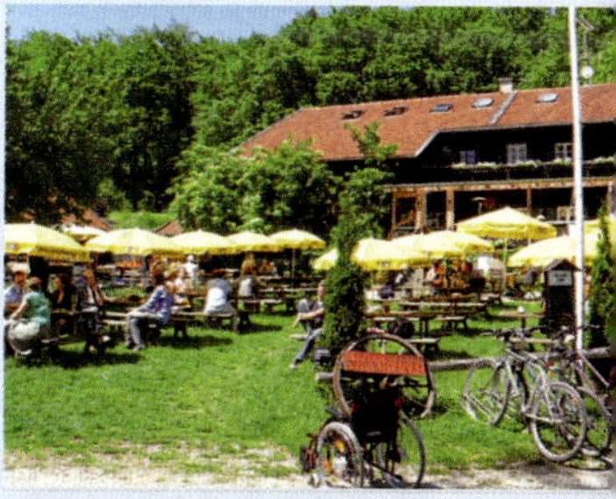

Die Schatzbergalm hoch über Dießen ist schon wegen des phantastischen Ausblicks einen Besuch wert.

RAISTING (Bahnstation, RVO-Bus 9650, 553 m ü. NHN)

Sehenswert Die **Erdfunkstelle** mit dem »Pilz« und den kreisrunden Antennen-Schüsseln im Süden des Ortes, Führungen organisiert von Anfang April bis Ende Oktober Dipl. Ing. (FH) Hermann Martin unter: Tel.: 0 88 07/94 69 26, oder: fuehrung@erdfunkstelle-radom.de. Es handelt sich meist um Außenführungen. Das Innenleben des Radoms ist nur zu besonderen Terminen, zum Beispiel am Tag des offenen Denkmals im Herbst zu besichtigen. www.erdfunkstelle-radom.de, www.radom-raisting.de **Pfarrkirche St. Remigius** mit Rokoko-Ausstattung, entstanden in den Jahren 1692 bis 1696. Raisting hat einen Haltepunkt an der eingleisigen Ammersee-Bahn (Kursbuchnummer 985) von Augsburg nach Schongau und wird im Stundentakt bedient.

Aktivitäten Der ***Erdfunkstelle-Wanderweg*** führt in einer fünf Kilometer langen Schleife von Raisting durch die Antennen und wieder zurück. Im Zentrum der Sendeanlage hat der »Förderverein Industriedenkmal Radom Raisting« drei Schautafeln aufgestellt. Sie beschreiben die Entwicklung der globalen Kommunikation vom Morsen und den Seekabeln des 19. Jahrhunderts bis zur heutigen Datenübermittlung in der ganzen Welt. Gleich neben diesen Tafeln sieht man auf einer Wiese zwei Akustik-Spiegel. Sie haben einen Durchmesser von 1,80 Metern und stehen sich in einer Entfernung von 37 Metern gegenüber. Spricht jemand leise in die eine Schale hinein, hört es derjenige, der an der anderen steht. Spielerisch lassen sich so Schallwellen beziehungsweise Richtfunk erfahren. Die großen Antennen, die hier um einen herumstehen, funktionieren genauso. Es lohnt einen Abstecher nach Stillern südwestlich von Raisting (3,7 km), wo ein lauschiger Biergarten zur Rast einlädt.

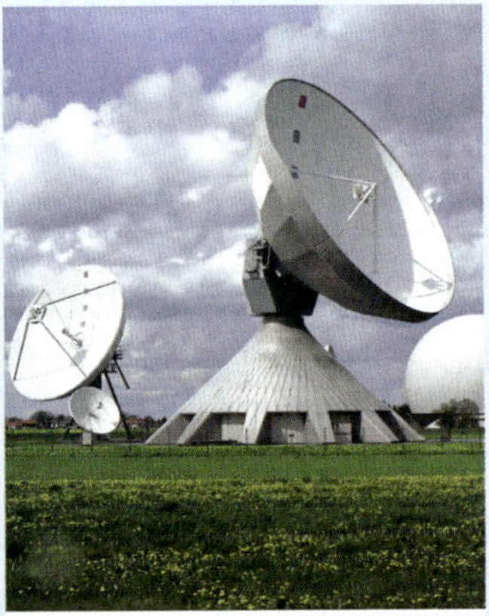

Die Antennen der Erdfunkstelle bei Raisting.

Einkehr *Gasthof zur Post*, Floßmannstraße 9, 82399 Raisting, Tel.: 0 88 07/92 24-0, Fax: 0 88 07/92 24 12, www.post-raisting.de, Dienstag Ruhetag.

Wandern ⑪ Von Bahnhof Raisting über die Lichtenaustraße nach Stillern und zurück über den Stillernweg. Gehzeit 1:50 Stunden, 9,4 km.
⑫ Vom Bahnhof zur Erdfunkstelle und zurück. Gehzeit 40 Minuten, 3,2 km.
⑬ Vom Raistinger Bahnhof durch die Vogelfreistätte Ammersee-Südufer nach Vorderfischen. Gehzeit 1:06 Stunden, 5,5 km.
Einkehr ***Hofbiergarten*** in Stillern, Stillern 1, 82399 Raisting, Tel.: 08809/862, Öffnungszeiten: bei Biergartenwetter Ostern bis Ende Oktober, Donnerstag bis Sonntag und feiertags ab 12 Uhr.

FISCHEN/PÄHL (RVO-Bus 9650, 9653, 547m, 591 m ü. NHN)

Sehenswert Kaum zu glauben, aber in dem kleinen Fischen lädt ein **Kupfermuseum** zum Besuch. Seit mehr als 45 Jahren sammelte Siegfried Kuhnke, Kunsthändler und ehemals bestellter und vereidigter Sachverständiger für Unedle Metalle der IHK München, Kunstgegenstände aus Kupfer. Ausgestellt sind sie seit September 2006 in einem denkmalgeschützten, restaurierten Gutshof. Zu sehen sind Kunstwerke der Kupferschmiede aus Europa und Asien, insgesamt mehr als 1000 Arbeiten. Darunter ist auch herrschaftliches Kochgerät aus Schlossküchen. Die Stücke mit einem eingeprägten »SP« stammen zum Beispiel aus dem Schloss Possenhofen und gehörten einst Herzog Max in Bayern, darunter Sisis Breitöpfchen und ein Bierkrug mit dem Monogramm des Märchenkönigs.
Stiftung Kupfermuseum Kuhnke,
Herrschinger Straße 1, 82396 Pähl-Fischen,
Tel.: 08808/9219131, 0172/8228600
www.kupfermuseumfischen.de,
Mittwoch bis Samstag, 10 bis 16 Uhr,
Sonn- und Feiertag nur mit Voranmeldung.
Hoch über Pähl thront das gleichnamige **Hochschloss** (privat, keine Besichtigung möglich). Es entstand neu von 1883 bis 1885. Der Edelsitz gehörte früher dem Kloster Andechs.
Das **Untere Schloss** (privat) mit einer offenen Hofmark war im Besitz der Grafen von Vieregg. Innerhalb von Pähl steht die liebevoll renovierte, über 400 Jahre alte **Hofmarkmühle**, deren

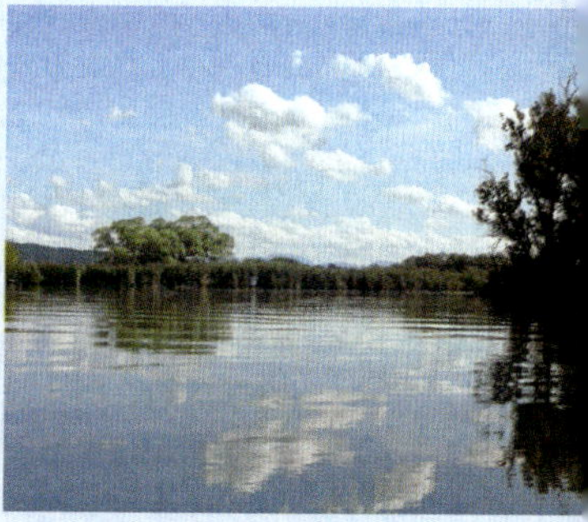

Ein wertvolles Refugium für seltene Vogelarten ist das Schutzgebiet am Südende des Ammersees.

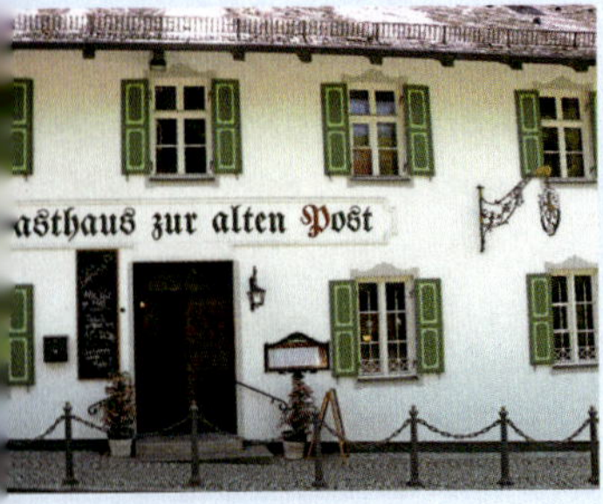

Gut einkehren lässt es sich in der Alten Post zu Pähl.

Mühlenbetrieb erst im 20. Jahrhundert eingestellt wurde. In diesem Gebäude befinden sich ein Restaurant (Müllers Lust) und ein Antiquitätengeschäft.

St. Pankratius auf einer Anhöhe in Mitterfischen bietet einen guten Blick auf das Delta der Ammer, die Schwedeninsel und Dießen.

Aktivitäten Ferienprogramme, Kinderkurse, ***Eseltrekking***, Kindergeburtstage am Eselstall und vieles mehr bietet die Asinella Eselfarm, Anahid Klotz, Am Gasteig 4 (Büro) 82396 Pähl, Tel.: 0 88 08/92 42 80, Fax: 0 88 08/92 42 81, mobil: 0 176 29 23 25 65, www.asinella.com.

König-Ludwig-Fans können mit einer Postkutsche der Fuhr- und Posthalterei ***Coaching in Bavaria*** in Kerschlach wie weiland der Märchenkönig auf Nebenstraßen beschaulich zu seinen Schlössern Neuschwanstein und Hohenschwangau rollen. Andreas Nemitz, Kerschlach 6, 82396 Pähl, Tel.: 0 88 08/386, www.coaching-in-bavaria.com

Einkehr ***Alte Post zu Pähl***, Ammerseestraße 3, Tel.: 0 88 08/924 61 61, www.altepost-paehl.de, Montag bis Sonntag 11 bis 23 Uhr, Mittwoch u. Donnerstag Ruhetag.

Müllers Lust, Kirchstraße 1, 82396 Pähl, Tel.: 0 88 08/15 96, www.muellers-lust.de, Montag, Dienstag, Mittwoch Ruhetag, Donnerstag u. Freitag 17 bis 20.30 Uhr, Samstag 12 bis 20.30 Uhr, Sonntag u. Feiertage 12 bis 19.30 Uhr.

Wandern ⑭ Vom Parkplatz gegenüber dem Rathaus in die Pähler Schlucht, die unterhalb des Hochschlosses und der Hirschbergalm verläuft. Das Geotop im Nagelfluhgestein steht unter Naturschutz. Attraktion ist ein Wasserfall. Zurück und über den landschaftlich sehr reizvollen Golfplatz Hohenpähl am Hochschloss (privat) vorbei. Gehzeit 1 Stunde, 3,8 km. Abstecher zum Hofgut Kerschlach auf einer alten Kastanienallee durch den Golfplatz und zurück über den Hochschlossweiher nach Pähl. Zusätzliche Gehzeit hin und zurück: 1:50 Stunden, 8,6 km. ⑮ Vom Parkplatz in Pähl vorbei am Hochschlossweiher durch den Wald zur Hartkapelle. Dann lichtet sich der Wald und bietet einen herrlichen Blick auf das Ammersee-Westufer. Weiter bis zum Kloster Andechs. Gehzeit 1:50 Stunden, 8,4 km. Siehe auch Extratour 1.

Einkehr ***Tagesbar Gut Kerschlach,*** Gut Kerschlach 1, 82396 Pähl, Tel.: 08808/9247909, www.tagesbar-gutkerschlach.de, Öffnungszeiten: Mittwoch u. Donnerstag 11 bis 19 Uhr, Freitag u. Samstag 10 bis 19 Uhr, Sonntag 10 bis 18 Uhr, Montag u. Dienstag Ruhetag.
Restaurant »Pfaffenwinkel« auf dem Gelände des Golfclubs, Am Hochschloss, 82396 Pähl, Tel.: 08808/9242875, www.restaurant-pfaffenwinkel.de, täglich von 10 bis 22 Uhr geöffnet.

AIDENRIED (RVO-Bus 9650, 9653, 546 m ü. NHN)

Sehenswert **Kapelle Maria Schnee** aus dem Jahr 1877.
Einkehr ***Biergarten Froschgartl,*** Wartaweil 82, 82346 Andechs, Tel.: 08152/2489.
Feinkost Luciana, Seestraße 41a, 82396 Pähl, Tel.: 0152 29609013, www.feinkost-luciana.de

WARTAWEIL (RVO-Bus 9653, 540 m ü. NHN)

Sehenswert Naturschutz- und Jugendzentrum des **Bund Naturschutz**. Besonders Kinder und Jugendliche kommen hier gleichsam spielerisch mit dem Naturschutzgedanken in Kontakt. Am Rand des Areals steht etwas versteckt die **»weiße Säule«**. Sie diente in früheren Zeiten den Dießener Fischern als Peilhilfe und Anlegestelle, wenn sie Andechs-Pilger herüber ruderten. Hinter dem Höhenberg steht nahe einer Wegkreuzung das **Ramsee-Denkmal**. Es erinnert an das gleichnamige Dorf, das von 1860 bis 1864 aufgelassen wurde.
Wandern ⑯ Vom Parkplatz nahe dem Froschgartl auf der Dreifaltigkeitsstraße, dem alten Pilgerweg, bergan zum Kloster Andechs und zurück. Über die Andechser-, Herrschinger Straße und den Almweg zurück zum Ausgangspunkt. Gehzeit 1:53 Stunden, 8,6 km.

MÜHLFELD (545 m ü. NHN)

Sehenswert Das Schloss auf der ehemaligen **Hofmark Mühlfeld** diente bis zur Säkularisation Klosterschwestern und -brüdern aus Andechs und Wessobrunn als Sommersitz. Die **alte Sägemühle** mit Wohnhaus stammt aus dem 17. Und 18. Jahrhundert.

EXTRATOUR 1
Auf dem Rücken des Ammersees-West

Streckenlänge 15 km, **Fahrzeit** 1 Stunde.

SCHONDORF

(Siehe »Schondorf« bei der Ammersee-Umrundung.)

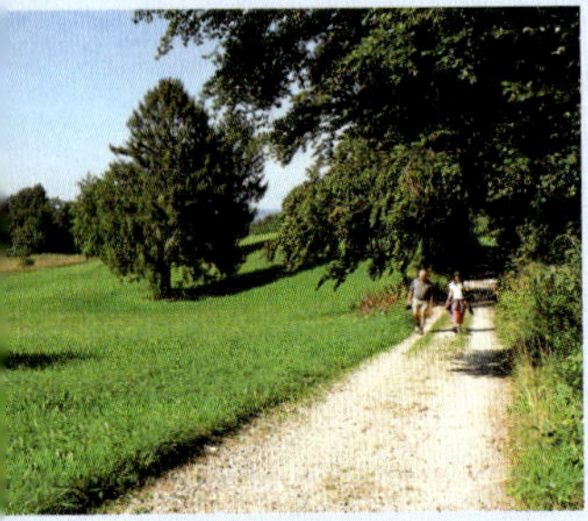

Der Ammersee-Höhenweg (hier Ost) lädt zum Radeln und Wandern ein.

ACHSELSCHWANG (589 m ü. NHN)

Sehenswert Damit Bayerns Landwirte auch in Zukunft wettbewerbsfähig sind, unterhält der Freistaat in Achselschwang ein **Versuchsgut** für Milchvieh- und Rinderhaltung. Kontakt: 089/6933442-200. Südöstlich von Achselschwang zeugt eine **Viereckschanze**, deren Wälle noch sichtbar sind, von der keltischen Besiedlung des Ammerseegebiets in der Spätlatènezeit (450 v.Chr. bis Christi Geburt). Erbaut wurde die Schanze vermutlich um 200 v.Chr.

Einkehr ***Gaststätte Achselschwang***, Achselschwang 2, 86919 Utting, Tel.: 08806/605, www.gaststaette-achselschwang.de, Mittwoch Ruhetag. ***Gasthaus Saxenhammer***, Dorfstraße 22, 86949 Windach-Hechenwang, Tel.: 08806/7036, www.gasthaus-saxenhammer.de, Dienstag u. Mittwoch Ruhetag. Gute bayerische Küche.

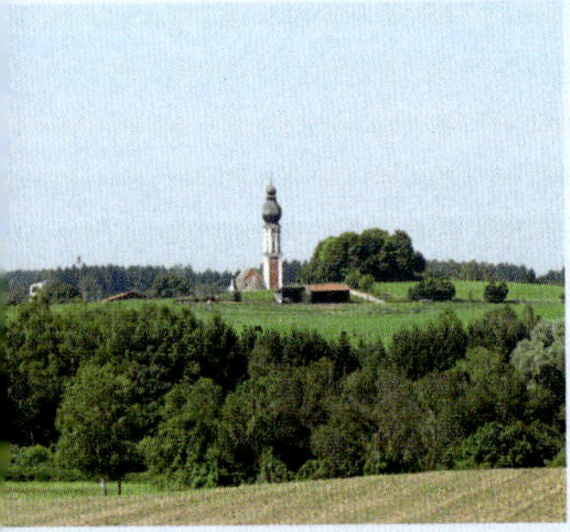

Im Westen spitzt der filigrane Kirchturm von Hechenwang über den Hügel.

BIERDORF (554 m ü. NHN)

Sehenswert Kapelle **Maria Heimsuchung** aus dem Jahr 1607 und mehrere alte Bauernhöfe.

Auf dem Rücken des Ammersees-Ost

Streckenlänge 18 km, **Fahrzeit** 1:10 Stunden.

PÄHL (Siehe »Fischen/Pähl« bei der Ammersee-Umrundung.)

ANDECHS (MVV-Bus 951, 958, 711 m ü. NHN)

Sehenswert **Kloster Andechs**, 1438 auf einer Burgruine als Chorherrenstift gegründet und 1455/58 in eine Benediktinerabtei umgewandelt. Attraktionen sind im Inneren unter anderem die barocke Bibliothek und der barocke Fürstensaal. Nach Altötting ist der »**Heilige Berg**« Andechs die zweitgrößte Wallfahrt Bayerns. Von 1432 bis 1427 wurde die spätgotische **Klosterkirche** erbaut, die Johann Baptist Zimmermann von 1751 bis 1755 im Stil des Rokokos umgestaltete. Führungen: 081 52/376-279, www.andechs.de **Historischer Kreuzweg**, gestiftet 1875 in neuromanischen Formen mit Relieftafeln, und Naturlehrpfad, etwa 3 km, Beginn am Klosterparkplatz.

Aktivitäten ***Minigolf und Pit Pat Andechs***, Am Klosterparkplatz, St.-Elisabeth-Weg 1, 82346 Andechs, Tel.: 0178/67108 72, www.minigolf-andechs.de ***Bowling: Bowling Islands,*** Dachsbogen 4, 82346 Andechs-Rothenfeld, Tel.: 081 52/993 78 90, www.bowling-islands.de, Dienstag bis Donnerstag, 14 bis 23 Uhr, Freitag u. Samstag 14 bis 01 Uhr, Sonntag 10 bis 23 Uhr. ***Dorfschmiede Erling,*** Besengaßl, 82346 Andechs, Schauschmieden von April bis Oktober am letzten Samstag im Monat von 10 bis 14 Uhr. Näheres bei Frau Rudolph im Rathaus, Tel.: 081 52/93 25 24, Montag bis Freitag von 8 bis 13 Uhr. ***Malen: Atelier Susanne Hauenstein,*** Bergfeiler Weg 4, 82346 Erling/Andechs, Tel.: 081 52/32 87, www.susanne-hauenstein.de

Einkehr ***Bräustüberl des Klosters***, in dem die Biere der hauseigenen Klosterbrauerei ausgeschenkt werden, Bergstraße 2, 82346 Andechs, Tel.: 08152/376-261, www.andechs.de, Montag bis Freitag 11 bis 20 Uhr, Samstag, Sonn- und Feiertage 10 bis 20 Uhr, Brotzeit darf mitgebracht werden. ***Klostergasthof Andechs,*** Bergstraße 9, 82346 Andechs, Tel.: 081 52/982 57 30, www.andechser-klostergasthof.de, Montag bis Samstag 11 bis 20 Uhr, Sonn- und Feiertage 10 bis 20 Uhr.

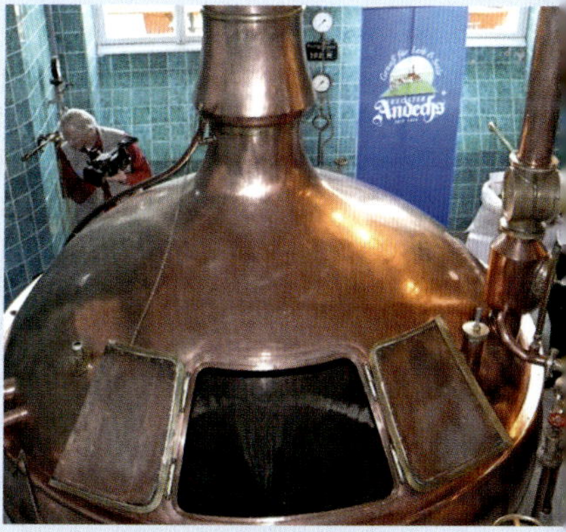

Aus dieser Sudpfanne kommt das berühmte Andechser Klosterbier. Wie es schmeckt, lässt sich im Bräustüberl probieren.

EXTRATOUR 2
Als Räuber den Rasso entführten

ECHING (LVG-Bus 40, 541 m ü. NHN)

Sehenswert Eching liegt am nördlichen Ufer des Ammersees und grenzt direkt an das Naturschutzgbiet **Ampermoos** und das Erholungsgebiet **Weingarten** an. Im Jahr 1650 wurde am südlichen Rand des Dorfangers neben einer Pestsäule die katholische Kapelle **St. Sebastian** im Stil des Barocks errichtet. Damals wütete die Pest in Eching. 20 Menschen, über ein Zehntel der damaligen Dorfbewohner, fiel der Seuche zum Opfer. Die Überlebenden gelobten, eine Kirche zu errichten, damit sie die Pest verschone. Geweiht wurde sie Maria und den Heiligen Sebastian und Rochus. 1685 gab ihr eine Erweiterung das heutige Aussehen. 1754 erhielt der Kirchenraum laut Liste der Baudenkmäler seine heutige Ausstattung. Außerdem die **Pfarrkirche St. Peter und Paul,** die nach einem Dorfbrand 1766 neu erbaut wurde.

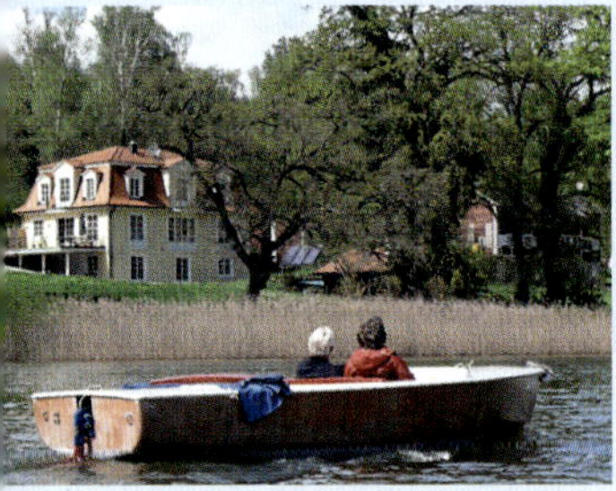

Immer zu empfehlen: eine Partie im Elektroboot.

Aktivitäten ***Ammersee-Surfschule Müller,*** Kaagangerstraße 53, 82279 Eching, Erholungsgebiet, Tel.: 0179/ 788 92 85, www.skischulemueller.de, Surfkurse, Surf-/SUP-Verleih.

Einkehr ***Gasthaus Roming***, Ringstraße 18, 82279 Eching, Tel.: 0 81 43/14 49, www.gasthof-roming.de, Samstag bis Mittwoch 11.30 bis 14 Uhr u. 17 bis 21 Uhr, Donnerstag und Freitag Ruhetag. ***Gasthof Eberhardt***, Stegener Straße 8, 82279 Eching, Tel.: 0 81 43/13 37, www.gasthof-eberhardt.de, Dienstag Ruhetag. ***Strandhaus Ammersee***, Erholungsgebiet 1, 82279 Eching, Tel.: 081 43/36 692 56, www.strandhaus-ammersee.de, bei schönem Wetter von 11 bis 22 Uhr.

KOTTGEISERING (MVV-Bus 803, 542 m ü. NHN)

Sehenswert Sorgsam renovierte **alte Bauernhäuser** geben dem Dorf am Rand des Ampermooses einen beschaulichen Charakter. Die örtlichen Vereine und kirchlichen Organisationen kümmern sich zusammen mit vielen jungen kinderreichen Familien um ein reichhaltiges kulturelles Programm. Zahlreiche Funde weisen darauf hin, dass es sich um eine uralte Fischersiedlung handelt, reichte doch der Ammersee in grauer Vorzeit bis nach Grafrath. Die quadratische Anlage des Ortes zeugt vom Einfluss der Kelten und Römer.

Einkehr *Luigi am Sportplatz,* Jesenwanger Straße 19, 82288 Kottgeisering, Tel.: 081 44/77 66, Montag Ruhetag.

GRAFRATH (Bahnstation, MVV-Bus 803, 805, 535 m ü. NHN)

Sehenswert Die **Wallfahrtskirche des Heiligen Rasso** am südlichen Ortsrand mit dem Stiftergrab (Klosterstraße 3, Tel.: 08144/9104), errichtet von 1688 bis 1695. Anlegestelle der ehemaligen **Amperschifffahrt** am Restaurant Dampfschiff. Die »Wolfsgrube«, ein **Toteisloch**, wenige hundert Meter vom Ortsende von Unteralting entfernt an der Adalmuntstraße. Die Grube hat einen Durchmesser von mehr als 100 Metern und ist etwa 20 Meter tief. Schautafeln erklären die Entstehung durch Abschmelzen einzelner, vom Gletscher getrennter Eisblöcke. Ein zweites Toteisloch, das »Tiefe Tal«, liegt am Weg von Unteralting nach Mauern. Der Kapplberg (Schlossberg) von Wildenroth, auf dem die Wittelsbacher im 13. Jahrhundert zum Schutz ihres Amperübergangs eine **Burg** errichteten. Der 1881 nahe dem Bahnhof angelegte **Forstliche Versuchsgarten** mit 200 exotischen und heimischen Baumarten, in dem auch die Auswirkungen der Luftverschmutzung untersucht werden.

Aktivitäten *Wanderung auf den Schlossberg*, zu den Toteislöchern und durch die landschaftlich schöne Amperschlucht zwischen Grafrath und Schöngeising. Auf halbem Weg Reste der Sunderburg.

Einkehr *Dampfschiff Grafrath*, Graf Rasso Straße 40, 82284 Grafrath, Tel.: 081 44/13 14, www.dampfschiff.com, Montag bis Freitag 10.30 bis 22 Uhr, Sonntag geschlossen. *Wirtshaus zur Amperschlucht* im Bürgerstadl Grafrath, Mauerner Straße 16, 82284 Grafrath, Tel.: 0 81 44/98 95 94, Montag Ruhetag.

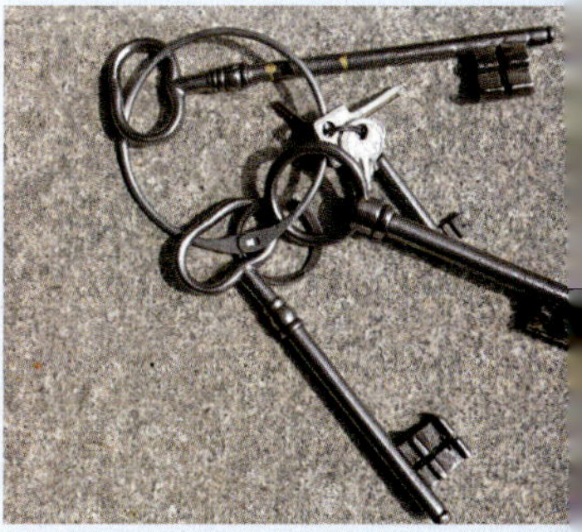

Diese historischen Schlüssel gehören zur Tür der Grafrather Wallfahrtskirche.

HERRSCHING (Siehe »Herrsching« bei der Ammersee-Umrundung).

HECHENDORF (S-Bahnstation, 584 m ü. NHN)

Sehenswert **Pfarrkirche St. Michael.** Der Kirchturm entstand bereits um 1270, das Mittelschiff wurde 1702 angebaut und 1772 barockisiert.

Aktivitäten ***Strandbad Pilsensee***, Badeweg 68, 82229 Seefeld, Tel.: 0171 174 64 74, www.strandbad-pilsensee.de. Bei schönem Wetter 11 bis 19 Uhr, gepflegte Liegewiese mit großen Bäumen, im Kiosk Flammkuchen mit vielen verschiedenen Belägen.

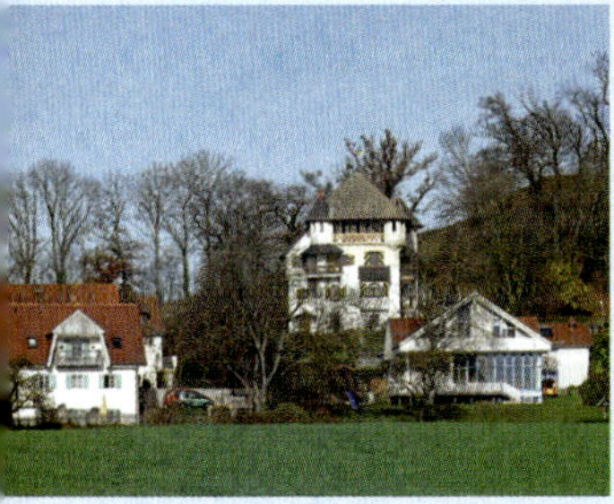

Recht unterschiedlich sind diese Häuser am Wörthsee.

Einkehr ***Seehaus Pilsensee*** (in den Sommermonaten), Am Pilsensee 4, 82229 Seefeld, Tel.: 081 52/98 98 76, www.seehaus-pilsensee.de, Dienstag bis Freitag 15 bis 22 Uhr, Samstag u. Sonntag 11.30 bis 22 Uhr, Montag Ruhetag.

Landgasthof Hotel Pilsenhof Entenbraterei, Neuhoffweg 1, 82229 Hechendorf, Tel.: 081 52/796 53, www.pilsenhof.de. Freitag von 17 bis 19.30 Uhr nur Abholung, Samstag 17 bis 21.30 Uhr, Sonntag 11.30 bis 15 Uhr.

Landgasthof und Hotel Alter Wirt, Hauptstraße 49, 82229 Hechendorf, Tel.: 081 52/98 92 20, www.alter-wirt-hechendorf.de, täglich geöffnet.

BACHERN (MVV-Bus 953, 576 m ü. NHN)

Aktivitäten **Erholungsgebiet Oberndorf** am Westufer des Wörthsees, 7,2 Hektar Liegewiese, 0,8 km Uferlänge, Sommergaststätte mit kleinem Biergarten, Erholungsgebiet 1, 82266 Inning, Ortsteil Schlagenhofen.

Einkehr ***Hotel Mutz***, Fischerstraße 14, 82266 Inning/Bachern am Wörthsee, Tel.: 081 43/930 70, www.hotel-mutz.de, Sonntag u. Feiertag Ruhetag.

Alter Lautenbacher Hof, Forellenstraße 2, 82266 Inning, Tel.: 081 43/76 59, www.alter-lautenbacher-hof.de, Öffnungszeiten siehe Homepage.

Seekiosk Rossschwemme, Vordere Seestraße 61, 82237 Wörthsee,

Tel.: 0176 3210 02 88 www.rossschwemme.de
Alter Wirt Etterschlag, Inninger Straße 6, 82237 Wörthsee, Tel.: 081 53/82 82, www.alter-wirt-etterschlag.de, täglich 11 bis 22 Uhr.

WÖRTHSEE (S-Bahnstation, MVV-Bus 953, 583 m ü. NHN)

Sehenswert Die barocke **Filialkirche St. Nikolaus** aus dem Jahr 1758 in Etterschlag und die **Barockkirche St. Martin** in Steinebach.
Einkehr: ***Gasthof Paradieswinkel***, Wörthseestraße 25, 82229 Seefeld, Tel.: 081 52/7 64 45, www.paradieswinkel.de. ***Augustiner am Wörthsee*** (Strandbad Fleischmann), Seepromenade 1, 82237 Wörthsee, Tel.: 081 53/987 90 91, www.augustinerwoerthsee.de, Montag bis Freitag 12 bis 22 Uhr, Samstag u. Sonntag 9.30 bis 22 Uhr. ***Seehaus Raabe***, Seestraße 97, 82237 Steinebach, Tel.: 015 22/877 90 09, www.seehaus-raabe.de, Montag bis Freitag 12 bis 22 Uhr, Samstag u. Sonntag 9.30 bis 22 Uhr. ***Il Kiosko***, Seepromenade 18, 82237 Wörthsee, Tel.: 081 53/901 50 33, www.il-kiosko.de, täglich 11 bis 22 Uhr.
Aktivitäten ***Bootsverleih:*** Strandbad Raabe Wörthsee, Seestraße 97, 82237 Steinebach, Tel.: 0152 2877 90 09, www.strandbadraabe.de, Öffnungszeiten wie Seehaus Raabe. ***Sportschifffahrtsschule Wörthsee***, Segelkurse und Bootsverleih, Seestraße 63, 82237 Wörthsee, Tel.: 081 53/76 50. www.segelschule-woerthsee.de.

WEßLING (MVV-Bus 953, 596 m ü. NHN)

Sehenswert **Wallfahrtskapelle Maria Hilf** in Grünsink, die 1763 geweiht wurde, mit Votivbild der Maria. Alte katholische **Pfarrkirche St. Mariä Himmelfahrt**, Turm laut Denkmalliste wohl um das Ende des 15. Jahrhunderts, das Langhaus um 1773.
Einkehr ***Kiosk Wasserberghäusl***, Obere Seefelder Straße 20, 82234 Weßling, Tel.: 081 53/887 17 88, www.wasserberghaeusl.de ***Ristorante Pizzeria Mediterraneo,*** Hauptstraße 52, 82234 Weßling, Tel.: 08153/4595, www.mediterraneowessling.de, täglich 17.30 bis 22.30 Uhr.

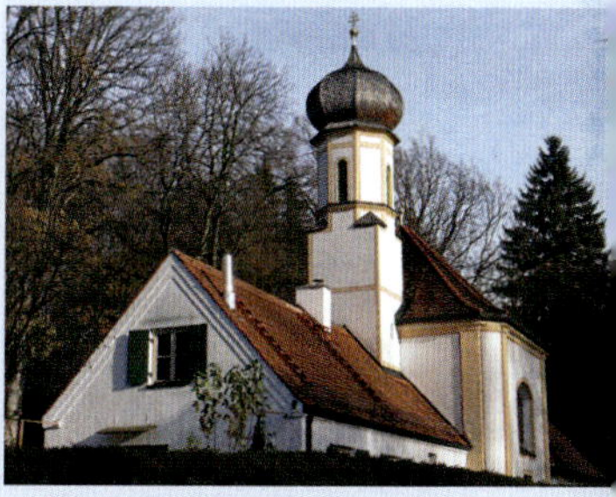
Die Wallfahrtskirche Maria Hilf in Grünsink.

Aenishänslin Café und Konditorei, Hauptstraße 59, 82234 Weßling, Tel.: 081 53/16 63, www.cafe-wessling.de, Mittwoch bis Montag 9.30 bis 18 Uhr.
Dorfgasthof Il Plonner, Gautinger Straße 52, 82234 Weßling-Oberpfaffenhofen, Tel.: 081 53/91 61 27, www.ilplonner.de, Samstag Ruhetag.
Sepperlwirt Gasthof und Landhotel, Dorfstraße 35, 82229 Seefeld-Meiling, Tel.: 081 53/34 06, www.sepperlwirt.de, Montag Ruhetag.

OBERALTING (MVV-Bus 954, 572 m ü. NHN)

Sehenswert: Die **Parrkirche St. Peter und Paul**, Grablege derer zu Toerring-Jettenbach.
Einkehr ***Gasthaus Ruf***, Marienplatz 2a, 82229 Seefeld-Oberalting, Tel.: 081 52/763 63, www.gasthausruf.de, Mittwoch Ruhetag.

SEEFELD (MVV-Bus 954, 570 m ü. NHN)

Sehenswert **Schloss der Grafen Toerring** von 1302. Seine barocke Form erhielt es im 18. Jahrhundert. Auf dem Bergfried entstanden 1766 sowie 1897 Anbauten (Gabriel von Seidl), die einen Hof umschließen, den man über eine Brücke über den Höllgraben und durch einen Torbau im Stil des Rokokos erreicht. In den Anbauten kleine Kunst- und Kunsthandwerk-Läden und das Kino Breitwand. Im Sudhaus des Bräustüberls finden regelmäßig kulturelle Veranstaltungen statt. Das Schloss des Hausherrn Hans Caspar Graf zu Toerring-Jettenbach kann nicht besichtigt werden. **St. Peter und Paul** im Ortsteil Oberalting, eine im 15. Jahrhundert im gotischen Stil errichtete Kirche, die 200 Jahre später zu einer Barockkirche umgebaut wurde. Die **Eichenallee** an der leider stark befahrenen Staatsstraße 2068, angepflanzt 1770 von Anton Clemens Graf zu Toerring.
Aktivitäten ***Seefelder Denkmalradltour*** nach Drößling (Pfarrkirche Maria Himmelfahrt), Unering (Dorfkirche St. Martin), Panormablick vom Griesberg und Oberalting (Pfarrkirche St. Peter und Paul), Delling (Hofgut und Kirche St. Georg) sowie Meiling (Dorfkirche St. Margareth), Aussichtspunkt mit Blick auf Aubachtal, Pilsensee, Herrschinger Bucht und Alpen sowie Hechendorf (Pfarrkirche St. Michael). Infos über Gemeinde Seefeld, Tel.: 081 52/79 14-0, www.seefeld.de
TC 1980 Seefeld, Tennis für Gäste, Jahnweg 1, 82229 Seefeld, Tel.: 0 81 52/7 97 97.
Einkehr ***Bräustüberl Schloss Seefeld***, Schlosshof 4, Tel.: 0 81 52/9 91 20, www.braeustueberl-seefeld.de, Dienstag Ruhetag.

Gasthof Schreyegg, Andechser Straße 2, 82229 Seefeld-Unering, Tel.: 08153/3409, www.gasthof-schreyegg.de, Dienstag Ruhetag.

WIDDERSBERG (MVV-Bus 950, 638 m ü. NHN)

Sehenswert Die **Kirche St. Michael**, spätgotische Anlage ab 1521. Auf dem Friedhof ruhen illustre Persönlichkeiten. In der Friedhofsmauer befindet sich ein **römischer Grabstein**. Von der Straße nach Andechs **guter Ausblick** auf Kloster Andechs vor der Alpenkulisse.

Einkehr *»Der Obere Wirt« zum Queri,* Georg-Queri-Ring 9, 82346 Andechs-Frieding, Tel.: 08152/9183-0, www.queri.de, Montag und Dienstag Ruhetag.

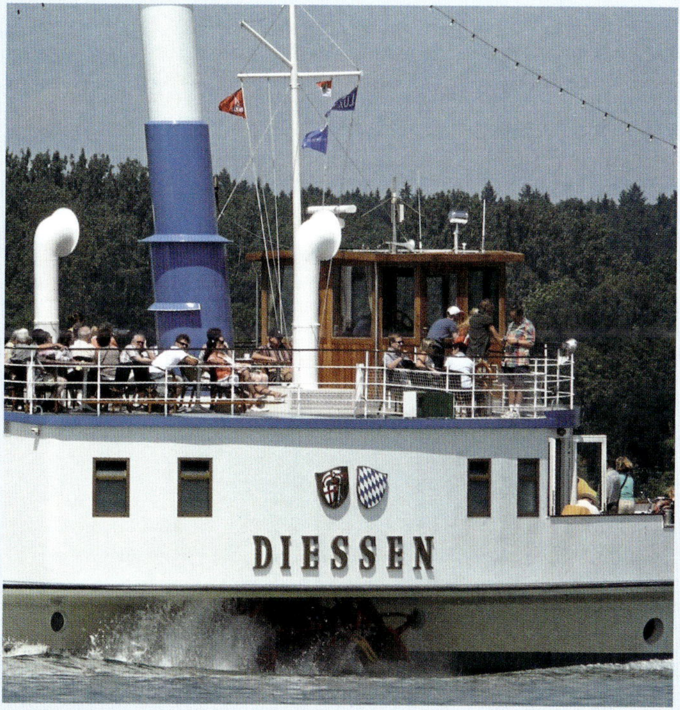

Auch im Digitalzeitalter ist ein Schaufelraddampfer immer noch ein Blickfang.

Personenregister

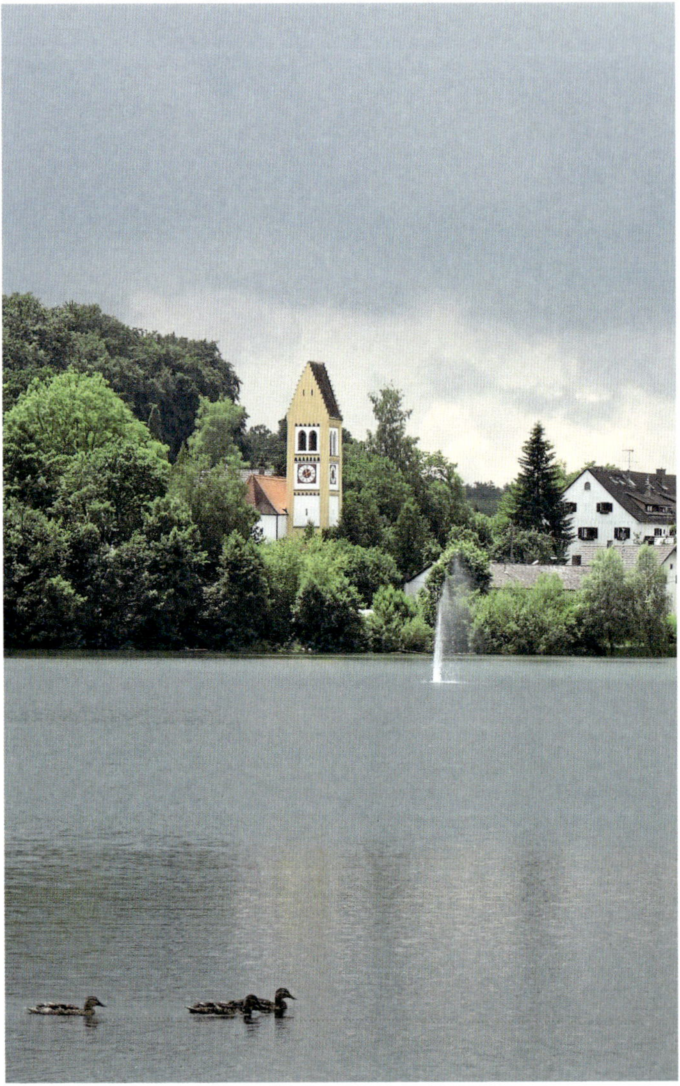

Stillleben am Weßlinger See mit der alten Parrkirche Mariä Himmelfahrt.

Weitere Titel aus der Reihe

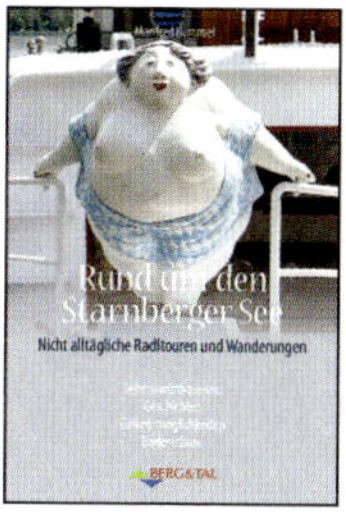

Manfred Hummel
Rund um den Starnberger See
208 Seiten
ISBN 978-3-939499-48-0
EUR 14,90

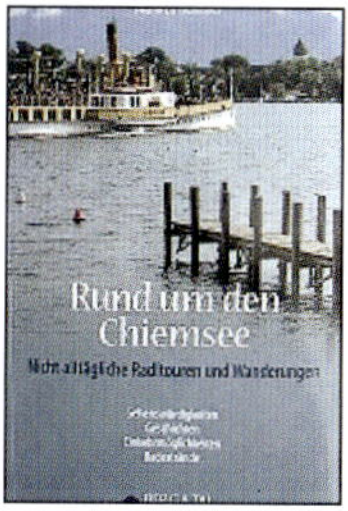

Manfred Hummel
Rund um den Chiemsee
216 Seiten
ISBN 978-3-939499-61-9
EUR 14,90

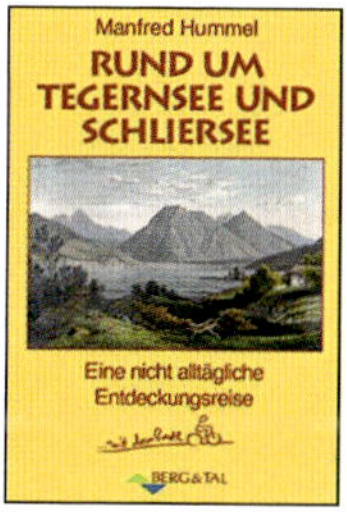

Manfred Hummel
Rund um Tegernsee und Schliersee
176 Seiten
ISBN 978-3-939499-33-6
EUR 12,90

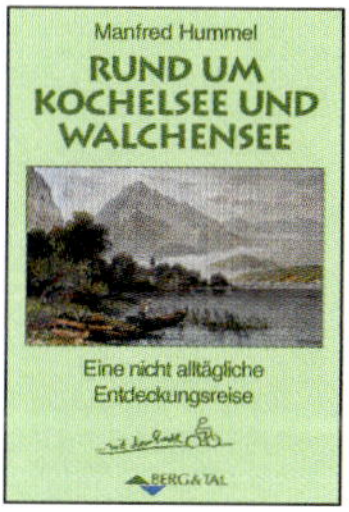

Manfred Hummel
Rund um Kochelsee und Walchensee
208 Seiten
ISBN 978-3-939499-40-4
EUR 14,90

www.manfred-hummel.de
manfred.hummel@kabelmail.de

Verlag Berg & Tal
Hirschgartenallee 48
80639 München
Tel.: 089/638 50 880
Fax.: 089/638 50 882
www.bergundtal-verlag.de
info@bergundtal-verlag.de

Impressum

Titelbild: Der 1908 in Dienst gestellte Schaufelraddampfer »Dießen« am Dampfersteg in Dießen am Ammersee.

Bildnachweis:
S. 36: Hanns Christian Müller, privat; S. 55: Amperschifffahrt, privat; S. 57: Brauhaus Stegen, Nila Thiel; S.65: Wilhelm Leibl, Das ungleiche Paar, Ursula Erdmann, Arthothek; S. 83 Monika Drasch, Anja Wechsler Fotografie; S. 94: Naturschutzgebiet Seeholz, Christian Niederbichler; S. 96: Manfred Curry, privat; S. 102: Sir Roger Casement, Landratsamt Landsberg a. Lech; Seite 117: Th.Th. Heine mit Familie beim Kaffeetrinken, Städtische Galerie im Lenbachhaus, München, S. 133: Irisblüte, Christian Niederbichler; S. 148: Lehramtsanwärterinnen, Bildungszentrum des Bund Naturschutz, Wartaweil; S. 123,124 Marion Ratz, S. 127, 129 Ammersee-Segelschule, alle übrigen Fotos: Sabine Bader und Manfred Hummel

2., aktualisierte und verbesserte Auflage 2022

Gestaltung: Der Buch*macher* Arthur Lenner, München
DTP: Maren Gehrmann, München
Covergestaltung: Christian Weiß, München
Kartographie: Achim Norweg, München
Lithographie: Helio Repro, München
Druck und Bindung: Grafik + Druck digital K. P. GmbH, München

ISBN 978-3-939499-49-7